서울대 경쟁법센터 경제법총서 05

경쟁법상 자사우대
규제의 핵심원리

이봉의 · 홍대식 · 정재훈 · 손동환 · 최난설헌 · 임용 · 박준영

박영사

머 리 말

　서울대학교 경쟁법센터는 지난 2023년 5월에 "경쟁법상 플랫폼 자사우대: 무엇이 핵심인가"라는 주제로 법정책세미나를 개최한 바 있고, 당시 발표된 발제문과 토론문을 엮어 <경제법총서 5>를 발간하게 되었다. 이 책의 목적은 EU, 미국 등의 비교법적 검토(제1장)와 공정거래법의 구체적 적용사례의 분석(제2장)을 통해 경쟁법상 자사우대(self-preferencing) 규제의 핵심 원리를 비판적으로 고찰하는 것이다. 세미나 개최 이후 적지 않은 시간이 흘렀으나, 플랫폼에 대한 경쟁법적 규제법리의 근거를 탐구하자는 취지에 맞게 시의성이 큰 글들을 모으게 되었다. 이번 <경제법총서 5>가 플랫폼 자사우대 논의의 본질과 핵심 원리를 함께 고민하고, 향후 온라인 플랫폼과 더불어 AI(인공지능)와 관련한 경쟁정책의 올바른 방향을 제시하는 데에 기초가 되기를 바란다.

　이 책의 출간에는 많은 분들의 도움이 있었다. 세미나에서 주제 발표와 토론을 맡아주고 원고를 수정·보완해 준 박준영 교수(경상국립대 법과대학), 임용 교수(서울대 법전원), 정재훈 교수(이화여대 법전원), 손동환 교수(성균관대 법전원), 홍대식 교수(서강대 법전원), 최난설헌 교수(연세대 법전원)께 진심으로 감사드린다. 특히, 박준영 교수는 발간 기획, 원고의 수합·편집·교정을 맡아주었다. 마지막으로, 박영사의 안상준 대표와 임재무 전무, 최동인 대리, 이수연 대리께도 변함없는 지지와 지원에 대한 감사의 뜻을 전한다.

2025. 3.

서울대학교 경쟁법센터장　이 봉 의

차   례

제1편 자사우대 규제의 비교법적 고찰

제1편

자사우대 규제의
비교법적 고찰

제1장

유럽 디지털시장법(Digital Market Act): 목적, 기본원리와 접근방법을 중심으로

이봉의

제 1 장

유럽 디지털시장법(Digital Market Act): 목적, 기본원리와 접근방법을 중심으로*

- 이봉의** -

I. 들어가며

1. 논의의 배경

플랫폼을 중심으로 데이터경제 내지 데이터기반경제(data-based economy)가 급속히 발전하면서 세계 각국은 그에 따른 새로운 위험에 적절히 대응하기 위해 전전긍긍하고 있다. 새로운 위험의 핵심에는 전통적으로 경쟁법이 관심을 두어온 경제적 힘, 즉 시장지배력이 자리잡고 있다. 그런데 플랫폼의 특성, 즉 규모의 경제와 양면시장, 교차네트워크효과(cross network effects)와 쏠림현상(tipping effect) 등으로 인하여 기존의 경쟁법적 접근방법으로는 빅테크로 불리는 대규모 플랫폼에서 비롯되는 경쟁문제를 적절히 해소하기에 충분하지 않다는 인식이 전 세계적으로 커지고 있다.[1]

* 이 논문은 서울대학교 법학연구소의 2024학년도 학술연구비 지원을 받았음(서울대학교 법학발전재단 출연).
** 서울대학교 법학전문대학원 교수, 법학박사(Dr. Ius.).

[1] 대표적으로 Lina Kahn, Amazon's Antitrust Paradox, 126 Yale Law Journal 3, 2017, pp.564. 다만, 우리나라를 제외한 각국의 우려는 어디까지나 글로벌 빅테크에 한정되고 있으며, 이 점은 향후 우리나라의 플랫폼 규제법안 논의에서도 충분히 고려되어야 한다. 이러한 맥락에서 DMA는 빅테크의 기업결합 구제나 구조적 조치 면에서 미흡하고, 단지 플랫폼시장에서 경쟁을 보호하기 위한 출발에 불과하다는 견해로 Monika Schnitzer, Der Digital Markets Act kann nur der Anfang sein, ZfWP 2022, 71(1), pp.42.

특히 유럽에서는 2023년 5월 디지털시장법(Digital Markets Act; 이하 "DMA")이 시행되기 전부터 구글, 아마존, 애플 등을 상대로 한 다수의 경쟁법 집행이 매우 공격적으로 이루어졌다.[2) 그럼에도 불구하고 유럽에서는 소수의 글로벌 빅테크가 지배하는 서비스시장에서 경쟁조건을 구조적으로 개선하는 데에는 실패했다는 인식이 지배적이었다. 이러한 배경하에 2019년 Digital Era Report[3)가 경쟁법의 해석과 방법론에 대한 변화를 제시하였고, 여기서 한 걸음 더 나아가 Furman 보고서[4)는 새로운 플랫폼 규제체제를 제안하기에 이르렀다. 그리고 2020년 12월 15일 유럽집행위원회는 급기야 게이트키퍼(gatekeeper)에 대한 새로운 규제체계를 내용으로 하는 DMA 초안을 발표하기에 이르렀다. 최근유럽에서는 DMA가 오히려 중국의 기술기업들에게 유럽시장으로 확장할 기회를 제공할 것이라는 우려의 목소리가 나오기도 한다.

반면, 미국에서는 리나 칸(Lina Kahn)이나 팀 우(Tim Woo)와 같이 이른바 신브랜다이즈학파(Neo-Brandeisians)로 불리는 일단의 연구자들을 중심으로 소비자후생에 집중해 온 기존의 방법론에 대한 근본적인 의문을 제기하면서 기업분할(break-up)과 같이 다분히 극단적인 대안을 주장하는 흐름[5)도 나타났다. 그 연장선에서 2021년 빅테크를 겨냥한 이른바 패키지 법안이 하원에 제출되었고, 디지털화에 대응하기 위한 보다 포괄적인 경쟁법 개혁논의도 진행되었다.[6) 그러

---

2) EU Commission, Decision of 27.6.2017, AT.39740 – Google Search (Shopping); Commission, Decision of 20.3.2019, AT.40411 – Google Search (AdSense); EU Commission, Decision of 18.7.2018, AT.40099 – Google Android 및 Commission, Case AT.40562 – Amazon Marketplace; EU Commission, Case AT.4070 – Amazon – Buy Box; EU Commission, Case AT.40437 – Apple – App Store Practices (music streaming); EU Commission, Case AT.40716 Apple – App Store Practices; Commission, Case AT.40452 – Apple – Mobile payments; EU Commission, Decision of 4.5.2017, Case AT.40153 – E-book MFNs and related matters (Amazon).

3) Jacques Crémer/Yves-Alexandre de Montjoye/Heike Schweitzer, Competition Policy for the digital era, 2019, available at https://ec.europa.eu/competition/publications/reports/kd0419345enn.pdf (28.04.2021) – "Special Advisers' Report".

4) Jason Furman et al., Unlocking digital competition: Report of the Digital Competition Expert Panel, 2019, https://assets.publishing.service.gov.uk/government/uploads/system/uploads/attachment_data/file/785547/unlocking_digital_competition_furman_review_web.pdf (28.04.2021) – "Furman Report".

5) Tim Wu, After Consumer Welfare, now what?, (2018) CPI Antitrust Chronicle April; Barak Y. Orbach, How Antitrust Lost Its Goal, 81 Fordham Law Review 2013, p.2253; Maurice E. Stucke, Reconsidering Antitrust Goals, 53 Boston College Law Review 2012, p.551.

6) The majority staff report of the U.S. House of Representatives on competition in digital markets, 2020. 그밖에 이른바 Klobuchar-bill, Competition and Antitrust Law Enforcement

나 M&A 심사수수료를 인상하는 내용의 법안을 제외하고 나머지 법안들은 모두 회기만료로 폐기된 바 있다.[7] 다만, 최근 들어 미-중 헤게모니 전쟁이 격화되면서 이같은 움직임에 일단 제동이 걸리는 모습도 발견된다. 과거 끼워팔기가 문제되었던 MS 사건[8] 이후 셔먼법 제2조 위반으로 기소된 사례가 전무하던 미국에서 최근 애플, 구글, 메타, 아마존 등을 상대로 FTC와 DOJ, 각 주가 제기한 반독점소송들[9]은 과연 법원이 전통적인 경쟁법적 툴로 디지털시장에서의 새로운 이슈를 적절히 다룰 수 있는지를 보여주는 리트머스가 될 것이다.

우리나라에서도 최근 몇 년 사이에 네이버 쇼핑, 네이버 동영상, 카카오 모빌리티, 쿠팡 등 대규모 플랫폼의 자사우대를 중심으로 공정위가 공정거래법상 시장지배적 지위남용이나 불공정거래행위의 금지조항을 적극적으로 적용한 바 있다.[10] 이러한 상황에서 공정거래법의 흠결을 메울 만한 입법적 보완 또는 특별법의 제정이 필요하다는 주장도 제기되고 있다. 특히, 지난 수년간 플랫폼 공정화든 플랫폼 경쟁촉진이든 새로운 입법논의가 활발하게 진행되었다. 향후 구체적인 플랫폼 규제방안을 모색함에 있어서 유럽 DMA의 목적과 기본원리 등을 정확히 이해하는 것은 반드시 필요한 준비과정의 하나일 것이다.

2. 빅테크에 대한 우려의 복잡성

유럽에서 제일 먼저 강력한 플랫폼 규제법을 서둘러 제정한 데에는 여러 가지 우려가 복합적으로 작용한 것으로 보인다.

먼저, 디지털 경제에 걸맞는 규제체계의 부재에 대한 문제의식이다. 유럽은 2000년대에 급속하게 진행된 디지털 경제의 발전속도에 맞추어 적절한 규제틀

Reform Act of 2021, S.225 — 117th Congress (2021-2022) 등 참조.

7) 패키지법안의 주요 내용에 대해서는 모준성·고수윤, "미국의 온라인 플랫폼 규제 동향과 시사점 — 미 연방하원 법제사법위원회의 디지털 경쟁 조사를 중심으로 —" 외법논집 제45권 제4호, 2021, 15면 이하.

8) United States v. Microsoft Corp., 253 F.3d 34 (D.C. Cir. 2001).

9) 가장 최근인 2024년 3월, 미국 법무부와 16개 주는 애플의 폐쇄적인 앱생태계에 대해서 반독점소송을 제기하였다. 그 전에 법무부는 구글의 검색엔진에 대해서 반독점소송을 제기하였고, 특히 FTC는 아마존에 대해서 2023년에만 4건의 반독점소송을 제기한 바 있다. 그 전에 FTC가 2022년 7월 메타의 VR 스타트업 위딘(Whthin) 인수를 금지해달라고 제기한 가처분신청에 대해서는 이미 2023년 2월에 법원이 이를 기각함으로써 이른바 킬러인수(killer acquisition)에 대한 리나 칸의 저지노력이 실패한 바 있다.

10) 이들 사건에 대한 개략적 설명은 이호영, "수직통합 온라인 플랫폼의 자사우대 행위의 경쟁제한성 판단기준에 관한 연구", 경쟁법연구 제47권, 2023, 162면 이하.

(regulatory framework)을 마련하지 못하였고, 그 결과 빅테크의 급속한 독점화를 미연에 막지 못했다는 인식을 갖고 있다. 이에 빅테크에 대한 체계적인 감시를 통하여 또다시 실기(失機)하지 않도록 빠르게 변화하는 디지털시장에 걸맞는 전방위적 규제체계를 만들어야 한다는 주장이 고조되었고, 그 결과물로 나온 것이 대표적으로 디지털시장법[11]과 디지털서비스법(Digital Services Act; DSA)[12]이다. 이들 법률은 디지털시장의 전 범위에 걸쳐서 지배적 지위를 확장하고 있는 거대 온라인 플랫폼에게 무거운 책임과 의무를 부과하는 것이 핵심적인 내용이다.

다음으로 산업정책적 관점을 빼놓을 수 없다. 데이터 및 인공지능 등과 관련하여 혁신적이고 파급력이 큰 기술적 진전이 미국의 빅테크를 중심으로 전개되면서, 유럽의 산업기반이 빅테크에 종속될 수 있다는 우려가 커지고 있다. 디지털 경제의 핵심 경쟁력은 데이터에서 비롯되는바, 데이터를 지배하는 공룡은 대부분 미국의 빅테크이고, 제조업 중심의 유럽 산업계는 디지털화에 뒤늦게 참전하면서 주요 플랫폼서비스에서 이렇다 할 플랫폼을 거의 보유하지 못하고 있는 상황이다. 국가안보나 개인정보보호 차원에서도 유럽의 정부기관이나 소비자에 관한 대부분의 정보를 축적하고 있는 미국의 빅테크에 대한 과도한 의존을 우려할 수밖에 없다. 빅테크에 한 강도 높은 규제가 이례적으로 회원국 간 이견 없이, 정부와 정치권 모두의 관심사가 된 이유이다.

끝으로 경제·경쟁정책적 관점이다. 오늘날 온라인 플랫폼은 디지털 경제를 조직하는 핵심적인 구성요소이고, 빅테크는 디지털 생태계에 필수적인 서비스(essential services)를 제공하면서 국민경제 및 소비자의 일상에 매우 강력한 영향을 미치고 있다. 그러나 유럽에서는 종래 구글, 아마존, 애플 등에 대한 다수의 경쟁법 집행사례가 있음에도 불구하고 과연 플랫폼시장의 경쟁조건이 성공적으로 개선되었는지에 대해서는 의구심이 여전히 강하다. 유럽에서 빅테크로 불리는 게이트키퍼의 등장에 따라 대두된 문제점들은 다음과 같이 정리할 수 있다.

---

11) REGULATION (EU) 2022/1925 OF THE EUROPEAN PARLIAMENT AND OF THE COUNCIL of 14 September 2022 on contestable and fair markets in the digital sector and amending Directives (EU) 2019/1937 and (EU) 2020/1828 (Digital Markets Act).

12) 동법의 제정배경과 주요 내용에 대해서는 Torsten J. Gerpott, Das Gesetz über digitale Dienste nach den TrilogVerhandlungen, CR 8/2022, S.516 ff.

① 시장경합성 및 경쟁의 약화: 시장의 자율교정(self-correction)으로 해결될 수 없는 시장실패, 높은 진입장벽의 철폐를 통한 시장경합성 제고

② 기업이용자(business users)에 대한 불공정한 거래관행: 종속성, 협상력의 불균형, 스타트업과 중소기업의 경쟁력 위협

③ 시장참여자에 대한 파편화된(fragmented) 규제와 감독: 회원국 단위의 상이한 규제

이 중에서 ①, ②는 경쟁법적 관심사에 해당하고, ③은 DMA가 유럽차원의 일원화된 규제방식을 채택한 배경이라고 할 수 있다. 이와 같은 맥락에서 유럽은 거대플랫폼의 책임성과 투명성을 강화하고, 경쟁을 촉진하기 위하여 전례없는 적극적인 의무를 부과함으로써 디지털 경제에서 야기되는 경쟁상 위험에 대응한다는 목표로 DMA라는 특별입법을 채택한 것이다.

II. DMA의 목적, 기본철학

국내외에서 DMA에 대한 관심이 매우 높지만, 주로 소개되는 내용은 DMA상 게이트키퍼의 사전지정과 광범위한 사전규제, 자사우대와 끼워팔기 등의 당연위법 등에 국한되어 있다. 반면, DMA가 경쟁이나 혁신에 대한 어떤 철학이나 가치에 기반을 두고 있는지, DMA가 경쟁법의 가치를 얼마나 공유하고 있는지에 대해서는 그다지 알려지지 않고 있다. 그런데 DMA의 제정이라는 전례 없는 정책적 선택이 매우 복잡한 의사결정구조[13]를 가진 유럽에서 그렇게 신속하게 이루어졌는지를 이해하기 위해서는 유럽에서 경쟁과 혁신을 어떻게 이해하고 있는지를 살펴보는 것이 중요하다.

나아가 우리나라를 비롯한 세계 각국이 DMA를 벤치마킹하거나 DMA로부터 어떤 시사점을 도출하기 위해서는 DMA의 본질에 조금 더 다가갈 수 있는 통로로서 동법을 관통하고 있는 기본철학을 이해하지 않으면 안 된다. DMA의 기본철학을 밝히기 위해서는 무엇보다 동법의 목적, 그리고 경쟁법 및 시장지배적 지위남용과의 관계를 살펴보지 않으면 안 된다. 조금 단순하게 표현하자면, DMA

---

13) DMA의 제정에는 유럽각료이사회, 유럽의회 및 유럽집행위원회의 합의가 필요하였다. 이들 간의 협의가 그토록 신속하게 이루어진 것은 이례적이라고 할 만하다.

와 경쟁법의 간극이 좁을수록 특별법 제정의 필요성이 약해지고, 그 간극이 넓을수록 규제법의 성격이 강해지면서 특별법 제정의 정당성에는 의문이 제기될 것이다.

1. DMA의 목적

(1) 목적론의 의의

무릇 시장경제에서 사적자치와 경쟁을 제한하는 규제가 맹목적이어서는 안 된다. 규제의 목적이 잘못 설정된 경우에는 잘못된 규제수단을 가져오게 마련이고, 그 목적이 올바른 경우에도 이를 제대로 이해해야만 그에 걸맞는 규제수단을 강구할 수 있기 때문이다. 유럽연합 내에서도 DMA의 목적 내지 보호법익(legal interest)에 대한 논쟁은 매우 치열하다. DMA가 어떤 목적을 갖는지, 구체적으로 동법의 보호법익이 무엇인지가 밝히는 것은 DMA의 법적 성격을 이해하기 위한 열쇠인 것이다. 달리 표현하자면 DMA가 단지 기존의 유럽경쟁법에서 금지되는 행위의 세부준칙을 정한 것인지, 아니면 기존의 남용규제를 넘는 새로운 행위준칙을 창설한 것인지도 DMA의 목적론과 관련되어 있다.

DMA의 목적은 동 법률의 명칭에서 알 수 있는 바와 같이 게이트키퍼가 존재하는 시장의 경합성(contestability)과 공정성(fairness)을 보장하는 것이다. 여기서 시장의 경합성과 공정성을 어떻게 이해하고 해석할 것인지를 밝히는 것은 법적, 경제적 관점에서 동법의 실효적 집행에 필수적인 작업이다. 구체적으로 목적론이 필요한 이유로 다음 세 가지를 생각할 수 있다. 첫째, 게이트키퍼가 준수해야 할 의무를 올바르게 해석하기 위해서 필요하다. DMA가 규정하고 있는 의무란 경쟁당국이나 법원은 물론이고 수범자인 게이트키퍼의 관점에서 그다지 완벽하게 정의된 것이 아니고, 그 의무의 내용을 미리 명확하게 정의하는 데에는 한계가 있다. 무엇보다 경쟁당국의 법집행에 대한 예측가능성을 높이기 위해서는 결국 게이트키퍼의 의무를 목적의 관점에서 명확히 해석해 주어야 하는 것이다. 둘째, 구체화작업(further specification)이 필요 없는 DMA 제5조와 달리 제6조, 제7조가 규정한 게이트키퍼의 의무를 경쟁당국이 추후 그 내용을 특정하는 과정에서도 목적론은 매우 중요하다. 셋째, 급변하는 시장상황에 맞추어 게이트키퍼의 의무를 업데이트하고 이를 수정·보완할 필요가 있는바, 이러한 의무의 변경 또한 경합성과 공정성이라는 DMA의 목적에 부합하여야 한다.

(2) 시장경합성

경쟁이론의 관점에서 시장의 경합성이란 기존의 서비스에 대한 진입장벽이 없거나 신규서비스에 대한 진입장벽이 없는 상태를 의미하며, 시장의 독점적 성격을 상쇄하는 대표적인 특징에 해당한다.[14] 반면, 규범적 관점에서 볼 때 경합성이란 어떤 시장에서 경쟁이 완전히 제거되지 않는 한 일정 부분 존재하게 마련이며, 일찍이 유럽이든 미국이든 경쟁법의 핵심적인 목표 중 하나가 바로 시장을 가능한 한 개방적이고 경합적으로 유지하는 것이다.[15] 구체적으로 DMA는 경합성을 사업자가 자신의 장점에 기초하여 진입장벽을 효과적으로 극복하고 게이트키퍼에 도전할 수 있는 능력으로 정의하고 있다(전문 32).[16] 이처럼 사전규제를 주된 수단으로 삼고 있는 DMA가 경합성을 강조하는 것은 시장의 원활한 작동을 위하여 국가가 적극적으로 개입하여야 한다는 독일 질서자유주의(Ordo-Liberalism)의 사고를 반영한 것으로도 볼 수 있다.[17]

DMA가 경쟁법과 다른 점은 바로 게이트키퍼의 행위가 일정한 시장에 미치는 경쟁제한효과나 효율성증대효과와 상관없이 게이트키퍼가 존재하는 시장의 경합성을 보호한다는 것이다(전문 10).[18] 그로부터 동법이 전통적인 경쟁법의 case-by-case 접근방식 및 소비자후생에 기반한 효과주의 접근방식(effects-based approach)과 거리를 두고 있음을 확실히 알 수 있다. 게다가 DMA는 게이트키퍼가 시장지배적 지위에 있지 않더라도 이들의 행위가 역내시장의 원활한

---

14) Baumol/Panzar/Willig, Contestable Markets and the Theory of Industry Structure, 1982. 한편, 온라인 플랫폼의 멀티호밍(multi-homing) 또한 쏠림효과(tipping effect)에 따른 독점화를 상쇄하는 특징 중 하나로 들 수 있다.

15) Eleanor Fox, Monopolization, Abuse of Dominance, and the Indeterminacy of Economics: The U.S./E.U. Divide, Utah Law Review, 2006, p.725, 728 및 Monopolization and abuse of dominance: Why Europe is different, 59 The Antitrust Bulletin 2014, p.129, 133.

16) DMA 전문 32에서 추가로 언급하고 있는 다음 두 문장은 DMA의 정신을 잘 보여준다. "The features of core platform services in the digital sector, such as network effects, strong economies of scale, and benefits from data have limited the contestability of those services and the related ecosystems. Such a weak contestability reduces the incentives to innovate and improve products and services for the gatekeeper, its business users, its challengers and customers and thus negatively affects the innovation potential of the wider online platform economy."

17) Martin Peitz, How to Apply the Self-Preferencing Prohibition in the DMA, Discussion Paper Series No. 422 - CRC TR 224 Discussion Paper, 2023, p.3.

18) Pablo Ibáñez Colomo, The Draft Digital Markets Act: A Legal and Institutional Analysis, Journal of European Competition Law & Practice 2021, Vol. 12, No. 7, p.571.

작동에 위협이 될 수 있음을 염두에 두고 있다. 여기서 DMA가 추구하는 '경합성'이란 게이트키퍼의 지위가 흔들릴 가능성을 마련하는 것으로서, 게이트키퍼가 아닌 온라인 플랫폼이 디지털시장에 신규로 진입하여 성장할 수 있도록 이를 가로막는 장벽들을 인위적으로 제거해 주는 것이 동법의 목표임을 알 수 있다.

추가로 DMA가 규정하고 있는 시장경합성을 올바르게 이해하기 위하여 몇 가지만 부연하기로 한다. 먼저, DMA가 추구하는 '경합시장'이란 경제학에서 말하는 '경합시장이론'(theory of contestable markets)을 그대로 수용한 것이 아니라는 점이다. 경합시장이론은 단기적으로 신규진입의 위협이 존재한다면 고도로 집중된 시장에서도 바람직한 후생효과를 기대할 수 있다는 것으로, 경쟁법의 적용완화를 뒷받침하는 이론이다. 반면, DMA는 핵심플랫폼서비스의 성질상 게이트키퍼가 경쟁제한적인 전략을 취할 능력과 유인을 갖추었을 때에는 해당 플랫폼서비스시장을 경합적으로 유지하기 위하여 보다 강력한 행위준칙이 요구된다는 입장이다. DMA는 게이트키퍼의 독점적 지위를 플랫폼시장의 불가피한 결과로 받아들이지 않고 가능한 범위에서 경쟁을 적극적으로 도입 내지 촉진하고자 보다 적극적인 규제수단을 마련하고 있는 것이다.

(3) 시장공정성

경쟁법에서 공정성이란 흔히 경쟁과정에서의 공정으로 이해된다. 경쟁과정의 공정성은 성과경쟁(competition on the merits)이나 소비자선택(권)을 강조하는 방식으로 유럽경쟁법에 자주 등장해왔다. 이러한 개념을 플랫폼에 적용해보면 다음과 같다: "누구와 어떤 거래를 할 것인지는 게이트키퍼의 이익이 아니라 상품의 가격이나 품질, 그리고 소비자의 선호에 따라 결정되어야 한다." 유럽경쟁법상 공정한 경쟁은 개인의 경제적 자유라는 권리에서 비롯되며, 그것이 장기적으로 효율성과 혁신을 가져온다는 오래된 믿음에 기반하고 있다. 게이트키퍼에게 객관적이고 투명하며 비차별적인 조건으로 제3자의 시장접근을 보장할 특별한 책임(special responsibility)이 있다는 유럽 경쟁당국의 인식도 이와 맥락을 같이 한다. 규범적인 관점에서 디지털시장의 공정성은 게이트키퍼에 대한 기업이용자의 거래상 종속성에 근거하여 후자를 보호하는 것을 의미한다. 즉, 경제적 종속성과 비대칭적 협상력에 초점을 맞추어 이를 교정하는 것이 공정성 목표의 핵심내용이 된다.[19] 이 경우 대등한 경쟁기회(equality of competitive opportunity)라는 경쟁법상의 공정성과는 거리가 멀어지고, 배분적 정의라는 관점에서 새로운 가치판단이 개입하게 된다(DMA 제10조 참조).

　이러한 관점에서 자사우대 금지 등 DMA 제5조와 제6조에 열거된 많은 의무들은 경쟁과정의 공정성에 초점을 맞춘 것으로도 이해할 수 있다. 이러한 의무들은 경쟁법상 공정성으로부터 완전히 결별한다는 것이라기보다는 게이트키퍼가 지배하고 있는 시장의 특수한 상황을 고려할 때 보다 선제적인 조치가 필요하다는 것을 의미한다. 이를테면 플랫폼에 관한 한 성과경쟁을 위해서는 편파 없는 중개[20]를 보장하는 한편 자신의 경쟁서비스를 위하여 기업이용자에 의해 생성된 데이터를 이용하지 못하도록 해야 하는 것이다. 나아가 경쟁법상 공정과 달리 DMA는 게이트키퍼가 존재하는 시장에서 단지 잔존경쟁(residual competition)을 보호하는 것이 아니라 게이트키퍼의 경쟁상 장점을 중립화(neutralize)하고, 이를 통하여 경쟁의 균형을 새로 맞추어 대등한 경쟁조건을 조성하고자 한다는 특징을 갖고 있다.

　즉, DMA가 표방하는 공정성을 경쟁법의 의미로만 이해할 수는 없는바, 시장의 개방이나 경쟁과정과 별 관련이 없는 의무들이 규정되어 있기 때문이다. 게이트키퍼가 기업이용자의 관계에서 권리는 많고 의무는 적다는 점에 주목하자면, 시장의 공정성이란 게이트키퍼와 이용사업자 사이의 계약관계에서 게이트키퍼가 유효경쟁에서라면 관철할 수 없는 거래조건을 부과하지 못하도록 함으로써 달성될 수 있는 것이다.[21] DMA 전문(Recital) 33은 게이트키퍼가 과도한(disproportionate) 이점을 누리고 있는 시장에서 기업이용자의 권리와 의무 간 불균형을 시정하는 것이 공정성의 핵심임을 지적하고 있는 것도 이러한 맥락에서 이해할 수 있다. 이 점에서 DMA는 단순히 게이트키퍼의 경쟁제한행위를 금지하는 것이 아니라

---

19) 이와 유사한 맥락에서 독일 독점위원회(Monopolkommission)는 DMA가 추구하는 경합성은 경쟁사업자에 대한 방해문제, 공정성은 이용사업자에 대한 착취문제를 다루어야 한다고 설명하고 있다. Monopolkommission, Empfehlungen für einen effektiven und effizienten Digital Markets Act, Sondergutachten 82, 2021, S.15–16.

20) Podszun/Bongartz/Langenstein, The Digital Markets Act: Moving from Competition Law to Regulation for large Gatekeepers, EuCML 2021, p.60, 62.

21) 유럽경쟁법은 미국과 달리 일찍이 공정성의 문제를 입법적으로 수용하고 있는바, 대표적으로 시장지배적 사업자의 착취남용과 조약 제103조 제3항이 정하고 있는 '소비자에 공정한 몫'(fair share for consumer)을 들 수 있다. 참고로, 미국에는 착취남용을 금지하는 연방 차원의 법규정이 존재하지 않는다.

P2B 관계에서 거래의 불공정성을 해소하여야 한다는 점에서 전통적인 유럽의 경쟁법체제에서는 많이 벗어나 있다고 평가할 수 있다.

(4) 평가

전술한 바와 같이 DMA의 목적인 경합성과 공정성은 본질적으로 경쟁법의 목적과 다르지 않으나, 그와 구별되는 속성을 안고 있다. 미국의 주류가 수용하고 있는 소비자후생 기준은 유럽경쟁법 실무에 안착하지 못한 상태이고, 따라서 DMA가 소비자후생 기준을 포기한 것만으로 유럽경쟁법에서 크게 이탈하였다고 보기는 어렵다. 다만, DMA가 새로운 시장접근을 가능케 하고 이를 통하여 경쟁이 형성될 여건을 마련하기 위한 적극적인 규제수단에 방점을 찍고 있는 데 비해, 전통적인 유럽경쟁법은 일단 시장접근이 이루어진 후에 형성된 경쟁을 보호하는 것이라는 점에서 양자의 차이를 설명할 수는 있을 것이다.[22]

아울러 유럽경쟁법과 DMA가 규정하고 있는 목적의 구조가 상이하다는 점도 눈에 띈다. 경쟁법이 유효경쟁과 역내 단일시장을 목표로 삼고 있는 반면, DMA는 시장의 경합성과 공정성을 상위목표로 삼는 한편 혁신과 소비자후생은 다분히 하위목표의 지위를 갖는다. 시장경합성에 관한 한 대규모 플랫폼보다는 중소 플랫폼에 의한 경합성을 염두에 둔 것으로 보이는바, 그 이유에 대한 설명은 없다. 그리고 시장공정성을 게이트키퍼와 기업이용자 사이에 이른바 지대공유(rent-sharing)로 이해할 경우에는 DMA가 게이트키퍼의 지배를 받는 플랫폼시장에서 경쟁을 촉진한다는 사고와는 멀어지고, 오히려 경쟁과 혁신을 약화시킬 우려가 있다.

2. 기본 철학 – 경쟁과 혁신에 대한 이해를 중심으로

(1) DMA와 경쟁법의 관계
1) 경쟁법과의 좁혀지기 어려운 간극

DMA는 과연 경쟁법인가? 이 질문에 대한 답을 모색하는 것은 DMA의 법적 성격을 분명히 하는 작업이며, 동법의 정당성은 물론이고 향후 동법의 해석론을 정립하기 위해서 매우 중요하다. 이 문제에 대해서 DMA는 아무런 규정을 두지 않고 있으며, 학설 내지 이론에 맡겨져 있다.

---

22) Zimmer/Göhsl, "Vom New Competition Tool zum Digital Markets Act: Die geplante EU Regulierung für digitale Gatekeeper", ZWeR 2021, S.29, 35 f.

우선, 당위론적인 접근을 취하는 견해는 DMA 자체가 경쟁법의 성격을 갖지는 않지만, 경쟁정책의 수단으로 이해하고 해석하여야 한다고 주장한다.[23] DMA의 목표인 시장경합성이나 공정성, 무엇보다 게이트키퍼의 개념을 경쟁정책의 관점에서 해석하고 집행하여야 한다는 것이다. 여기에는 빅테크의 이례적인 경제력이 문제의 핵심이나, 전통적인 case-by-case 접근방법으로는 그 힘을 억제하기에 충분하지 않다는 문제의식이 담겨 있다. 그에 따르면 DMA란 플랫폼의 성격을 반영한 경쟁법의 매우 단순화된 버전(a highly simplified version of competition law)으로 이해할 수 있다.

이와 달리 DMA의 본질은 경제적 규제를 위한 수단으로서 경쟁법을 대체(substitute)하는 것이 아니라 부분적으로 보완하는 관계(complementarity)에 있다고 보는 견해가 있다.[24] 이 견해는 무엇보다 DMA를 제정한 근거가 유럽기능조약 제114조라는 점을 근거로 하는데, 동조는 역내시장에 대한 장애나 경쟁의 왜곡을 제거한다는 관점에서 회원국들의 법률을 조화시키기 위한 것이다. 이러한 견해는 유럽에서 전통적으로 '유사한 목표를 상이한 수단으로 달성하고자 한다'[25]는 의미에서 산업별 규제(sectoral regulation)와 경쟁법의 관계를 '보완적으로' 이해해 온 것과 맥락을 같이 한다. 유럽에서 전통적으로 양자의 보완적 관계를 보여주는 대표적인 예가 바로 정보통신분야이다. 즉, 1998년의 접속고시(Access Notice)[26]는 1990년대 자유화의 물결 속에서 통신시장에 경쟁을 도입하는 과정에서 이루어진 경쟁법과 산업규제의 상호작용을 대변한다. 그 후 2000년대에 통신시장에 유효경쟁이 어느 정도 안착한 단계에서 망(network)에 대한 거래거절이나 이윤압착(margin squeeze)에 대한 경쟁법 적용 사례[27]는 '경쟁법의

23) Heike Schweizer, The art to make gatekeeper positions contestable and the challenge to know what is fair: A discussion of the Digital Markets Act Proposal, ZEuP 2021, S.503 ff.

24) Larouche/de Streel, The European Digital Markets Act: A Revolution Grounded on Traditions, Journal of European Competition Law & Practice, 2021, Vol. 12, No. 7, p.543. 경쟁법과 산업규제의 경계를 그려볼 수는 있으나, 각각의 영역은 부분적으로 중첩될 수밖에 없다.

25) 규범적으로 유럽의 모든 규제수단들은 경쟁이 왜곡되지 않는 역내시장(internal market)의 확립을 비롯하여 유럽기능조약 제3조에 열거된 상위의 목표를 실현하기 위한 것이다. 이 점에서 유럽의 모든 경제규제는 서로 연결되어 있고, 전체로서 하나의 체계이다.

26) EU Commission Notice on the application of the competition rules to access agreements in the telecommunications sector [1998] OJ C265/2.

27) Case C-280/08P Deutsche Telekom v. Commission, EU:C:2010:603; Case C-52/9 Konkurrensverket v. TeliaSonera, EU:C:2011:83; Case C-295/12P Telefonica v. Commission, EU:C:2014:2062;

확장과 산업규제의 축소'라는 형태로 양자의 관계를 정립하고 있다. 그밖에 우편, 에너지, 금융산업의 예에서도 찾아볼 수 있는 바와 같이 유럽은 경쟁법적 규제가 구조적인 경쟁상 문제를 해결하기에 효과적이지 않다고 판명되는 경우에 기꺼이 이를 보완하는 산업별 규제에 의존하여 보완적으로 활용하는 오랜 전통을 가지고 있다.[28]

이와 유사한 맥락에서 DMA와 경쟁법을 준별하려는 견해도 있는데, 이것은 무엇보다 경쟁법을 사후규제(ex post)로, 산업별 규제를 사전규제(ex ante)로 −다소 지나칠 정도로 단순하게− 구분하는 방식과도 무관하지 않다.[29] 이 견해는 산업별 규제와 경쟁법을 엄밀히 구분하는 미국의 영향을 받은 것으로 보이는데, 어떤 이슈가 그 성질상 경쟁법과 산업규제 중 어느 영역에 속하는 것인지를 적절히 분류하기란 쉽지 않다. DMA가 게이트키퍼를 전력이나 통신과 같은 공익사업자(public utilities)로 이해하여 유럽에서 이들 산업에 경쟁을 도입하는 과정에서 마련되었던 기존의 독점사업자에 대한 비대칭규제(asymmetry regulation)와 사전규제(ex ante regulation)를 핵심으로 하는 규제체계가 DMA를 고안하는 데에도 결정적으로 영향을 미친 것으로 보는 견해[30] 또한 DMA를 산업규제법에 가깝게 보고 있다. 그밖에 DMA와 경쟁법을 그 보호목적의 차이에 주목하여 준별하려는 견해도 이와 유사한데, 경쟁법이 경쟁 그 자체를 보호하는 반면, DMA는 공정성과 같은 −경쟁과 다른 차원의− 공익 또는 경쟁정책으로 관심을 돌리고 있다는 점을 강조하기도 한다.

Case C−165/19P, Slovak Telekom v. Commission, EU:C:2021:239.

28) Larouche/de Streel, Ibid., p.544. 예컨대, 통신산업에서 국제로밍요금에 대한 규제를 들 수 있다. Regulation (EU) 531/2012 of the European Parliament and of the Council of 13 June 2012 on roaming on public mobile communications networks [2012] OJ L172/10, as amended.

29) Bourreau/Dogan, Regulation and innovation in the telecommunications industry, 25 Telecommunications Policy, 2001, p.167; David Newbery, Regulation and competition policy: longer−term boundaries, 12 Utilities Policy 2004, p.93.

30) 디지털 플랫폼에 대하여 공익산업(public utility)과 유사한 규제를 옹호하는 견해는 주로 유럽에서 발견된다. Frank A Pasquale., Internet Nondiscrimination Principles Revisited, 2020, Brooklyn Law School, Legal Studies Paper No. 655, Available at SSRN: https://ssrn.com/abstract=3634625, 15−16; Elizabeth Warren, Here's How We Can Break Up Big Tech, Medium, March 8, 2019, https://medium.com/@teamwarren/heres−how−we−can−break−up−big−tech−9ad9e0da324c; Christoph Busch, Regulierung digitaler Plattformen als Infrastrukturen der Daseinsvorsorge, Friedrich−Ebert−Stiftung, WISODiskurs 04/2021, available at: https://library.fes.de/pdf−files/wiso/17527.pdf (19.04.2021).

그런데 DMA는 이와 같은 유럽의 경제규제체계에 대체로 부합하기는 하나, 전적으로 들어맞지는 않는다. 무엇보다 DMA는 전술한 산업별 규제수단과 달리 적용대상인 산업을 특정하지 않고 있다. 게이트키퍼는 여러 핵심플랫폼서비스에 진입하여 지배력을 확보하고 있으며, 그 활동이 특정 산업에 국한되지 않기 때문이다. 이들은 디지털 경제 전반에 나타나는 현상을 보여주는 핵심 징표일 뿐이다.[31] 그밖에 법집행의 측면에서도 DMA는 유럽과 회원국 사이에 권한을 공유하던 산업규제의 기본틀과는 전혀 다르게 유럽, 구체적으로는 유럽집행위원회에 그 권한을 집중시키고 있다. 보다 근본적으로 온라인 플랫폼은 통신이나 에너지와 달리 규제산업으로 출발하지 않았고, 민영화를 거치면서 국가에 의한 독점체제를 경쟁체제로 전환해야 한다는 명제가 성립하지 않는다. 산업 초기에 국가가 통신망이나 송·배전망을 직접 구축한 것과 달리 온라인 플랫폼은 온전히 사적 자본에 의해 형성되었다는 점도 규제적 접근을 모색함에 있어서 간과해서는 안 된다.

생각건대, 플랫폼경제에서는 경쟁의 양상이 근본적으로 달라지고 있고, 무엇보다 시장 내에서의 경쟁(competition "in the market")으로부터 시장을 선점하기 위한 경쟁(competition "for the market")으로 경쟁의 패러다임이 전환되고 있다는 점에 주목할 필요가 있다. 이러한 맥락에서 DMA는 향후 형성될 새로운 플랫폼서비스시장을 개방적이고 공정하게 유지하고, 장차 유럽에서 신규 진입할 온라인 플랫폼들에게 '인위적으로' 대등한 경쟁조건(level playing field)을 조성하려는 데에 그 취지가 있다는 점에서 기존의 경쟁법과는 결을 달리하는 것으로 보는 것이 타당하다.

2) 유럽기능조약 제102조와의 관계

위에서 언급한 바와 같이 시장의 경합성과 공정성을 보호한다는 목적 면에서 DMA는 경쟁법에 보다 가깝다고도 볼 수 있다. 신규진입자에게 시장을 개방적으로 유지한다는 시장경합성, 그리고 시장지배력의 착취적 남용이 존재하지 않는다는 의미에서 공정성 모두 유럽기능조약 제102조의 목표에 부합하기 때문이다. 그런데 DMA가 규정하고 있는 수단을 살펴보면 유럽기능조약 제102조와 여러

---

31) DMA Proposal, 전문 2, 3, 12, 13, 15. 이 점에서 DMA는 오히려 유럽의 일반개인정보규칙 (General Data Protection Regulation; GDPR)과 유사하다. Regulation (EU) 2016/679 of the European Parliament and of the Council of 27 April 2016 on the protection of natural persons with regard to the processing of personal data and on the free movement of such data [2016] OJ L119/1.

측면에서 확연히 다르다. DMA는 번거로운 시장획정이나 시장지배적 지위 여부를 따지지 않고 원칙적으로 일정한 정량적 기준에 따라 게이트키퍼를 지정하며, 남용 여부에 대해서도 소비자후생 기준을 받아들이지 않고 일률적으로 일정한 의무와 금지를 규정하고 있다는 점에서 그러하다. 지정된 모든 게이트키퍼에 동일한 의무와 금지가 적용되기 때문에(이른바 "one fits for all principle"), 처음부터 경쟁이나 소비자후생에 미치는 효과를 중심으로 case-by-case 식의 이익형량이 가능하지 않다.

이처럼 DMA가 경쟁법의 기본원리를 벗어난 데에는 기존의 사후적 규제수단이 온라인 플랫폼의 도전에 적절히 대응하기에 충분하지 않다는 인식이 자리잡고 있다. 이를테면 사건처리절차가 디지털 경제의 변화속도에 비추어 너무 느리고, 시정조치는 온라인 플랫폼의 고유한 위험을 해소하기에 불충분하거나 시대착오적이며, 플랫폼시장에서 일단 독점이 진행되면 오프라인에 비하여 경쟁상태로 되돌리기가 훨씬 어렵고, 하나의 관련시장에서 지배적 지위를 남용하는 것과 달리 여러 인접시장으로 지배력 전이가 용이하며, 빅데이터를 분석하는 기법이 발달하면서 플랫폼과 이용자 사이에 정보비대칭이 커질 뿐만 아니라 규제기관과 플랫폼 사이에도 그러한 비대칭이 심화됨으로써 다시 온라인 플랫폼의 경쟁제한 행위에 대한 규제기관의 대응을 어렵게 하는 악순환에 빠지게 된다는 것이다.[32] 경쟁법적인 의미에서 아직 시장지배적 지위에 있지 않은 플랫폼의 불공정행위에 대해서도 경쟁법은 별다른 시정을 할 수 없다는 점도 빼놓을 수 없다.

다만, 실무상 DMA와 유럽기능조약 제102조의 중첩은 크게 문제될 여지가 없어 보인다. 무엇보다 일사부재리의 원칙(Ne bis in idem principle)이 적용되지 않고,[33] 그 결과 양자는 병렬적으로 적용될 수 있다. 그 결과 유럽기능조약 제102조에 따라 먼저 과징금이 부과된 경우에 추후 DMA 위반절차에서는 이미 부과된 과징금을 적절히 고려할 필요가 있을 뿐이다. 그럼에도 불구하고 양자의 관계는 향후 복잡한 양상으로 진행될 소지를 안고 있다는 데에는 이견이 없어 보인다.

---

32) Haucap/Petropoulos/Valletti/Alstyne, M., The EU Digital Markets Act, Publications Office of the European Union, Luxembourg, 2021, pp.6-7.

33) Arianna Andreangeli, The Digital Markets Act, EU Competition Enforcement and Fundamental Rights: Some Reflection on the Future of Ne bis in idem in Digital Markets, CPI Antitrust Chronicle December 2022; Engel/Xavier/Emilia, The Digital Markets Act and the Principle of Ne Bis in Idem: A Revolution in the Enforcement of EU Competition Law? (October 25, 2023). Available at SSRN: https://ssrn.com/abstract=4547947.

(2) 경쟁 · 혁신에 대한 DMA의 인식론(epistomology)

그렇다면 DMA는 경쟁과 혁신에 대하여 어떤 태도를 취하고 있는가? 적어도 유럽집행위원회가 DMA 초안과 함께 제출한 '영향평가'(Impact Assessment)에서는 DMA를 전통적인 경쟁법의 영역 바깥에 두려는 의도가 드러난다. 여기서 유럽집행위원회는 두 가지 시장실패가 게이트키퍼가 존재하는 시장의 원활한 작동에 부정적인 영향을 미치고 있음을 언급하고 있는데, 다양한 요인에서 비롯되는 진입장벽[34]과 고객에 접근하는 과정에서 기업이용자(business users)의 게이트키퍼에 대한 높은 의존성 · 종속성[35]이 그것이다. 그리고 이러한 인식은 DMA의 목적인 경합성과 공정성에 드러나 있다.

먼저, 경쟁에 대해서 살펴보자. 위 영향평가에 따르면 경쟁법은 이와 같은 시장실패에 적절히 대응할 수 없는데, 무엇보다 시장지배적 지위에 있지 않거나 시장지배적 사업자라도 아직 아무런 경쟁제한행위로 나아가지 않은 상태에서 단지 진입장벽이 높다는 이유로 남용규제를 활용할 수는 없기 때문이다. 남용규제에 필요한 매우 복잡하고도 시간이 오래 걸리는 법적 · 경제적 분석에 따른 절차의 지연도 빼놓을 수 없다. 즉, 시장지배적 사업자의 구체적인 행위와 결부되지 않은 진입장벽과 온라인 플랫폼의 구조적 특성에 따른 쏠림현상(tipping effect)[36]은 유럽경쟁법상 포착될 수 없고, 게이트키퍼의 불공정거래행위는 경쟁제한효과와 무관하기 때문에 처음부터 경쟁법의 적용을 받지 않는다는 것이다. 그간, 유럽집행위원회는 시장지배적 지위와 인접시장에서의 경쟁제한행위를 레버리지이론을 통해서 서로 결부시키는 방법으로 일부 문제를 해결해 왔으나, 이 역시 충분하지는 않다. 뿐만 아니라 기존의 경쟁법이 플랫폼경제에서 발생하는 경쟁이슈를 적시에 해결할 수 없다는 DMA의 제정취지는 실체법보다는 절차상의 문제에서 가장 두드러지게 나타난다는 지적도 DMA의 본질이 경쟁이슈와 거리가 있음을 시사한다. 경쟁법의 핵심조항들이 다양한 해석이 가능한 일반조항의 형태로 규정되어 있고, 사업자의 반박과 반증은 경쟁당국의 재량에 한계를 지워줌과 동시에 그

---

34) DMA Proposal Impact Assessment, para.73 and ff.

35) DMA Proposal Impact Assessment, para.85-88.

36) '쏠림현상'이란 온라인 플랫폼의 네트워크효과와 규모의 경제로 인하여 급작스럽게 경쟁이 줄어들고 경제력집중이 심화되는 것을 말한다. 쏠림현상을 시장의 동태적 성격으로 파악하는 견해로는 Luís Cabral et al., The EU Digital Markets Act: A Report from a Panel of Economic Experts, 2021, 6, 10 and 28.

만큼 절차를 너무 오래 끌게 만든다. 여기에 집행절차가 과도하게 지연되는 데에는 예상되는 천문학적인 제재금과 강화된 방어권으로 인하여 사업자들이 가능한 모든 법적 수단을 강구하는 경향과 매우 복잡한 경제분석이 빈번히 활용되는 점도 한몫을 하고 있다는 것이다.[37] 그렇다면 절차의 과잉(procedural excesses)을 줄이는 것이 해법일 수 있으나, 유럽은 그와 다른 길을 선택한 것이다.

이어서 혁신에 대해서 살펴보자. 플랫폼경제에서, 달리 말하자면 이른바 4차 산업혁명의 과정에서 혁신은 과거와 같은 기술의 퀀텀점프가 아니라 기존의 기술과 서비스를 점진적으로 개선한다는 의미에서 이른바 점진적 혁신(incremental innovation)이라는 형태를 갖는 경우가 일반적이다. 그리고 플랫폼의 혁신은 단지 게이트키퍼라는 플랫폼 그 자체가 아니라 이들이 생성하는 독자적인 생태계에서 비롯된다. 구글의 검색서비스에 기초한 온라인 광고 생태계, 애플의 앱스토어에 기초한 앱생태계, 페이스북의 SNS서비스에 기초한 사회관계망 생태계 등이 그러하다. 문제는 온라인 플랫폼이 다른 경쟁플랫폼의 혁신을 향한 유인을 꺾을 수 있고, 반대로 자신의 생태계 내에서 혁신의 흐름을 통제하려는 동기를 갖게 된다는 데에 있다. 구체적으로 유럽에서는 게이트키퍼가 경쟁 온라인 플랫폼의 혁신적인 상품이나 서비스를 배제하기 위한 수단으로 끼워팔기(또는 결합판매)나 자사우대, 최혜대우(Most Favoured Nations; MFN) 요구 등을 이용할 수 있다는 인식이 강하며, DMA에 포함된 각종 의무의 주된 관심사 또한 이러한 경쟁상 우려를 해소하는 데에 있다. 이 점은 DMA가 인증서비스나 앱스토어, 지불서비스 등 인접시장(adjacent or neighbouring markets)에서 장차 생겨나는 경쟁과 혁신을 게이트키퍼로부터 보호하려는 목표를 분명히 밝히고 있는 점을 통해서도 충분히 짐작할 수 있다.

그런데 디지털 생태계에서 혁신을 도모하는 방법에는 두 가지가 있다. 하나는 플랫폼 이용자, 특히 기업이용자에 의한 혁신(innovation by users)으로서 이들이 게이트키퍼가 구축한 가치사슬 내에서 지속적인 혁신을 창출하는 것이고, 다른 하나는 새로운 플랫폼서비스로 무장한 다른 온라인 플랫폼이 기존의 게이트키퍼

---

37) Wouter J. Wils, The Judgment of the EU General Court in Intel and the So-Called More Economic Approach to Abuse of Dominance, 37 World Competition 2014, p.405. 이러한 맥락에서 유럽집행위원회가 기존의 힘겨운 경쟁법 집행절차를 그대로 지속할 수 있을 것인지에 대한 의구심도 만만치 않다. 온라인 플랫폼과 무관하게 사건처리의 지연은 우리나라에서도 꾸준히 제기되는 고질적인 문제이다.

를 대체할 목적으로 파괴적 혁신(disruptive innovation)을 추구하는 것으로서 파
괴적 기업이 현상에 도전할 수 있도록 DMA가 경쟁과정을 보호해야 한다는 논리
이다.[38] 그리고 DMA는 전자를 위하여 기업이용자를 착취로부터 보호하고, 후자
를 위하여 플랫폼서비스시장을 개방적으로 유지하겠다는 것이다. 이와 관련하여
DMA에는 보다 많은 경쟁이 보다 많은 혁신을 가져온다는 인식이 존재한다.[39]
문제는 이러한 도식이 언제나 성립하지는 않는다는 점이다. 무엇보다 이미 경쟁
이 충분히 작동하는 단계에서는 DMA와 같은 사전규제가 오히려 혁신을 위축시
키는 효과를 가져올 수 있는 것이다.[40] 이 점에서 DMA는 동태적 혁신에 대한
믿음이 약하다는 평가를 피하기 어렵다.

III. DMA의 체계와 주요 내용

1. 개관

  디지털서비스법과 더불어 DMA는 모든 디지털서비스 이용자의 기본권이 보
호되는 보다 안전한 디지털 공간을 창출하고 역내시장에서 혁신·성장과 경쟁력
을 강화하는 차원에서 대등한 경쟁조건을 확립하기 위하여 제정된 가장 영향력
있는 입법으로 평가된다. 그중에서 DMA는 디지털 서비스에 관한 경쟁적인 단일
시장, 이른바 디지털 단일시장(digital Single Market)을 보장하고, 특히 '공정하고
경합적인'(fair and contestable) 플랫폼시장을 창출하려는 구체적 목표를 가지고
제정되었다. 여기서 규제대상을 게이트키퍼에 착안한 취지는 DMA의 목적에서도
알 수 있는 바와 같이 신규 플랫폼의 시장진입을 용이하게 하고, 이들의 퇴출을
야기하는 행위를 막으려는 데에 있다.

  2020년 유럽집행위원회에 의해 처음으로 제안된 DMA는 2022년 11월 1일에
발효되어 2023년 5월 2일부터 시행에 들어갔다.[41] 그리고 6개의 플랫폼 사업자

---

38) DMA Proposal Impact Assessment, para.280, 282-3, 322; DMA proposal 전문 17.

39) DMA Proposal Impact Assessment, para.279.

40) Larouche/de Streel, 'Will the Digital Markets Act Kill Innovation in Europe?' Competition Policy International, 19. May 2021.

41) 유럽연합 내 회원국간 경쟁당국의 모임인 ECN(European Competition Network)의 멤버들은 대체로 DMA의 제정을 환영하는 분위기였으나, 이를 비판하는 목소리 또한 적지 않았다. 대표

가 처음으로 게이트키퍼로 지정되었다.[42] 일반의 예상대로 당초 유럽의 플랫폼은
하나도 포함되지 않았고, 틱톡(TicToc)을 제공하는 중국의 바이트댄스
(ByteDance)가 미국을 제외한 플랫폼 중에서 유일하게 게이트키퍼로 지정되었
다. 그 후 2024년 5월 유럽집행위원회는 부킹닷컴(Booking.com)이라는 온라인중
개서비스에 대하여 네덜란드의 부킹(Booking)을 게이트키퍼로 추가 지정함으로
써, 현재 지정된 게이트키퍼는 모두 7개이고 그중에서 단 한 개가 유럽의 플랫폼
이다.

2. DMA의 수범자: 게이트키퍼

DMA의 적용을 받는 수범자는 동법 제2조 제2호에 규정된 핵심플랫폼서비스
(CPS)를 운영하면서 일정한 요건을 갖춘 사업자, 이른바 게이트키퍼이다. 게이트
키퍼는 말 그대로 기업과 소비자가 디지털 경제에 접근하기 위하여 '중요한 관
문'(an important gateway)의 역할을 하는 온라인 플랫폼이다. 중요한 관문이면
족하고, 기업이용자에게 필수적(essential)일 것까지는 요구되지 않는다.

지금까지 입법에 성공한 나라에서 규제대상인 거대플랫폼은 크게 세 가지로
특정되었다. Furman 보고서와 영국의 경쟁시장국(Competition and Markets
Authority; CMA)이 디지털시장에서 특정 플랫폼이 갖는 영향력을 평가하기 위하
여 고안한 전략적 시장지위(strategic market status; SMS),[43] 독일 경쟁제한방지법

적으로 유럽의회(European Parliament)는 다분히 정치적인 관점에서 빅테크의 시장지배력에
대한 우려를 기초로 빅테크의 탁월함을 감쇄시킬 보다 광범위한 조치가 필요하고, 기업분할
등 구조적 조치와 보다 강력한 행위규제를 도입할 것을 주장하였다(European Parliament,
Compromise amendments on the draft report "on the proposal for a regulation of the
European Parliament and of the Council Contestable and fair markets in the digital sector
(Digital Markets Act)" (2020/0374(COD)). Rapporteur for Report Andreas Schwab). 반면,
DMA의 방향성에 대한 문제제기와 함께 규제의 상당 부분이 모호하고 비현실적이며, 유럽경
제에 의도치 않은 피해를 야기할 것이라는 주장도 만만치 않았다.

42) 독일의 패션플랫폼인 잘란도(Zalando)가 게이트키퍼 후보로 거론되기는 하였으나 최종 지정
에는 이르지 못하였다. 삼성전자 또한 모바일 인터넷 브라우저와 관련하여 지정후보로 거론되
었으나, 최종 단계에서 빠지게 되었다.

43) '전략적 시장지위'를 가진 사업자를 판단함에 있어서는 무엇보다 자신의 생태계 안에서 게임
의 룰을 정할 목적으로 일정한 시장활동을 활용할 수 있는 능력, 시장지배력을 한가지 활동에
서 일련의 다른 활동으로 확장할 수 있는 능력 등이 고려된다. CMA, UK Digital Markets
Taskforce, A new pro−competition regime for digital markets, December 2020, 4.19.,
available at https://assets.publishing.service.gov.uk/media/5fce7567e90e07562f98286c
/Digital_Taskforce_−_Advice.pdf (28.04.2021). 동 개념이 사용된 '디지털 시장, 경쟁 및 소비
자 법안(Digital Markets, Competition and Consumers Bill)에 대해서는 서종희, "플랫폼 규제

제19조a가 규정하고 있는 '복수의 시장에 걸쳐서 상당한 중요성을 가진 사업자'(undertakings with a paramount cross-market significance), 그리고 DMA상의 게이트키퍼가 그것이다. 그중에서도 가장 생소한 법률용어라고 할 수 있는 것이 게이트키퍼인데, 지정(designation)이라는 처분이 관련시장의 획정과 지배적 지위 판단을 완전히 대체함으로써 경쟁법과의 연결고리를 찾기 어렵기 때문이다. 이처럼 게이트키퍼를 사전에 지정하고 나면 자동적으로 사전규제를 받게 되는 시스템이기 때문에, 만약 게이트키퍼의 개념과 판단기준 및 실제 지정에 오류가 있을 경우에 그에 따른 비용이 엄청나게 커지게 됨은 물론이다.[44)]

(1) 핵심플랫폼서비스

DMA의 규제대상인 게이트키퍼는 대규모 플랫폼으로서 기업이용자(business user)와 최종이용자(end user) 사이에서 관문으로서 활동하고, 견고하고 지속적인 지위를 누리는 사업자를 의미한다. 게이트키퍼로 지정되기 위해서는 특정 플랫폼이 아래의 8가지 핵심플랫폼서비스(core platform services; 이하 "CPS") 중 어느 하나를 제공하여야 한다(DMA 제2조 제2호);

① 온라인 중개 서비스
② 온라인 검색 엔진
③ 온라인 소셜 네트워킹 서비스
④ 동영상 공유 플랫폼 서비스
⑤ 번호독립 개인간 통신 서비스(WhatsApp, 페이스 타임 등)
⑥ 운영체제(OS)
⑦ 클라우드 컴퓨팅 서비스
⑧ 위 7가지 서비스를 제공하는 사업자에게 제공하는 광고서비스

CPS는 매우 강력한 규모·범위의 경제와 네트워크효과, 다면성을 통한 기업이용자와 최종이용자의 광범위한 연결능력, 락인효과와 멀티호밍의 부재 등을 특징으로 하며, 이를 위해서는 다면플랫폼의 특성과 중개역할이 필수적으로 요구된다(DMA 전문 13). 이러한 CPS를 제공하는 플랫폼으로서 견고한 시장지위를 보

의 바람직한 방향 – 플랫폼 공정경쟁 촉진법을 계기로–", 소비자법연구 제10권 제1호, 2024, 192면 이하.

44) Damien Geradin, What Is a Digital Gatekeeper? Which Platforms Should Be Captured by the EC Proposal for a Digital Market Act?, 2021, p.3. Available at SSRN: https://ssrn.com /abstract=3788152.

유하고 있는 게이트키퍼에 대한 문제의식은 근본적으로 기업이용자와 최종이용자에게 가격이나 거래조건 등을 일방적으로 정할 수 있는 힘에서 비롯된다.

이처럼 게이트키퍼의 견고하고 고착된 지위를 유발하거나 유발할 우려가 있는 특징을 가진 온라인서비스를 법률에 지정하는 방식을 통하여 관련시장의 획정이라는 복잡한 과정은 사라지게 된다. 열거된 CPS 중에서 검색엔진, SNS, 운영체제의 경우에는 이미 고도의 시장집중도를 보여주고 있는 반면, 메시지나 온라인 중개, 클라우드 컴퓨팅 서비스의 경우에는 사정이 다르다. 다만, 후자의 경우에는 이어지는 정량·정성요건을 통하여 게이트키퍼의 경제적 힘을 따지는 단계에서 문제의 소지가 없는 서비스를 제외할 것이기 때문에 그 자체로 논란의 소지는 크지 않다.

한편, DMA에는 독일 경쟁제한방지법 제19조a와 같이 '복수의 시장에 걸쳐서 상당한 중요성을 가진 사업자'나 영국의 전략적 시장지위와 같이 디지털생태계에 관한 언급이 전혀 없다. 따라서 어느 하나의 CPS만을 제공하더라도 최종이용자에게 접근하기 위하여 기업이용자에게 중요한 관문이라면 게이트키퍼로 지정되기에 족하다. 유럽집행위원회는 시장상황의 변화에 맞추어 시장조사(market in-vestigation)라는 절차를 거쳐 새로운 서비스를 CPS에 추가할 수 있다. 다만, 시장조사를 거친 후에 새로운 서비스를 추가하기 위해서는 DMA를 개정해야 하므로, 그 과정은 매우 지난할 것으로 예상된다.[45]

(2) 정량요건 및 정성요건

핵심플랫폼서비스를 제공하는 사업자(이하 "CPS제공사업자")는 역내시장에 미치는 상당한 영향력(a significant impact on the internal market), 기업이용자와 최종이용자를 잇는 중요한 관문의 역할(important gateway for business users to reach end users), 견고하고 지속적인 지위(an entrenched and durable position)이라는 3가지 요건을 모두 충족한 경우에 '게이트키퍼'로 지정되어 DMA의 적용을 받게 된다(DMA 제3조 제1항).

그리고 DMA 제3조 제2항은 위 세 가지 정성요건마다 순수하게 규모에 착안한 정량적인 기준을 정하여 게이트키퍼를 추정하고 있다. 첫째, 역내시장에 영향

---

45) Zimmer/Göhsl, ZWeR 2021, S.29, 39 f. 입법정책적으로 시장조사나 DMA 개정 중 어느 하나만으로 새로운 서비스를 추가할 수 있으면 충분할 것이라고 한다.

을 미치는 정도(a size that impacts the internal market)로는 EEA 회원국 중 최소 3개국에서 CPS를 제공하고, 지난 3년간 유럽경제지역(European Economic Area) 내 연간 매출액이 65억 유로 이상이거나 지난해 평균 시가총액 또는 시장가치가 650억 유로 이상인 '사업자'는 동 요건에 해당하는 것으로 추정한다. CPS제공사업자가 빅테크의 자회사인 경우에는 아주 쉽게 동 요건이 충족된다. 둘째, 기업이용자들이 최종이용자에게 접근할 수 있는 중요한 관문을 통제하고 있을 것(the control of an important gateway for business users towards final consumers)이 요구되는바, 직전 1년 동안 해당 CPS의 유럽 내 월별 활성 최종이용자(monthly active end users) 수가 4,500만 명을 초과하고 직전 사업연도 기준으로 연간 활성 기업이용자(yearly active business users) 수가 10,000개사 이상인 경우에 해당 사업자는 동 요건에 해당하는 것으로 추정한다. 셋째, 시장에서 해당 지위가 확고하거나 지속적인지 여부와 관련해서는 사업자가 지난 3년 동안 위 두 가지 요건에 모두 해당되면 동 요건에 해당하는 것으로 추정한다.

이처럼 DMA의 규제를 받는 게이트키퍼의 지위는 반드시 높은 시장점유율을 가질 필요가 없다. 점유율 요건 자체가 없는 것이다.[46] 문제는 이러한 요건이 특정 플랫폼의 절대적인 규모나 사업범위에만 초점을 맞춤으로써 게이트키퍼로서의 실질적인 힘(power), 전통적인 경쟁법상 시장지배력과는 구분되는 파워를 제대로 보여주기 어렵다는 데에 있다. 예컨대, 월별 활성이용자 수는 플랫폼에게 어느 정도의 힘을 부여하게 되는지가 모호하며, 다시 말해서 해당 플랫폼이 얼마나 중요한 관문인지를 보여주기에 적합하지 않다. 또한 게이트키퍼는 견고하고 지속적인 지위를 현재 누리고 있는 경우뿐만 아니라 가까운 장래에 그러한 지위를 가질 것으로 예견되는 경우에도 지정될 수 있으므로(DMA 제3조 제1항 c호), 유럽집행위원회로서는 쏠림현상이 나타나기 전이라도 지정을 통해 예방적 차원에서 의무를 부과할 수도 있다(DMA 제15조 제4항). 소비자가 싱글호밍을 하는지, 멀티호밍을 하는지가 고려되지 않는 것도 흠이라면 흠이다.[47]

---

46) 다만, 현실적으로 검색엔진시장의 구글이나 SNS시장의 페이스북과 같이 특정 CPS제공자가 압도적인 시장점유율을 갖고 있는 경우라면 게이트키퍼의 지위를 쉽게 입증할 수 있을 것이다.

47) 이용자가 멀티호밍을 활발히 하고 있다면 정량요건을 충족하는 CPS제공사업자라도 게이트키퍼로서의 힘을 갖지 못할 수 있다. 다만, 서로 보완적인 플랫폼간의 멀티호밍과 경쟁관계에 있는 플랫폼간의 멀티호밍은 구별할 필요가 있는바, 전자는 해당 플랫폼의 지배력을 그다지 감소시키지 않기 때문이다. Frank/Peitz, Market definition and market power in the platform economy, CERRE report, Brussels, 2019.

정량요건을 충족하지 않는 플랫폼에 대하여 정성요건을 들어 게이트키퍼로 지정할 수 있는 점을 감안하면, '견고하고 지속적인'과 같은 모호한 기준은 유럽집행위원회에 그만큼 폭넓은 재량의 여지를 제공하게 되고,[48] 그 결과 불필요하게 많은 플랫폼이 게이트키퍼로 지정될 소지가 있다. 그밖에 다수의 서비스로 이루어진 멀티플랫폼이 하나의 독자적인 생태계를 이루고 있는 상황이 제대로 포착되기 어렵다는 비판도 있다.[49]

아울러 최종이용자가 특정 플랫폼서비스에 고착되어 있는지 아니면 활발하게 멀티호밍을 하고 있는지는 해당 플랫폼이 고착되고 지속적인 지위를 갖는지를 판단함에 있어서 매우 중요한 고려요소인데, DMA 제3조 제6항에는 싱글호밍이라는 기준이 없기 때문에 CPS제공사업자가 멀티호밍으로 인하여 여전히 경쟁상태에 놓여 있고 기업이용자가 해당 CPS제공사업자에게 경제적으로 종속되어 있지 않은 경우에도 제5조와 제6조의 의무가 적용될 수 있다는 점도 문제로 지적받을 소지가 있다.[50]

요컨대, DMA상 게이트키퍼의 범위가 시장지배적 사업자보다 넓게 포착될 수 있고, 그 결과 언제든지 규제의 과잉(a regulatory overreach)으로 이어질 위험이 상존한다. 특히, 어떤 CPS와 관련하여 소수의 플랫폼이 과점상태에서 치열하게 경쟁하고 있는 경우에도 DMA 제5조와 제6조를 무차별적으로 적용하게 됨으로써 경쟁을 촉진하기보다는 오히려 제약할 위험도 간과해서는 안 된다. 근본적으로 게이트키퍼를 지정하는 기준이 DMA의 목적에 부합하는지도 의문이다. DMA는 이용자 수와 매출액을 기준으로 어떤 플랫폼이 지속적으로 견고한 지위를 가지고 있는지를 판단하게 되는바, 이때에는 경쟁법상 상대적 개념(relative concept)인 시장지배적 지위와 다르게[51] 플랫폼의 절대적인 규모(absolute size)만이 고려

---

48) 김현경, "한국의 디지털 플랫폼 규제추진에 대한 비판과 대안", 법조 제73권 제1호, 2024, 257면 이하.

49) Monopolkommission, Ibid., S.17-18. 여기서는 플랫폼의 서비스 확대를 생태계의 확장으로 이해하고 있으며, 이처럼 플랫폼의 생태계에 초점을 맞추는 접근방법은 독일 경쟁제한방지법 제10차 개정에 반영되었다. 독일의 독점위원회는 DMA에 대해서도 "자신의 생태계를 구축한 플랫폼 사업자로서 진입장벽을 높이거나 새로운 서비스로 자신의 생태계를 확장할 능력이 있을 것", 이른바 생태계기준(Ökosystem-Kriterium)이 필요하다고 주장하고 있다.

50) 멀티호밍이 원활하지 않을 경우에 기업이용자는 상당수의 최종이용자에게 접근하기 위한 마땅한 대안이 없으므로 해당 플랫폼에 대한 종속성이 나타날 수 있다.

51) 독일 GWB에서는 연방카르텔청이 시장지배적 지위를 판단하는 기준과 유사하게 특정 플랫폼에 대한 시장조사(market investigation)를 수행한 후, 그 결과에 따라 지정 여부를 결정하게

되기 때문이다.

(3) 지정의 절차

CPS제공사업자는 위에서 언급한 세 가지 정량적 요건에 해당한다고 판단되는 시점으로부터 2개월 이내에 자발적으로 유럽집행위원회에 통지하고(notify) 관련 정보를 제출해야 하며(DMA 제3조 제3항), 이러한 정보를 제출받은 유럽집행위원회는 완전한 정보를 제출받은 날로부터 45일 이내에 해당 사업자를 게이트키퍼로 지정한다(DMA 제3조 제4항). 다만, CPS제공사업자는 충분히 신빙성 있는 주장(sufficiently substantiated arguments)을 통하여 자신이 비록 위의 정량적 요건은 충족하나 실질적으로 즉, 제3조 제1항의 정성적 요건에는 해당하지 않는다는 점을 보임으로써 동 추정을 번복시킬 수 있다(DMA 제3조 제5항). 추정의 복멸은 실질적으로 가능해야 한다. 실무상 게이트키퍼는 법원에 지정처분을 다투는 소를 제기할 가능성이 매우 크며, 이 경우 당초 DMA가 노리던 절차의 신속이라는 목표는 그만큼 멀어지게 될 것이다.

또한 유럽집행위원회는 위 정량적 요건에 따른 추정에 부합하지 않거나 추정이 번복된 경우에도, DMA 제17조에 규정된 시장조사(market investigation)를 거쳐서 해당 CPS제공사업자를 게이트키퍼로 판단하여 지정할 수 있다(DMA 제3조 제8항, 전문 23). 이때 유럽집행위원회는 게이트키퍼 여부를 판단하기 위해서 해당 CPS제공사업자의 사업규모(매출액, 시가총액), 소비자 및 플랫폼이용사업자의 수, 진입장벽, CPS제공사업자가 데이터 등으로부터 얻는 규모 및 범위의 경제, 기업이용자 또는 소비자의 고착(lock-in) 정도, 기타 시장의 구조적 특징들을 고려하여야 한다(DMA 제3조 제8항(a)-(g) 및 전문 25). 유럽집행위원회는 지정된 게이트키퍼와 핵심플랫폼서비스의 리스트를 공개하고(DMA 제4조 제3항), 매 3년마다 게이트키퍼로 지정된 사업자나 또는 새로운 사업자들이 게이트키퍼의 요건을 충족하는지 여부를 심사하여야 한다(DMA 제4조 제2항).

3. DMA상 의무

지정된 게이트키퍼[52]들에게는 CPS와 관련하여 총 22가지의 행위가 금지되어

된다.

52) 영국에서는 지정된 게이트키퍼와 유사하게 '전략적 시장지위'(strategic market status; SMS)를 지정하는바, 경쟁법상 시장지배적 지위와 남용과 동일한 컨셉으로 이해할 수 있으며, 과잉규

있다. 이들 규제를 적용받는 행위유형은 크게 제5조의 자기집행적 의무(self-executing obligation)와 제6조의 비자기집행적 의무(non-self-executing obligation)로 나누어진다. 전자는 게이트키퍼에게 부과되는 금지의무의 내용에 관하여 더 이상의 설명이 필요 없이 DMA의 발효 즉시 집행가능한 것으로서, 무엇보다 현재 회원국의 경쟁당국이 조사하고 있는 행위를 신속하게 금지하기 위한 취지로 알려져 있다.[53] 반면, 후자는 게이트키퍼가 법준수를 위해 취해야 할 조치를 유럽집행위원회가 추가로 특정하는 작업(further specification)을 거쳐야 하는 것으로서, DMA는 이를 언제 어떻게 특정할 것인지에 대해서 아무런 규정을 두지 않고 있다.

DMA가 금지하는 행위로는 자사우대행위(self-preferencing), 데이터의 상호운용성 및 데이터 이동성을 방해하는 행위, 이용자의 동의 없이 상이한 출처에서 수집한 데이터를 가공·조합하는 행위, 시장지배력을 전이하는 행위 등을 들 수 있다. 자사우대, 배타적 거래와 끼워팔기 등 제5조와 제6조가 금지하고 있는 행위 중 상당수는 기존의 경쟁법적 근거를 가진 것이지만, 데이터 수집·이용 및 데이터 이동성, 투명성과 ADR 등과 같이 전통적인 경쟁법의 범주를 벗어나는 행위도 적지 않다.

문제는 이러한 행위유형이 적지 않게 모호하다는 데에 있다. 급변하는 디지털 경제에서 그 요건조차 명확하지 않은 행위를 구체화하여 금지하는 작업은 처음부터 쉽지 않은 작업이고, 그만큼 지정된 게이트키퍼의 입장에서도 법준수에 어려움을 겪을 수밖에 없다. 특히, 대부분의 금지행위 유형에 대해서 아직 유럽법원이 확정적인 판단을 내리지 않은 상태여서, 실제로 어떤 행위가 원칙적으로 폐해만을 수반하는 남용행위이고, 따라서 원칙적으로 금지되어야 하는지 여부가 불확실한 상태에 있다는 점도 간과할 수 없다. 이러한 상태에서 DMA와 같은 법률의 제정은 향후 유럽법원의 판단과 상충을 야기할 가능성도 배제할 수 없다. 그럼에도 불구하고 DMA상의 규제를 준수하기 위하여 게이트키퍼들은 당장 자신이 제공하는 핵심서비스의 설계와 운용에 상당한 변화를 가하지 않을 수 없는 상황에 처하게 된다.

제를 막기 위해서 solid evidence가 요구된다. Bauer/Erixon/Guinea/van der Marel/Sharma, The EU Digital Markets Act: Assessing the Quality of Regulation, ECIPE Policy Brief No.02/2022, p.11.

53) Bauer/Erixon/Guinea/van der Marel/Sharma, Ibid., p.11.

한편, DMA가 금지하는 행위라도 게이트키퍼가 좌우할 수 없는 예외적 상황으로 인하여 제5조 내지 제7조의 의무를 이행할 경우에 당해 사업의 경제적 성공가능성(economic viability)을 위태롭게 할 우려가 있다면 유럽집행위원회는 게이트키퍼의 신청을 받아 규정된 의무 중 전부 또는 일부의 이행을 중지시키는 결정(suspension decision)을 내릴 수 있다(제9조). 또한 유럽집행위원회는 직권 또는 게이트키퍼의 신청에 따라 공중보건이나 공공의 안전을 이유로 DMA 제5조 내지 제7조에 규정된 의무 중 전부 또는 일부에 대한 면제를 결정(exemption decision)할 수도 있다(제10조). 그밖에 경쟁법의 예와 달리 효율성을 이유로 금지행위를 정당화할 가능성은 없다. 그런데 DMA가 규정하고 있는 사전규제에서는 특정 행위의 부정적 효과에 대한 분석이 전혀 이루어지지 않기 때문에 위와 같은 중지 내지 면제사유는 지정된 게이트키퍼가 규제당국이나 법원과 대화·소통할 수 있는 유일한 통로라는 점에서 매우 중요한 의미를 갖는다. 규제당국과의 대화(regulatory dialog)는 무엇보다 정보의 비대칭을 완화하고 규제의 투명성과 공정성을 제고할 수 있는 장점을 갖기 때문이다.

보다 근본적인 문제는 자사우대를 비롯하여 DMA가 금지하는 행위가 동법의 목적인 경합성이나 공정성과 어떤 관련성을 갖는지가 생각만큼 명확하지 않다는 점이다. 쉽게 생각할 수 있는 것은, 예컨대 게이트키퍼가 상품의 노출순위를 의도적으로 자신에게 유리하게 정할 경우에 제3의 판매업자는 상품의 질을 높이거나 가격을 인하하는 등의 노력을 기울일 유인을 갖기 어렵다는 정도이다. 여기서 난점은 자사우대가 언제나 가격이나 품질 내지 소비자 선호와 무관하게 게이트키퍼의 상품을 우선하여 노출하는 것은 아니라는 데에 있다. 생각건대, 자사우대라도 '합리적인' 자사우대와 '불합리한' 자사우대를 구별하지 않으면 안 된다. 이를테면 가격이나 품질 등 소비자선호를 좌우하는 요소와 무관하게 자신의 상품을 우선 노출하는 경우라야 일응 불합리한 자사우대로 볼 수 있을 것이다. 그밖에 딥러닝을 통해 스스로 학습하는 알고리즘이 상품의 순위를 정하는 경우라면, 그것이 자사우대에 해당하는지가 명확하지 않다. 해당 알고리즘에 대한 면밀한 심사 없이 자사우대라는 행위 자체를 확인하는 것은 가능하지 않으며, 경쟁당국이나 법원에 알고리즘 전문가의 기술적 지원(technical support)이 반드시 필요한 이유이다.

아울러 유럽집행위원회가 시장지배적 지위나 경쟁제한효과의 입증상 난점을 들어 게이트키퍼가 경쟁법을 회피할 수 있다는 우려는 다분히 과장된 것이다.[54] 무엇보다 DMA에 따라 게이트키퍼에게 부과되는 의무와 관련된 남용행위에 대해서 이미 유럽차원에서 다수의 경쟁법 집행이 이뤄졌거나 현재 법원에서 다투어지는 중이라는 점은 DMA상 사전적으로 부과되는 의무의 실익이나 필요성에 대해서 의문을 제기하기에 충분하다. 충분한 선례가 쌓이지 않은 행위유형에 대하여 위법성에 관한 엄격한 룰이 만들어진 것이다.[55] 유럽에서 이러한 방식의 입법은 다분히 이례적이라고 평가할 수밖에 없다.[56]

4. DMA식 금지에 대한 평가

무릇 규제법안을 마련할 때에는 언제나 법적 안정성(legal certainty)과 법적용상 탄력성(flexibility) 사이의 균형, 그리고 집행의 신속성과 해석의 정확성 사이의 상쇄관계(trade-off)라는 난제에 봉착하게 된다. 규제법에 포함된 각종 (금지) 의무의 내용이 모호할수록 규제기관은 집행상 더 많은 재량을 누리게 된다. 여기에 규제기관의 법집행에는 특정 행위에 대한 해석과 규범적 평가가 요구되기 때문에 결국 수범자의 불복으로 이어지게 마련이다. 보다 현실적인 문제는 부과된 의무가 세세하고 구체적일수록 막상 해당 법규정이 적용될 시점에는 그것이 더 이상 업계의 관행이 아닐 수 있다는 데에 있다. 플랫폼서비스의 동태적 성격을 감안할 때, 현재 중요한 의무가 몇 년 내에 별다른 의미가 없을 수 있는 것이다. 따라서 행위준칙은 일응 원리에 입각한 것(principle-based rules)이어야 한다. 유럽에서도 다수의 학설은 이러한 원칙에 동의하고 있으나, DMA는 그와 다른 길을 선택하였다.

먼저, DMA 제5조, 제6조에 열거된 법적 의무는 사례별 접근방법에 맞는 탄력적인 기준(flexible standards)보다는 사전규제에 적합한 상세한 규칙(detailed rules)에 대한 유럽의 선호를 잘 보여준다. 무엇보다 DMA는 모든 CPS에 대하여

---

54) Pierre Larouche/Alexandre de Streel, Ibid., p.546.

55) Nicolas Petit, The proposed Digital Markets Act: a legal and policy review, Journal of European Competition Law and Policy 2021, Vol. 12, No. 7, p.540-541.

56) Oana Andreaa Stefan, European Competition Soft Law in European Courts: A Matter of Hard Principles?, 14 European Law Journal 2008, p.753; Zlatina Georgieva, Soft Law in EU Competition Law and Its Judicial Reception in Member States: A Theoretical Perspective?, 16 German Law Journal 2015, p.223; Competition Soft Law in National Courts: Quo Vadis?, TILEC Discussion Paper 2016-038, available at: https://ssrn.com/abstract=2888000.

모든 게이트키퍼들이 동일한 의무를 준수하도록 함으로써 전통적인 경쟁법의 난점이라고 지적되는 조사 및 법적 평가과정을 최소화하고자 한다. 특히 DMA에는 경쟁 내지 소비자후생에 미치는 효과에 초점을 맞추는 경쟁법상 합리의 원칙(rule of reason)이나 이익형량(Interessenabwägung)의 접근방법이 양면시장의 특성을 가진 플랫폼에는 맞지 않다는 인식이 깔려 있고, 다분히 극단적인 방법으로 전통적인 경쟁법에 균열을 만들고 있다.

물론 양자는 각각 나름의 장점을 갖고 있다. 잘 알려진 바와 같이 당연위법(per se)과 합리의 원칙 사이에는 일종의 trade-offs가 존재한다.[57] 먼저, 당연위법식 접근의 장점으로는 법적 안정성, 예측가능성, 컴플라이언스의 용이, 사법심사의 필요성 감소, 특히 유럽에서는 회원국의 분권화된 집행체제 하에서 법집행상 상충의 위험 감소 등을 들 수 있다. 반면, 합리의 원칙은 구체적인 사례마다 그에 맞는 법적용을 가능케 함으로써 과잉규제나 과소규제의 위험을 줄여주며, 시장환경의 변화나 법집행의 경험에 맞는 탄력적인 법적용을 가능케 하는 장점을 갖는다. 이러한 각각의 장점을 감안할 때 당연위법이나 합리의 원칙 중 어느 하나가 모든 사례에 맞는 해결책이 될 수는 없다. 규제비용을 최소화하는 효과적인 최적의 옵션은 그 중간일 것이다. 특히 DMA와 같이 규제기관이나 플랫폼 사업자에게 막대한 집행비용이 소요되는 경우에는 더욱 신중한 고려가 필요할 것이다.[58]

여기서 DMA는 나름 중간의 옵션을 취하고 있다고 평가할 수 있다. DMA는 달리 해석 내지 평가의 여지가 없다는 의미에서 직접 적용되는(self-enforcing) 18개의 의무와 금지를 열거하고 있다. 유럽집행위원회의 설명에 따르면 18개 의무가 선정된 이유는 이들이 그간 유럽경쟁법의 집행 경험상 기업이용자(business users)와 최종이용자에게 특히 직접적으로 부정적 영향을 미친다는 디지털 분야의 특징을 감안할 때 불공정하다고 인정되었기 때문이라고 한다.[59] 그러나 위원회는 다음과 같은 점에서 순수한 당연위법의 접근을 채택하지 않았다고 볼 수 있다. 첫째, DMA상 18개의 의무 중 절반은 CPS에 '고유한'(unique) 것이 아니어서

57) Louis Kaplow, Rules versus Standards: An Economic Analysis, 42 Duke Law Journal 1992, p.557.
58) Dietrich/Vinje, The European Commission's Proposal for a Digital Markets Act, 22 Computer L. Rev. Int'l 2021, p33, 37.
59) DMA Proposal Impact Assessment, para. 153; DMA Proposal, 전문 33.

지정된 모든 게이트키퍼에게 적용되는 반면, 나머지 절반은 CPS에 고유한 것이어서 지정된 게이트키퍼 중에서도 이들 CPS를 제공하는 플랫폼에만 적용된다. 둘째, DMA 스스로 제6조의 의무가 완전하고도 효과적으로 집행될 수 있도록 유럽집행위원회로 하여금 이들 의무의 구체적 내용을 추가로 특정(further specification)할 것을 요구하고 있다. 이때의 '특정'은 규제대상인 게이트키퍼와의 긴밀한 대화와 협의를 거쳐 이루어져야 하며, 컴플라이언스를 보장하기 위하여 필요한 조치를 현재 계류 중인 사건에 맞도록 조정할 수도 있다.

  이처럼 DMA가 채택한 방식은 매우 유해한 것으로 확인된 거래관행에 대한 규제당국의 신속한 개입을 보장하면서, 동시에 개별 사례에 맞는 조정과 특정이 가능한 이른바 맞춤형 규제수단(tailored regulatory solution)에 해당한다. 후자와 관련하여 게이트키퍼와 관련된 새로운 불공정거래행위와 새로운 시장실패를 교정하는 것이 가능해짐은 물론이다. 그럼에도 불구하고 당연위법을 보다 선호하는 DMA의 태도에 대해서는 찬반론이 존재한다. 무엇보다 DMA는 게이트키퍼의 행위가 경쟁에 미치는 긍정적·부정적 효과를 종합적으로 고려하는 것을 불가능하게 하고 있다. 경쟁법의 신속한 집행이 특정 행위가 시장에 미치는 효과에 대한 종합적인 고려를 부정할 만큼 우선적인 정책목표가 될 수 있는지도 의문이다. 뿐만 아니라 디지털시장은 매우 복잡하고 빠르게 변화하며, 각기 다양한 사업모델을 갖는 다양한 플랫폼들을 포함하고 있다는 점을 들어 당연위법식 접근이 맞지 않는다는 견해[60]도 마찬가지이다. 이와 달리 DMA의 당연위법식 접근을 비판하면서도 시장지배력이 고착되고 집중이 심화될 우려가 있는 시장에서는 신속한 개입과 규제가 필요하며, 기업의 법준수와 규제당국의 법집행을 용이하게 한다는 점에서 지나치게 개방적이지 않은 당연위법식 접근이 바람직하다는 견해도 있다.[61] 주목할 것은 모든 게이트키퍼에게 일률적으로 동일한 의무를 적용하는 것은 타당하지 않고, 게이트키퍼에게 충분한 방어권을 보장하며, 시장경합성을 침해하거나 불공정성을 야기하지 않는다는 내용의 폭넓은 항변을 허용할 수 있는

---

60) de Pablo/Fernández, Why The Proposed DMA Might be Illegal Under Article 114 TFEU, And How To Fix It, Journal of European Competition Law and Policy 2021, Vol. 12, No. 7, p.586.

61) Wolfgang Kerber, Taming tech giants with a per-se rules approach? The Digital Markets Act from the "rules vs. standard" perspective, Concurrences No.3, 2021, pp.28; Filomena Chirico, Digital Markets Act: A Regulatory Perspective, Journal of European Competition Law and Policy 2021, Volume 12, Issue 7, pp.493.

방향으로 DMA를 보완할 필요성에 대해서는 학계의 견해가 대체로 일치하고 있다는 점이다.[62]

IV. 국내 입법논의에 던지는 시사점

1. 문제의식의 재구성

거대플랫폼으로 인한 폐해가 무엇인지에 대해서 DMA의 입법자들은 명확하고 구체적인 근거를 제시한 바 없다. DMA가 경쟁법인지 산업규제법인지에 대한 인식의 혼란도 여기에서 비롯된다. 우리나라에서도 공정거래법이 네트워크효과나 쏠림현상 등 플랫폼시장의 특성상 급속한 독점화를 억제하기에 효과적이지 않고, 그 사이에 기업이용자에게 과도한 수수료를 부과하거나 최종이용자의 선택권을 제한하거나 멀티호밍을 억제하고 레버리지를 악용하는 등의 폐해가 나타나고 있다는 인식이 특별법 제정의 당위성을 대변하고 있다.

그러나 작금에 우리나라의 디지털 경제가 직면하고 있는 근본적인 문제가 무엇인지에 관하여 실증적인 연구가 거의 진행된 바 없고, 그나마 공정위의 연구용역으로 수행된 플랫폼분야의 실태조사는 그 결과조차 공개되지 않고 있다. 플랫폼경제에서 발견되는 시장실패(market failure)라는 정부의 문제의식이 과연 현실에 기반한 것인지 의문이며, 공정위의 남용규제에 오랜 시일이 걸리는 것이 플랫폼에 한정된 얘기도 아니다. 오히려 존재하지도 않는 가상현실이 그간의 입법논의를 지배해 온 것은 아닌지 의구심이 들 수밖에 없다. 정부실패가 보다 현실적으로 다가오는 이유이다. 정부의 진단이 허상에 기초한 것이라면, 그에 따른 특별법 제정은 돈키호테식의 무모한 싸움을 가져올 뿐이다. 특별법 제정이 개별시장은 물론이고 나아가 디지털분야, 국민경제 전반에 미칠 효과를 면밀하게 고민하는 작업도 국내에서 플랫폼의 폐해가 논증된 이후에나 가능할 것이다.

이와 관련하여 Teece/Kahwaty의 제안은 나름의 설득력을 갖는다. 그에 따르면 DMA와 같은 특별법의 경제적 효과를 분석하는 일은 유럽의 디지털 경제 현황에 대한 분석에서 출발하지 않으면 안 된다. 구체적으로 i) 플랫폼 중에서도 높

---

62) Polley/Andreas Konrad, Der Digital Markets Act - Brüssels neues Regulierungskonzept für Digitale Märkte, WuW No.4, 2021, S.204-205.

은 가격, 낮은 품질, 생산량 감소, 혁신 결여 등의 폐해가 나타나는 분야를 특정
하고, ii) 이러한 폐해가 과연 플랫폼경쟁의 결핍에서 비롯되는 것인지를 충분한
개연성을 가지고 설명할 수 있어야 한다. 그런 연후라야 iii) DMA에 규정된 각종
의무가 과연 이러한 문제를 해소하기에 적절한 (비례원칙에 부합하는) 처방인지를
따져볼 수 있다.[63] 이러한 방법론에 따르자면, 우리나라의 입법논의는 예외 없이
위 i)－iii)의 단계 중 어느 것도 제대로 거치지 않은 것으로 보인다. 경쟁을 촉진
하거나 불공정행위를 근절한다는 명분 하에 새로운 사전규제를 도입해야 한다는
주장만 존재할 뿐이다. 이렇게 만들어질 특별법이 오히려 기존의 경쟁구조를 고
착화하고, 시장의 경계(market boundaries)를 보다 경직되게 하며, 혁신과 새로운
서비스의 출현을 방해할 소지가 매우 크다. 끊임없이 시장의 경계를 없애고 재정
의하는 과정이 빠르게 진행되는 곳이 바로 플랫폼시장이다. 그러한 과정이 바로
혁신을 기반으로 하는 동태적 경쟁이라는 점에는 의문이 없다.

　　디지털시장에서 전례가 없는 것은 집중현상이 아니라 그러한 집중의 속도가
매우 빠르다는 점이다. 더구나 디지털시장에서 기술혁신이 초스피드로 진행되고
있으므로, 경쟁당국이 플랫폼시장을 제대로 모니터링하기도 만만치 않다. 여기에
는 경쟁당국과 플랫폼 사업자 사이에 적지 않은 정보의 비대칭(information
asymmetry)[64]이 존재함을 의미한다. 그리고 데이터와 알고리즘, AI의 작동원리를
제대로 이해하지 못하면 경쟁당국이나 규제당국이나 빅테크에서 야기될 수 있는
경쟁문제를 제대로 파악할 수 없고, 그 어떤 규제틀도 제대로 수립할 수 없다.
플랫폼 규제법이란 결국 혁신과 복잡한 첨단기술, 데이터, 새로운 사업모델을 타
겟으로 삼게 되므로, 문제상황을 파악하고 이를 해결하기 위한 규제를 고안하며,
나아가 특정 규제의 파급효과를 예측하는 것이 모두 어렵다. 그만큼 잘못 설계된
규제는 감당하기 어려운 부정적 효과를 국민경제 전반에 미칠 수 있다는 점에서
신중을 요하는 것이다.

---

63) Teece/Kahwaty, Is the Proposed Digital Markets Act the Cure for Europe's Platform Ills?
Evidence from the European Commission's Impact Assessment, BRG Institute, April 12,
2021, p4. 이들은 슘페터류의 혁신과 혁신경쟁을 중시하는 입장에서, '혁신'이 빠진 경쟁을 '묽
은 홍차'(weak tea)에 비유하면서, DMA가 촉진한다는 경쟁은 바로 '묽은 홍차'에 불과하다고
지적하고 있다.

64) 그밖에 경쟁당국과 빅테크 간에는 인적·물적자원과 기술 등 여러 가지 면에서 비대칭이 더욱
커지고 있다.

2. 몇 가지 방법론상 고려사항

우리나라에서 플랫폼 관련 입법을 논함에 있어서 몇 가지를 유념하여야 한다. 먼저, 입법목적을 분명히 정하는 것이다. 몇몇 거대플랫폼을 지정하고 이들에게 광범위한 사전규제를 부과하기 위해서는 규제목표를 분명히 정하는 작업이 선행되어야 한다. 이를 위해서는 현재 거래플랫폼이 우리나라의 어느 플랫폼서비스와 관련하여 어떤 폐해를 야기하고 있는지를 면밀하게 분석하지 않으면 안 된다. 특정 플랫폼서비스시장에서 구체적인 행태와 폐해를 규명한 연후라야 case-by-case에 걸맞는 시정조치(remedy)도 강구할 수 있을 것이다. 이것은 비례원칙(proportionality principle)의 관점에서도 매우 중요하다. 효율성 증대효과 등을 고려하지 않고 일률적으로 특정 행위를 금지할 경우에는 새로운 서비스의 출시 및 종국에는 다분히 혁신적이고 사회후생을 증진하는 행위조차 금지될 수 있기 때문이다.[65] 비례원칙이란 실무상 시정조치와 제재금 부과와 관련해서 더욱 중요한 의미를 갖는바, 어떤 의무 위반이 어느 정도의 제재와 결부되어야 하는지가 관건인데, 위반행위가 어떤 폐해를 가져올 것인지가 분명하지 않은 상태에서는 적정 수준의 제재를 논하기가 어려워질 수밖에 없기 때문이다. 플랫폼 독점화의 원인과 해결책에 대한 명확한 분석 없이 새로운 입법만을 주장하는 것은 아무런 이유 없이 혁명을 주장하는 것(a revolution without a cause)과 다르지 않다.[66]

이어서 거대플랫폼의 행위는 그것이 시장과 경쟁에 미치는 효과를 중심으로 평가하여야 한다. 잘 알려진 바와 같이 당연위법의 접근방법은 미국 독점금지 판례법리로 등장하였다. 그런데 당연위법의 법리란 선험적으로(a priori) 고안된 것이 아니라 커먼로(Common Law) 시기에 축적된 수많은 불합리한 거래관행에 대한 판례를 기초로 한다. 귀납법에 익숙한 미국의 전통에서 벗어나지 않는 것이다. 유럽에서도 종래 규칙이나 고시를 제정할 때에는 그간 경험적으로 수많은 사례의 축적이 전제되어 있었다. 그러한 점에서 DMA는 종전의 방식에 대한 예외에 해당한다. 즉, DMA가 원칙적으로 금지하는 일련의 행위는 디지털 경제에서 매우 생소한 것으로서 경쟁에 미치는 효과에 대해서도 견해가 치열하게 대립하

---

65) de Pablo/Fernández, supra pp.583.

66) Yunsieg P. Kim, "A Revolution without a Cause: The Digital Markets Act and Neo-Brandeisian Antitrust," Wisconsin Law Review 2023, no. 4, p.1247, 1252.

고 있다. 유럽법원의 최종적인 위법성 판단이 내려지지 않은 경우가 대부분이다. 이러한 상황에서 자사우대 등 일련의 행위를 당연위법으로 보아 규제하는 것은 과잉규제이자 불합리한 규제로 이어질 수밖에 없다.

끝으로 사전규제가 불가피한 경우라도 거대플랫폼에게 허용되는 행위와 금지되는 행위는 명확히 구분될 수 있어야 한다. 경쟁법상 사후규제에 비하여 보다 높은 수준의 명확성원칙이 사전규제의 대상인 의무에 적용되어야 하는 것이다. 수범자에게 답을 주기보다 오히려 새로운 문제와 혼란를 던져주는 식의 사전규제는 바람직하지 않을 뿐만 아니라 규제의 실효성을 담보할 수 없다.

3. 입법시 유의할 점

우리나라에서도 지난 21대 국회에서부터 온라인 플랫폼을 규제하려는 법안이 다수 제출되었다. 공정위의 가칭 '온라인 플랫폼 공정경쟁촉진법안'은 그 내용이 공개되지도 못하고 많은 논란만 남긴 채 보류되었다.[67] 22대 국회에서 또다시 관련 법안이 제출되고 있는바, 향후 입법논의를 위한 기초로서 몇 가지 유의할 점을 제시하고자 한다.

첫째, 가장 중요한 것은 과연 온라인 플랫폼을 규제하기 위한 '특별법'이 필요한지 여부이다. 유럽에서 시장의 경합성과 공정성이라는 목적을 위해서 DMA가 필요한지에 대한 의구심이 큰 것과 마찬가지로, 우리나라에서도 플랫폼시장의 독점화 방지를 위해서 공정거래법 외에 또 다른 특별법이 필요한지에 대해 납득할 만한 설명이 이뤄진 바 없다. 더구나 우리나라의 법안들이 규제대상으로 염두에 두고 있는 국내 플랫폼은 DMA와 전혀 다르기 때문에 단순비교는 경계해야 한다.[68] 공정거래법이 거대 온라인 플랫폼의 독점화를 억제하는 데 실패하였다고 평가할 수 있는지에 대해서도 소극적이다.[69] 최근까지도 공정위는 ─아직 법원 단계에서 다투어지고는 있으나─ 네이버, 카카오모빌리티의 시장지배적 지위남용을 금지한 바 있으며, 그 과정에서 시장획정이나 경쟁제한성 판단 등과 관련하

---

67) 그간 여러 차례에 걸친 플랫폼 규제입법의 시도에 대해서는 김현경, 앞의 글, 250면 이하.
68) 우리나라에서 논의되는 플랫폼법은 결국 국내 플랫폼 규제에 집중될 수밖에 없다는 지적은 여전히 유효하다. 서종희, 앞의 글, 198면; 유럽과 우리나라의 법제상 차이에 주목해야 한다는 견해로 홍대식, "온라인 플랫폼 법제의 개선 방향─경쟁 및 공정거래 법제를 중심으로─", 상사법연구 제41권 제4호, 2023, 323면 이하.
69) DMA에 대해서도 이와 유사한 비판은 흔히 발견된다. 예컨대, Polley/Konrad, supra S.205.

여 경제분석상의 난점이 두드러지게 드러난 것이 없기 때문이다. 이론적으로 남용판단시 소비자후생과 같은 실체법적인 기준이 경쟁분석을 지나치게 복잡하게 하고, 그만큼 경쟁당국의 입증을 어렵게 함으로써 법집행의 신속성을 저해한다는 비판은 적어도 우리나라에는 타당하지 않다.

둘째, 유럽집행위원회나 공정위가 특별법 제정이 필요하다고 주장하는 첫 번째 이유는 절차의 신속성이다. 온라인 플랫폼의 성격상 독점화가 매우 빠르게 진행되는 반면, 경쟁법적 사후규제는 언제나 그에 뒤처지고 있다는 문제의식이 바로 그것이다. 그런데 경쟁법집행의 정당성이 절차의 신속성만으로 담보될 수는 없으며, 절차의 신속성은 언제나 실체적·내용적 타당성과 부(−)의 상관관계에 있음을 간과해서는 안 된다. 정량적 기준에 입각한 사전규제를 강조할 경우에는 자칫 온라인 플랫폼의 등장으로 제기된 새로운 경쟁법적 쟁점을 방치하는 한편, 개별 사안의 특수성을 도외시하는 결과를 가져올 것이기 때문이다. 비록 공정위가 준사법기관으로서는 미흡한 점이 있더라도 현재 1심의 기능을 수행하고 있는 만큼, 구체적 타당성을 지향한다는 지향성을 잃어서는 안 된다.

셋째, 온라인 플랫폼의 경쟁이슈를 제대로 다루기 위해서는 데이터 기반의 생태계와 사업모델, 알고리즘의 작동원리 등에 대한 철저한 이해가 선행되어야 한다. 공정거래법의 이념과 작동원리부터 관련시장의 획정이나 경쟁제한성 판단 등 금지요건에 이르기까지 높은 수준의 전문성을 바탕으로 온라인 플랫폼과 관련된 새로운 기술과 혁신에 대한 이해가 갖추어져야 비로소 구체적 타당성과 절차의 신속성을 겸비한 법집행이 가능해질 것이다. 특히, 온라인 플랫폼은 경쟁법뿐만 아니라 개인정보보호나 방송·통신 등 여러 분야의 법제도와도 관련되어 있는바, 플랫폼에 고유한 경쟁이슈를 추려내어 조문화하기 위해서는 디지털 경제에 대한 깊은 이해와 전문성이 선행되어야 한다.

V. 맺는말

1. 온라인 플랫폼의 규제방식을 둘러싼 논쟁은 과연 빅테크가 보유한 힘이 얼마나 새로운 현상인지, 그리고 설사 과거와 전혀 다른 새로운 힘이라고 하더라도 이를 규율할 장치 또한 얼마나 새로운 것이어야 하는지에 관한 인식의 차이에서

비롯된다. 이러한 맥락에서 DMA는 빅테크의 새로운 힘에 대해서 종전과 다른 새로운 규제체계가 필요하다는 인식을 기초로 삼고 있다. 그렇게 제정된 DMA는 그 성질상 일반경쟁법과 특별한 산업규제(specific, sectoral regulation)의 중간 어디에 위치하고 있을 것이다.[70] 유럽의 경쟁법이 거대플랫폼의 '집중' 문제를 규율하기에 부적합하다는 믿음이 DMA의 기초설계를 이루고 있기 때문이다. DMA의 성격은 대체로 경쟁법을 보충하는 수단이라고 이해할 수 있으며, 구체적인 내용 면에서는 빅테크에 대한 '혁신적' 규제라기 보다는 전통적인 경제규제에 가깝다.

2. DMA는 경쟁법에서 착안한 방식으로 나름 빅테크의 고유한 특성과 경쟁제한적 행태에 맞는 규제체계를 갖추고 있으나, 개별 사안마다 경쟁제한성을 따지는 case-by-case 접근방법을 탈피하고 있다. 이 점에서 DMA는 개별 사안마다 구체적 타당성을 추구하는 탄력적인 기준보다는 법집행의 용이함을 일차로 염두에 둔 다분히 경직된 기준을 채용하고 있다. 경쟁법이 다른 법영역에 비하여 태생적으로 사후규제에 기초한 유연성을 갖고 있는 점과 본질적으로 다른 부분이다. 그 기저에는 게이트키퍼가 존재하는 시장에 인위적이면서 보다 급진적인 방식으로 신속하게 경쟁을 형성할 수 있다는 인식이 자리잡고 있다. 그런데 과연 플랫폼시장이 그렇게 관리가능한지는 의문이며, 경쟁법은 과거 오랫동안 시장의 변화에 맞게 변화·개선되어 왔다는 점을 간과해서는 안 된다. 이제 보다 근본적인 변화는 디지털 경제 하에서 경쟁법·정책의 방법론이 혁신과 동태적 경쟁을 중시하고 플랫폼의 혁신잠재력을 강조하는 방향으로 전환되는 것에서 출발하여야 한다. DMA는 이러한 방향과는 다른 해법을 찾고 있다는 점에서 유럽의 위태로운 미래를 암시한다.

3. 무릇 올바른 해법(solution)을 찾기 위해서는 문제가 무엇인지에 대한 올바른 진단(diagnosis)이 선행되어야 한다. 온라인 플랫폼과 관련해서도 출발점은 핵심플랫폼서비스의 경우 불가피하게 독점화 추세가 나타날 수밖에 없는지, 플랫폼시장에서 혁신과 경쟁을 촉진하기 위하여 불가피하게 사전지정 및 당연위법식

---

70) 이 점은 유럽집행위원회 경쟁담당위원인 Margrethe Vestager의 다음과 같은 언급에서도 확인할 수 있다. "We also want to build better digital markets and the Digital Markets Act is a good example of the way in which competition law and regulation can complement each other to keep markets open.", L'Agefi, 4 February 2021.

규제가 필요할 만큼 다른 방법으로는 독점화를 해소할 수 없는지에 대한 면밀한 진단이다. 아울러 모든 규제법이 그러하듯 플랫폼규제법 또한 그 목표와 수단의 정합성이 이루어져야 한다. 무엇보다 디지털 경제의 발전과 혁신을 저해하지 않으면서 자유·공정경쟁에 긍정적인 효과를 가져올 수 있는 규제법이어야 한다. 충분한 고민 없이 급조된 특별법이 당초 취지를 달성하기란 불가능한 일이고, 나아가 경쟁상황에 맞지 않는 규제는 유효경쟁은 커녕 플랫폼산업의 발전에 −충분히 예측가능한− 부작용을 야기할 것이다. 빠르게 변화·발전하는 디지털시장의 특성을 감안할 때 공정거래법은 매우 탄력적이고 유연한 기준으로 대응하기에 부족함이 없다. DMA 자체가 전례를 찾기 어려운 유럽식 접근방식이라는 점, 핵심플랫폼서비스 및 게이트키퍼라는 극소수의 빅테크만을 규제대상으로 삼고 있는 점 등에 비추어 볼 때 국내 플랫폼서비스에 관한 경쟁분석도 없는 상태에서 특별법 제정을 서두르는 것은 아무도 그것이 장래에 미칠 영향을 알 수 없다는 의미에서 다분히 실험적(experimental)이다.

[참고문헌]

1. 국내문헌

김현경, "한국의 디지털 플랫폼 규제추진에 대한 비판과 대안", 법조 제73권 제1호, 2024

모준성·고수윤, "미국의 온라인 플랫폼 규제 동향과 시사점-미 연방하원 법제사법위원회의 디지털 경쟁 조사를 중심으로-" 외법논집 제45권 제4호, 2021

서종희, "플랫폼 규제의 바람직한 방향-플랫폼 공정경쟁 촉진법을 계기로-", 소비자법연구 제10권 제1호, 2024

이호영, "수직통합 온라인 플랫폼의 자사우대 행위의 경쟁제한성 판단기준에 관한 연구", 경쟁법연구 제47권, 2023

홍대식, "온라인 플랫폼 법제의 개선 방향-경쟁 및 공정거래 법제를 중심으로-", 상사법연구 제41권 제4호, 2023

2. 해외문헌

Arianna Andreangeli, The Digital Markets Act, EU Competition Enforcement and Fundamental Rights: Some Reflection on the Future of Ne bis in idem in Digital Markets, CPI Antitrust Chronicle December 2022

Barak Y. Orbach, How Antitrust Lost Its Goal, 81 Fordham Law Review 2013

Bauer/Erixon/Guinea/van der Marel/Sharma, The EU Digital Markets Act: Assessing the Quality of Regulation, ECIPE Policy Brief No.02/2022

Baumol/Panzar/Willig, Contestable Markets and the Theory of Industry Structure, 1982

Bourreau/Dogan, Regulation and innovation in the telecommunications industry, 25 Telecommunications Policy 2001

Christoph Busch, Regulierung digitaler Plattformen als Infrastrukturen der Daseinsvorsorge, Friedrich-Ebert-Stiftung, WISODiskurs 04/2021, available at: https://library.fes.de/pdf-files/wiso/17527.pdf (19.04.2021)

CMA, UK Digital Markets Taskforce, A new pro-competition regime for digital markets, December 2020, 4.19., available at https://assets.publishing.service.gov.uk/ media/5fce7567e90e07562f98286c /Digital_Taskforce_－_Advice.pdf (28.04.2021)

Damien Geradin, What Is a Digital Gatekeeper? Which Platforms Should Be Captured by the EC Proposal for a Digital Market Act?, 2021, p.3. Available at SSRN: https://ssrn.com /abstract＝3788152

David Newbery, Regulation and competition policy: longer－term boundaries, 12 Utilities Policy 2004

de Pablo/Fernández, Why The Proposed DMA Might be Illegal Under Article 114 TFEU, And How To Fix It, Journal of European Competition Law and Policy 2021

Dietrich/Vinje, The European Commission's Proposal for a Digital Markets Act, 22 Computer L. Rev. Int'l 2021

Eleanor Fox, Monopolization and abuse of dominance: Why Europe is different, 59 The Antitrust Bulletin 2014

Eleanor Fox, Monopolization, Abuse of Dominance, and the Indeterminacy of Economics: The U.S./E.U. Divide, Utah Law Review 2006

Engel/Xavier/Emilia, The Digital Markets Act and the Principle of Ne Bis in Idem: A Revolution in the Enforcement of EU Competition Law? (October 25, 2023). Available at SSRN: https://ssrn.com/abstract＝4547947

Filomena Chirico, Digital Markets Act: A Regulatory Perspective, Journal of European Competition Law and Policy 2021, Volume 12, Issue 7

Frank A Pasquale., Internet Nondiscrimination Principles Revisited, 2020, Brooklyn Law School, Legal Studies Paper No. 655, Available at SSRN: https:// ssrn.com/abstract＝3634625, 15－16; Elizabeth Warren, Here's How We Can Break Up Big Tech, Medium, March 8, 2019, https://medium.com/@teamwarren/heres －how－we－can－break－up－big－tech－9ad9e0da324c

Frank/Peitz, Market definition and market power in the platform economy, CERRE report, Brussels, 2019

Haucap/Petropoulos/Valletti/Alstyne, M., The EU Digital Markets Act, Publications Office of the European Union, Luxembourg, 2021

Heike Schweizer, The art to make gatekeeper positions contestable and the challenge to know what is fair: A discussion of the Digital Markets Act Proposal, ZEuP 2021

Jacques Crémer/Yves−Alexandre de Montjoye/Heike Schweitzer, Competition Policy for the digital era, 2019, available at https://ec.europa.eu/competi− tion/publications/reports/ kd0419345enn.pdf (28.04.2021) − "Special Advisers' Report"

Jason Furman et al., Unlocking digital competition: Report of the Digital Competition Expert Panel, 2019, https://assets.publishing.service.gov.uk/gov− ernment/uploads/system/uploads/attachment_data/file/785547/unlocking_digital_ competition_furman_review_web.pdf (28.04.2021) − "Furman Report"

Larouche/de Streel, The European Digital Markets Act: A Revolution Grounded on Traditions, Journal of European Competition Law & Practice 2021, Vol. 12, No. 7

Larouche/de Streel, 'Will the Digital Markets Act Kill Innovation in Europe?' Competition Policy International 19, May 2021

Lina Kahn, Amazon's Antitrust Paradox, 126 Yale Law Journal 2017

Louis Kaplow, Rules versus Standards: An Economic Analysis, 42 Duke Law Journal 1992

Luís Cabral et al., The EU Digital Markets Act: A Report from a Panel of Economic Experts, 2021

Martin Peitz, How to Apply the Self−Preferencing Prohibition in the DMA, Discussion Paper Series No. 422 − CRC TR 224 Discussion Paper, 2023

Maurice E. Stucke, Reconsidering Antitrust Goals, 53 Boston College Law Review 2012

Monika Schnitzer, Der Digital Markets Act kann nur der Anfang sein, ZfWP 2022; 71(1)

Monopolkommission, Empfehlungen für einen effektiven und effizienten Digital Markets Act, Sondergutachten 82, 2021

Nicolas Petit, The proposed Digital Markets Act: a legal and policy review, Journal of European Competition Law and Policy 2021, Vol. 12, No. 7

Oana Andreaa Stefan, European Competition Soft Law in European Courts: A Matter of Hard Principles?, 14 European Law Journal 2008

Pablo Ibáñez Colomo, The Draft Digital Markets Act: A Legal and Institutional Analysis, Journal of European Competition Law & Practice 2021, Vol. 12, No. 7

Podszun/Bongartz/Langenstein, The Digital Markets Act: Moving from Competition Law to Regulation for large Gatekeepers, EuCML 2021

Polley/Konrad, Der Digital Markets Act - Brüssels neues Regulierungskonzept für Digitale Märkte, WuW No.4, 2021

Teece/Kahwaty, Is the Proposed Digital Markets Act the Cure for Europe's Platform Ills? Evidence from the European Commission's Impact Assessment, BRG Institute, April 12, 2021

Tim Wu, After Consumer Welfare, now what?, CPI Antitrust Chronicle, 2018 April;

Torsten J. Gerpott, Das Gesetz über digitale Dienste nach den TrilogVerhandlungen, CR 8/2022

Wolfgang Kerber, Taming tech giants with a per−se rules approach? The Digital Markets Act from the "rules vs. standard" perspective, Concurrences No.3, 2021

Wouter J. Wils, The Judgment of the EU General Court in Intel and the So−Called More Economic Approach to Abuse of Dominance, 37 World Competition 2014

Yunsieg P. Kim, "A Revolution without a Cause: The Digital Markets Act and Neo−Brandeisian Antitrust," Wisconsin Law Review 2023, no. 4

Zimmer/Göhsl, "Vom New Competition Tool zum Digital Markets Act: Die ge− plante EU Regulierung für digitale Gatekeeper", ZWeR 2021

Zlatina Georgieva, Soft Law in EU Competition Law and Its Judicial Reception in Member States: A Theoretical Perspective?, 16 German Law Journal 2015

제 2 장

미국 플랫폼 패키지 법안에 관한 비판적 검토
-이익충돌 법리 확대의 경계-

박준영

제 2 장

미국 플랫폼 패키지 법안에 관한 비판적 검토*
-이익충돌 법리 확대의 경계-

- 박준영** -

I. 서론

1. 미국 플랫폼 규제 동향

2023년 1월, 미국 플랫폼 패키지 법안이 회기만료로 폐기되었다. 지난 2021년 6월 미국 하원에서 발의되고 불과 한 달이 채 안 되어 하원 법사위원회를 통과한 지 약 1년 반 만이다. 당시 동 법안은 국내외 언론을 통해 전해짐으로써 관심을 불러일으켰는데,[1][2] 한 달여 만에 법사위원회를 통과한 점이 상당히 이례적

---

* 본고는 2023.5.12. 서울대 경쟁법센터가 주최한 「자사우대 무엇이 핵심인가」 학술행사와 2021.9.28. 한국공정거래조정원과 서울대 경쟁법센터, 고려대 ICR센터가 공동주최한 「온라인 플랫폼에 대한 경쟁법적 대응 현황 - 미국 빅테크 플랫폼 5개 패키지 법안을 중심으로」 학술행사에서 발표한 내용을 논문 형식에 맞게 수정·보완한 것입니다. 고견으로 고민을 확장시켜 주신 토론자 분들과 논문 심사위원분들께 진심으로 감사드립니다.
** 경상국립대학교 법과대학 법학과 조교수, 법학박사(Ph.D. in Law).
1) 대표적으로 이황, "공정거래법상 경제력집중 억제시책과 일반집중의 문제", 「법학연구」 제31권 제1호, 연세대학교 법학연구원, 2021; 김규식, "미국의 빅테크 기업에 대한 반독점 규제 강화 동향", 「경쟁저널」 제208호, 2021; 그 이전에도 미국 독점금지법의 플랫폼 사업자에 대한 규제 움직임을 날카롭게 분석한 문헌으로 이선희, "우리나라의 경제력 집중 규제제도가 거대 기술 플랫폼의 규제방향에 주는 시사점", 2020 LEG 최종보고서, 한국공정거래조정원, 2020.
2) 김현수·강인규, "미국의 플랫폼 규제 패키지 법안의 주요 내용 및 시사점", KISDI Perspectives, 정보통신정책연구원, 2021.6.; 법무법인(유) 지평, "세계 경쟁당국의 온라인 플랫폼 규제 현황 (1) - 美 하원, 빅테크(Big-Tech)플랫폼 강력규제 5개 법안 발의", 2021.6.25.; 양용현·이화령, "미국의 플랫폼 반독점법안 도입과 시사점", KDI Focus 통권 제109호, 한국개발연구원, 2021.8.12.; 장영신·강구상, "미국의 경쟁정책 및 플랫폼 독점규제 입법 동향과 시사점", KIEP

- 47 -

이었고, 이것이 소위 빅테크 플랫폼에 대한 미국 반독점법의 움직임이 심상치 않다는 인상을 주기에 충분하였기 때문이다.

미국 바이든 정부는 출범 직후부터 미국 반독점 정책을 적극적으로 운영하겠다는 의지를 수차례 천명하였다.[3] 특히 디지털 플랫폼 사업자의 시장 독점 내지 독점력 남용에 대해 엄격한 법적 잣대를 적용하겠다는 움직임을 보여주었다. "미국 반독점법의 귀환"[4]이라고도 표현된 미국 행정부의 경쟁정책 변화는 이전 트럼프 행정부에서의 흐름과는 분명히 다른 것이며, EU나 독일 등에 비해 상대적으로 소극적이었던 미국마저 온라인 플랫폼 사업자에 대한 경쟁법적 규제에 나섰다는 평가가 유력하였다. 한편, 당시 미국 반독점법의 변화는 이른바 GAFA로 일컬어지는 소수의 온라인 플랫폼 기업의 경제력이 미국 시장 내에서 집중되고 있다는 판단에서 비롯된 것으로 볼 수 있다.[5]

하지만 결과적으로 동 패키지 법안이 2023년 1월 폐기됨으로써 미국 플랫폼 규제의 예기는 일차적으로 꺾인 형세이다. 동 법안이 통과되지 못한 배경에 대해서는 규제 대상 광범위하고 불명확하다는 점, 기존 경쟁법 이외의 플랫폼 규제 수단이 필요한지에 대한 분석이 부족하다는 점, 그리고 신산업의 성장 및 혁신을 고려하여 과도한 규제에 대한 신중론이 제기된 점 등이 지적되었다.[6]

2. 문제의 제기

본고는 미국 플랫폼 패키지 법안의 주요 내용을 살피고, 이를 바탕으로 동 법안에 내재된 핵심원리를 도출하여 비판적으로 고찰하는 것을 연구의 목적으로 한다. 주지하다시피 디지털 경제는 심화되고 있고 산업구조 또한 온라인 플랫폼

오늘의 세계경제 제21권 제16호, 대외경제정책연구원, 2021.8.19.; 공정거래위원회, 해외경쟁정책동향 제180호, 2021.9.3.

3) 미국의 바이든 대통령과 해리스 부통령의 정치적 연혁을 통해서도 바이든 행정부의 적극적인 반독점 정책을 충분히 예상할 수 있다는 문헌으로 Megan Browdie/Jacqueline Grise/Howard Morse, "Biden/Harris expected to double down on antitrust enforcement: No "Trump card" in the deck", Concurrences N 1−2021, 2021, p.10−11.

4) Eric Posner, "Antitrust is back in America", Competition Law Review, Concurrences, 2021.

5) Subcommittee on Antitrust, Commercial and Administratvie Law of the Committee on the udiciary, "Investigation of competition in digital markets", Majority Staff report and reccommendations, 2020, p.11.

6) 강일·김규식·신상훈, "미국 등 해외 온라인 플랫폼 규제 입법 동향 및 시사점", BKL Legal Update, 2023.1.16.

을 중심으로 급격히 재편되고 있다.[7] 본질적으로 플랫폼 산업은 혁신과 경쟁촉진, 소비자 편리성의 증대와 반경쟁적 위험이라는 양면성을 가지고 있다. 온라인 플랫폼 산업이 가져다줄 혁신과 경쟁촉진, 소비자 이익증대에 대한 기대는 크지만, 반경쟁적 영향에 대한 우려로 인해 경쟁정책의 적극적인 대응 또한 필요하다는 논쟁은 이제 새로운 것이 아니다.

온라인 플랫폼의 양면성으로 인하여 플랫폼에 관한 규제는 그 방식이나 정도, 대상에 대한 심사숙고와 개별 사안별 세밀한 분석이 필요하다. 따라서 글로벌 트렌드로 자리잡고 있는 온라인 플랫폼에 대한 규제 일변도의 흐름이 과연 바람직하기만 한 것인지 의문이다. 비록 정치적인 입장 내지 경쟁당국의 입장에서 플랫폼에 대한 강력한 법집행 드라이브를 가져가더라도 규범의 영역에서는 과연 규제의 합리적인 수준은 무엇인지 항상 고찰되어야 하기 때문이다. 특히 사전규제(ex-ante) 방식의 규율은 방법론적으로 편의를 가져다줄 수 있을지 모르지만, 플랫폼 시장구조 및 경쟁에 대해 미칠 영향, 소비자 편익에 미칠 영향에 대한 치밀한 분석을 자칫 불가능하게 할지 모르기 때문에 조심스러운 접근이 필요하다.

EU, 독일, 일본 등에서는 온라인 플랫폼을 대상으로 한 입법적인 움직임이 활발히 이루어지고 있고,[8] 우리나라도 예외는 아니다.[9] 다만 미국의 경우, 오히려 반독점 패키지 법안이 폐기됨으로써 잠시 숨을 고르고 진지한 고찰을 할 수 있는 기회가 주어졌다고 본다. 비록 미국에서 플랫폼 법안이 폐기되었지만 급격히 변화하는 디지털 경제에서 언제 또다시 상황이 돌변할지 모르고, 플랫폼 법안의 내용을 참고로 우리나라에서도 유사한 법안이 얼마든지 발의될 수도 있다.[10]

---

7) 디지털 경제와 온라인 플랫폼 산업화에 의한 산업 패러다임에 대한 진단으로 이봉의, "디지털 플랫폼의 자사 서비스 우선에 대한 경쟁법적 쟁점", 「법학연구」 제30권 제3호, 연세대학교 법학연구원, 2020, 365-366면.

8) 주요 경쟁당국의 온라인 플랫폼 규제 동향을 정리한 문헌으로 임용·이수진·이혜승 외, "온라인 플랫폼의 규제 - 글로벌 현황과 트렌드 분석", 「DAIG」 창간호, 서울대 인공지능정책 이니셔티브, 2020, 124-146면.

9) 「온라인 플랫폼 공정화에 관한 법률(안)」를 비롯한 우리나라 플랫폼 규제 흐름과 그에 대한 비판적 고찰로서 홍대식, "온라인 플랫폼과 공정경제 정책 - 거래공정화 규제의 쟁점", 「법학연구」 제31권 제1호, 연세대학교 법학연구원, 2021, 317-352면.

10) 2023년 6월 15일, 미국 상원의 새로운 회기가 열리자마자 플랫폼 법안 중 American Innovation and Choice Online Act는 다시 발의되었다(S.2033). 법안의 내용은 폐기되었던 이전의 것과 동일하다. https://www.congress.gov/bill/118th-congress/senate-bill/2033?q= %7B%22search%22%3A%5B%22American+Innovation+and+Choice+Online+Act%22%5D %7D&s=2&r=1; 현재 대한민국 국회에 발의되어 계류 중인 17개의 온라인 플랫폼 관련 입법

따라서 미국 플랫폼 반독점 패키지 법안의 내용을 비판적으로 검토하고 특히 그 중심이 되는 핵심원리를 파악하여 타당성을 진단하는 것은 매우 시의적절하다. 나아가 외국의 논의가 우리나라 플랫폼 시장 상황과 맞는 것인지, 우리나라 경쟁법 집행기준이나 성과, 나아가 법집행 문화와 양립할 수 있는 것인지에 대해서도 비판적으로 검토되어야 함은 물론이다.

3. 논의의 전개

이하에서는 먼저 미국 반독점 패키지 법안을 개설한 후, 그 중 실체적으로 중요도가 큰 '온라인시장의 혁신 및 선택에 관한 법률'의 자사우대 금지 조항을 살펴본다(II). 그 후 '플랫폼 독점 종식 법률', 2020년 미국 하원 보고서, 뉴 브랜다이즈 학파의 주요 주장을 검토하여 미국 패키지 법안에서 자사우대를 금지하는 근거 및 나아가 동 법안의 핵심원리가 플랫폼의 이익충돌(conflict of interests) 원리에 있음을 논증한다(III). 이어서 이익충돌 원리가 플랫폼 규제에서 갖는 의미를 고찰하기 위해 일반법학, 회사법, 행정법, 그리고 경쟁법에서의 이익충돌 논의를 검토하고, 이를 바탕으로 미국 패키지 법안을 비판적으로 진단해본다(IV). 마지막으로는 논의의 요약과 몇 가지 제언을 통해 결론을 내린다(V).

II. 주요 내용과 의의

1. 개설

미국의 온라인 플랫폼 반독점 패키지 법안은 총 5개 법안으로 구성되어 있는데, 이를 개관하면 아래와 같다.[11][12] 먼저 '온라인시장의 혁신 및 선택에 관한 법률(안)'(American Innovation and Choice Online Act, H.R.3816, S.2992)은 적용대

발의안 중 미국 패키지 법안을 참조한 법안이 다수 존재한다. 최은진, "온라인 플랫폼 법 추진 현황 및 주요내용", 법무법인 화우 GRC센터 공개 공부모임 발제자료, 2023, 4−5면.

11) 당해 법안은 "보다 강한 온라인 경제: 기회, 혁신, 선택"(A stronger Online Economy: Opportunity, Innovation, Choice)이라는 이름으로 발의되었는데, 사견으로는 여기에 가격, 소비자 후생과 같이 종래 시카고 학파가 강조했던 지표들이 아닌 기회나 선택과 같은 경쟁과정을 나타내는 요소들이 명시되었다는 점이 매우 특징적이다.

12) 이하 각 법률(안)의 국문 명칭은 법무법인(유) 지평의 보고서를 참조하였다. 법무법인(유) 지평, 같은 보고서, 1−2면.

상 플랫폼의 차별적 행위를 금지한다. 여기에는 플랫폼 운영자의 자사우대, 불이익제공 등이 금지행위로 규율되어 있다. 다음으로 '플랫폼 경쟁과 기회에 관한 법률(안)'(Platform Competition and Opportunity Act of 2021, H.R.3826, S.3197)은 적용대상 플랫폼의 금지되는 기업인수 행위를 규정하였다. '플랫폼 독점 종식 법률(안)'(Ending Platform Monopolies Act, H.R.3825)에서는 이익충돌을 야기하는 적용대상 플랫폼의 사업 소유 등을 금지하는 내용이 마련되었다. '서비스 전환 지원을 통한 호환 및 경쟁 촉진 법률(안)'(Augmenting Compatibility and Competition by Enabling Service Switching Act 2021, 'ACCESS Act of 2021', H.R.3849)은 플랫폼 시장에서 데이터가 갖는 중요성에 착안하여 적용대상 플랫폼의 데이터 이동성(portability)과 상호작용성(interoperability) 의무를 규율하였다. 마지막 '기업결합 심사수수료 현대화 법률(안)'(Merger Filing Fee Modernization Act, H.R.3843, S.228)은 기업결합 신청 및 심사비용을 인상시키는 부수적인 법안이다.[13]

A stronger Online Economy: Opportunity, Innovation, Choice
 - American Innovation and Choice Online Act
 - Platform Competition and Opportunity Act of 2021
 - Ending Platform Monopolies Act
 - Augmenting Compatibility and Competition by Enabling Service Switching Act
 - Merger Filing Fee Modernization Act

2. 미국 플랫폼 패키지 법안의 자사우대 금지규정

(1) 온라인시장의 혁신 및 선택에 관한 법률(안)

1) 자사우대 금지 규정

동 법률(안)은 적용대상 플랫폼 운영자[14]의 위법한 차별행위(unlawful dis-

---

13) 결과적으로는 패키지 법안의 마지막 법안인 '기업결합 심사수수료 현대화 법률(안)'만 통과되고 나머지 실체법적 법률(안)은 모두 폐기되었다.

14) 미국 패키지 법안은 법안이 적용되는 플랫폼인 적용대상 플랫폼(Covered Platform)을 지정하도록 하는데, 이에 따르면 ① 당해 플랫폼을 이용하는 미국 내 월간 사용자 수가 5,000만 명

criminatory conduct)를 금지한다(제2조 (a)항).[15] 먼저 ① 적용대상 플랫폼 운영자가 자신의 상품·서비스 등을 다른 플랫폼 이용 사업자에 비해 우대하는 행위, ② 다른 플랫폼 이용 사업자의 상품·서비스 등을 배제하거나 자신의 상품 등에 비해 불이익을 가하는 행위, ③ 유사한 상황에 놓인 다른 플랫폼 이용사업자들을 차별하는 행위를 금지한다.[16] 이에 따르면 동 법률(안)은 온라인 플랫폼 운영자의 직접적인 자사우대 행위뿐만 아니라 간접적인 우대행위를 금지한다. 동 법안은 나아가 10가지 기타 차별적 행위(other discriminatory conduct)를 금지대상으로 규정한다(제2조 (b)항).[17]

2) 위법성 항변

동 법률(안)에 따르면 앞선 행위가 존재하면 위법성이 추정되지만 당사자가 이하 내용을 입증하면 위법성이 조각되는 적극적 항변(affirmative defense)이 허

이상이거나, 월간 사업자 수가 10만 개 이상이고, ② 당해 온라인 플랫폼을 소유·지배하는 자의 연간 매출액 또는 시가총액이 6,000억 달러를 초과하며, ③ 핵심 거래상대방인 플랫폼을 미국 DOJ나 FTC가 지정하면 동 법률안이 적용된다. 장품, "온라인 플랫폼의 자기우대와 경쟁법적 쟁점", 경쟁저널 제209호, 2021, 21면.

15) 후술하듯이 동 법률안은 미국 하원을 통과하여 상원에서도 논의되었는데 이하에서는 하원 법률안을 기준으로 논의한다.

16) American Innovation and Choice Online Act Sec.2.(a).

　　 SEC. 2. UNLAWFUL DISCRIMINATORY CONDUCT.

　　 (a) VIOLATION ─ It shall be unlawful for a person operating a covered platform, in or affecting commerce, to engage in any conduct in connection with the operation of the covered platform that ─

　　 (1) advantages the covered platform operator's own products, services, or lines of business over those of another business user;

　　 (2) excludes or disadvantages the products, services, or lines of business of another business user relative to the covered platform operator's own products, services, or lines of business; or

　　 (3) discriminates among similarly situated business users.

17) 10가지 차별행위는 다음과 같다. ① 플랫폼 이용사업자의 적용대상 플랫폼에 대한 접근 또는 상호운용을 제한·방해하는 행위, ② 적용대상 플랫폼의 접근 여부, 선호하는 위치 등에 대한 조건을 부과하는 행위, ③ 적용대상 플랫폼 운영자가 획득·가공한 비공개 데이터를 자신의 상품·서비스 제공에 활용하는 행위, ④ 적용대상 플랫폼 운영자가 획득·가공한 데이터에 대한 플랫폼 이용사업자의 접근을 제한·방해하는 행위, ⑤ 선탑재되어 있는 소프트웨어 애플리케이션에 대한 플랫폼 이용자의 삭제·변경을 제한·방해하는 행위, ⑥ 플랫폼 이용사업자의 적용대상 플랫폼상의 정보 공유 내지 하이퍼링크 제공을 제한·방해하는 행위, ⑦ 적용대상 플랫폼 운영자가 플랫폼상의 이용자 인터페이스(UI)와 관련하여 자신의 상품·서비스 등을 우대하는 행위, ⑧ 플랫폼 이용사업자의 가격책정에 개입 또는 간섭하는 행위, ⑨ 플랫폼 이용사업자의 다른 상품·서비스의 상호운용을 제한·방해하는 행위, ⑩ 플랫폼 이용사업자 또는 플랫폼 이용자에 대한 보복행위.

용된다(제2조 (c)항). 즉, 적용대상 플랫폼은 ① 당해 행위가 경쟁과정을 침해하지 않을 것이라는 점 및 ② 기타 법령 위반 방지 내지 개인정보·데이터 보호의 목적을 위해 엄격히 제한적인 범위에서, 최소한의 차별적인 정도로 이루어졌으며 합리적 사유가 존재하고 필수불가결 하였다는 점을 입증하면 된다.

3) 제재수단

동 법률(안)은 다양한 제재수단을 마련하고 있으며 그 중 이익충돌 개념과 관련하여 분할명령이 가능하도록 되어 있는 점이 특징적이다(제2조 (f)항 (2)호 (D)목). 패키지 법안이 발의되자 온라인 플랫폼에 대한 강력한 구조적 조치가 예정되어 있다는 점이 주목을 받았는데, 동 조항이 바로 그것이다. 동 법률(안)은 적용대상 플랫폼 운영자의 위법행위가 적용대상 플랫폼이 다수 사업을 영위하는 데에서 오는 이익충돌로부터 야기된 경우, 법원은 이익충돌을 가능케 하는 사업의 분할(divesture)을 고려하여야 한다고 하여, 이익충돌의 상황에서는 구조적 조치인 분할조치가 가능하도록 정하고 있다.[18]

이익충돌 개념에 대해서는 플랫폼 독점 종식 법률(안)의 내용을 그대로 규정하고 있으므로 해당 부분에서 자세히 살핀다. 여기서는 동 조항이 자사우대 금지 규정과 온라인 플랫폼의 이익충돌 상황이 일정한 상관관계를 가질 수 있음을 보여주는 첫 단초라는 점만 지적하도록 한다.

(2) 입법 과정에서의 논의

패키지 법안에 대한 입법 제안 과정에서의 논의를 정리한 문헌이 발간되어 이하에서 간단히 소개한다.[19] 먼저 동 법률(안) 제정을 찬성하는 측에서는 자사우대 행위는 미국 하원에서 발간한 디지털 경제 조사보고서에서 지적하는 핵심적인 우려 사항 중의 하나라고 강조하면서, 자사우대 행위는 플랫폼 시장에서의 공정성 문제 및 경쟁 문제를 모두 발생시킨다고 한다. 즉, 온라인 플랫폼 사업자는 자사우대 행위를 통하여 경쟁자와 비교하여 현저한 이익을 누릴 수 있고, 소

---

18) American Innovation and Choice Online Act Sec.2.(f)(2)(D)
 (D) CONFLICT OF INTEREST.—
 (i) If the fact finder determines that a violation of this Act arises from a conflict of interest related to the covered platform's concurrent operation of multiple lines of business, the court shall consider requiring divestiture of the line or lines of business that give rise to such conflict.

19) Chin, Caitlin, Breaking Down the Arguments for and against U.S. Antitrust Legislation, CSIS, April 2022, p.1−9.

비자가 새로우면서도 혁신적인 선택지를 접할 수 있는 기회를 박탈한다고 지적한다.

반면 동 법률(안)을 반대하는 견해는 이용자 프라이버시와 시스템 보안 차원의 문제를 제기하였다. 이에 따르면 강력한 자사우대 금지규정으로 인해 온라인 플랫폼 사업자는 플랫폼 내의 보안시스템 확충에 소홀히 할 수 있을 것이고, 나아가 이용자들의 개인정보 보호 관련 장치 설치 및 규칙 제정에도 소홀히 할 가능성이 있다고 지적하였다. 법률(안)에 개인정보 보호와 관련된 위법성 항변 사유가 포함되었지만 우려를 완전히 해소하기에는 역부족이라고 평가된다. 나아가 온라인 플랫폼이 해로운 콘텐츠 즉, 잘못된 정보, 편파적 보도 등을 관리하는 데에도 소극적일 수 있다는 반대 의견이 있었다.

(3) 검토

위에서 살핀 바와 같이 동 법률(안)은 금지되는 차별적 금지행위를 상당히 광범위하게 규정하고 있는데, 다음과 같은 비판적 분석이 가능하다. 첫째, 제2조(a)(2)에서 규정하는 행위 중 플랫폼 이용사업자의 적용대상 플랫폼에 대한 접근 또는 상호운용을 제한·방해하는 행위(①), 적용대상 플랫폼 운영자가 획득·가공한 데이터에 대한 플랫폼 이용사업자의 접근을 제한·방해하는 행위(④), 플랫폼 이용사업자의 다른 상품·서비스의 상호운용을 제한·방해하는 행위(⑨)는 데이터 접근 및 시스템 상호운용에 관한 내용인데, 이는 후술하는 「서비스 전환 지원을 통한 호환 및 경쟁촉진 법률(안)」과 중첩되는 것은 아닌지 의문이다. 둘째, 제2조(a)(2)의 플랫폼 이용사업자 또는 플랫폼 이용자에 대한 보복행위(⑩)를 금지해야 하는 정당성은 인정할 수 있더라도, 이것이 차별적 금지행위의 유형으로 규정되는 것이 타당한 것인지는 따져보아야 할 문제로 생각된다.

나아가 동 법률(안)에 마련된 적극적 항변 조항은 적용대상 플랫폼이 스스로 이를 증명하는 경우에 예외적으로 허용한다는 내용을 담고 있다. 그런데 경쟁과정(competitive process)을 침해하지 않는다는 것이나 최소한의 차별 정도라는 점을 입증하는 것은 기존 반독점법과는 거리가 있는 것이고, 특히 최소 차별 요건은 미국 헌법상 기본권 침해 여부에 대한 위헌 심사 기준과 동일하여 예외 인정 가능성을 매우 좁게 설정하였다고 볼 수 있다.[20] 특히, 기타 법령 위반 방지 내지

---

20) 강지원, "미국, EU, 우리나라의 플랫폼 규제 입법 비교", 「경쟁저널」 제209호, 공정경쟁연합

프라이버시 보호 등은 시장 경쟁과 무관한 예외 사유이므로 당해 요건은 본 법률(안)을 경쟁법이 아닌 이른바 '플랫폼산업규제법'으로 이해하게 된다는 견해가 존재하는 바,[21] 적용대상 플랫폼의 차별행위를 금지하는 방식으로 타당한 것인지, 보다 세밀한 검토가 가능한 분석틀로 수정되어야 하는 것은 아닌지 고찰될 필요가 있다.

한편, 동 법률(안)은 패키지 법안 중에 유일하게 하원 본회의를 통과하여 상원에서 논의되었다. 상원에서는 자체적으로 내용을 정비한 법률(안)을 새로 제시하였는데, 그 주요 내용을 다음과 같다.[22] 첫째, 상원 법률(안) 제3조 (a)항은 하원에서 두 조항으로 나누어 규정했던 위법한 행위를 10가지로 규정하였다. 이 과정에서 하원 입법안 제2조 (a)항 세 가지 행위는 모두 포함되었고, 제2조 (b)항의 (1), (2), (3), (4), (5), (7), (10)이 입법안에 유지되었다. 둘째, 위법성 요건이 추가되었다. 하원 입법안에는 비록 위법성 항변 규정이 존재하였지만 금지조항 자체는 전면 금지 내지 당연 위법(per se) 형식으로 제안되었다. 이에 반하여 상원 입법안에는 "압도적인 증거와 함께 적용 대상 플랫폼상의 경쟁을 실질적으로 해치는 경우"라는 위법성 요건이 추가되었는데, 플랫폼 규제의 기본적인 방향성에 관해 의미하는 바가 크다. 마지막으로 셋째, 제재 부분에서 분할명령 관련 조항이 삭제되었다. 따라서 최종적으로 동 법률(안)에는 민사제재금, 시정조치(임시적 조치 포함), 반복적 위반자에 대한 위반 사항만 규정되었는데, 온라인 플랫폼에는 강력한 구조적 조치가 필요하다는 입장에서 일보 후퇴한 것으로 이해할 수 있다.

3. 소결

다른 국가에서도 마찬가지이듯이 미국 내의 온라인 플랫폼의 자사우대(self-preferencing)에 관한 인식은 높은 상황이다. 그리고 미국 반독점법 학계의 통설은 온라인 플랫폼의 자사우대 행위를 기존 반독점법 법리로 충분히 다룰 수 있다는 입장이다. 예컨대 자사우대를 "수직통합된 플랫폼이 하부시장의 상품·용역 판매에 다양한 방법으로 이익을 주는 것"으로 정의하면서 온라인 플랫폼의 수직통합은 매우 일반적인 상황이고 자사우대 또한 소비자 편익을 가져다주는

회, 2021, 38-39면.

21) 강지원, 앞의 논문, 39면.

22) 117th Congress, 2nd Session, S. 2992, March 2, 2022.

경우가 많음에도 불구하고 지나친 반경쟁적 우려를 통해 규제가 강조된다는 견해가 있다.[23) 나아가 플랫폼의 자사우대는 거래거절, 배타조건부 행위 등으로 나타나므로 이미 미국 반독점법은 이를 대응할 수 있는 수단을 갖추었다는 견해와[24) 셔먼법 제2조는 독점사업자의 차별행위를 금지하고 있고, 따라서 차별행위 중 하나인 자사우대 행위 또한 셔먼법 제2조를 위반할 수 있다는 견해[25) 또한 경청할만하다. 보다 구체적으로는 1973년 Otter Tail 사건[26)이 궁극적으로 독점사업자의 자사우대 행위를 다룬 것이어서 EU 구글 사건과 유사하며[27) 2001년 Microsoft 사건[28) 또한 자사우대 행위 사례에 포섭될 수 있으므로[29) 기존 판례에서 확립된 법리로도 대응할 수 있는 것이다.

　　이러한 상황에서 자사우대를 금지하는 입법을 추진하는 미국 의회 및 정부의 움직임을 어떻게 파악할 수 있을까? 다시 말해 기존 반독점법 법리 및 판례에 따르더라도 충분히 대응할 수 있는 문제에 관해 입법을 통해 규제하려는 흐름을 법원(法源) 차원에서 바라보면 어떠한 진단을 내릴 수 있는가? 법원론(法源論)[30)은 그 자체만으로 심도 있고 방대한 연구가 필요하므로 자세한 논의는 다음 기회로 미루지만, 여기서는 기존 법리와 새로운 입법추진의 관계를 법치주의와 민주주의의 긴장관계로 이해할 수 있다는 점을 지적해두기로 한다. 사건으로는 판례를 통해 축적된 기존 법리를 법치주의 단면으로 본다면, 입법을 통해 이를 넘어서려는 움직임은 민주주의의 단면으로 파악할 수 있다. 이러한 경우, 확립된 판례 내지 법리를 뛰어넘는 입법에는 강력한 논거가 필요하다. 즉, 판례의 법리를 뒤집을만한 법의 일반원칙 또는 법원리가 전제되었을 가능성이 매우 높은 것이다. 미국 플랫폼 패키지 법안 또한 그러하였을 것으로 유추할 수 있고, 바로 이것이 동 법안의 핵심원리를 고찰하는 이유임은 물론이다.

---

23) D. Bruce Hoffman & Garrett D. Shin, "Self-Preferencing and Antitrust: Harmful Solutions for an Improbable Problem", CPI Antitrust Chronile, 2021.

24) H. Hovenkamp, "Monopolizing and the Sherman Act", Faculty Scholarship at Penn Law. 2769, 2022, p.51.

25) D. A. Hanley, "How Self-Preferencing Can Violate Section 2 of the Sherman Act", CPI Antitrust Chronile, 2021.

26) Otter Tail Power Co. v. United States, 410 U.S. 366 (1973).

27) Hanley, Ibid., p.6.

28) United States v. Microsoft Corporation, 253 F.3d 34 (D.C. Cir. 2001).

29) Hoffman/ Shin, Ibid., p.8-9.

30) 법원(法源)에 관하여 박정훈, 「행정법의 체계와 방법론」, 박영사, 2005, 113-117면.

III. 플랫폼 패키지 법안의 핵심원리

1. 플랫폼 독점 종식에 관한 법률(안)

(1) 주요 내용

플랫폼 독점 종식 법률(안)은 적용대상 플랫폼 운영자가 이른바 이익충돌을 야기할 수 있는 사업을 소유·지배하는 것을 금지한다. 즉, 동 법률(안)은 "불법적인 이익충돌"(Unlawful Conflicts of Interest)을 금지하면서, 구체적으로는 적용대상 플랫폼 운영자가 자신의 플랫폼 사업 이외에 다음 세 가지 사업, ① 플랫폼 이용사업자가 운영하는 사업, ② 적용대상 플랫폼의 우대를 조건으로 하여 상품·서비스를 제공하는 사업, ③ 기타 이익충돌을 야기하는 사업을 소유·지배하는 것을 금지한다.[31)]

동 법률(안)에는 이익충돌 개념을 정의하는 조항을 마련되었다. 이에 따르면 이익충돌 개념에는 적용대상 플랫폼 운영자가 적용대상 플랫폼이 아닌 다른 사업을 소유·지배하여 ① 플랫폼상 자신의 상품·서비스 등을 경쟁사업자에 비해 우대하거나 경쟁사업자를 배제하는 상황, ② 경쟁사업자의 상품·서비스 등을 불리하게 하는 동기 내지 능력을 가지게 되는 상황이 포함된다.[32)] 한편, 같은 맥락으로 적용대상 플랫폼의 임직원 등의 겸직이 제한된다.[33)] 적용대상 플랫폼의 임직원은 플랫폼이 과거 소유·지배한 법인의 임원, 이사 등의 지위를 겸직하여서는 아니 되고, 만약 겸직상태에 있다면 적용대상 플랫폼 지정일로부터 60일 이내에 해당 직위에서 사임하여야 한다.

---

31) Ending Platform Monopolies Act Sec.2.(a).
   SEC. 2. UNLAWFUL CONFLICTS OF INTEREST.
   (a) VIOLATION. — As of the date an online platform is designated as a covered platform under subsection 6(a), it shall be unlawful for a covered platform operator to own, control, or have a beneficial interest in a line of business other than the covered platform that —
   (1) utilizes the covered platform for the sale or provision of products or services;
   (2) offers a product or service that the covered platform requires a business user to purchase or utilize as a condition for access to the covered platform, or as a condition for preferred status or placement of a business user's product or services on the covered platform; or
   (3) gives rise to a conflict of interest.
32) Ending Platform Monopolies Act Sec.2.(b).
33) Ending Platform Monopolies Act Sec.4.

(2) 입법과정에서의 논쟁

동 법률(안)의 제정을 찬성하는 측에서는 해당 법률(안)이 온라인 플랫폼 사업자가 marketplace에 대한 접근을 통제하면서 동시에 경쟁함으로써 발생하는 불공정한 경쟁적 이익을 다루기 위한 법안이라고 하면서, 사후적으로는 자사우대를 금지하는 것만으로는 부족하고, 수직통합된 부분을 완전히 분리해야 한다고 주장하였다.[34] 동 견해에 따르면 온라인 플랫폼이 자사우대 행위를 했는지와는 관계없이 지배적 플랫폼과 제3사업자 간의 힘의 불균형이 있음을 전제하고 있고, 따라서 본질적으로는 사후 금지에 그치는 것이 아니라 힘의 불균형을 해소해야 한다.

이에 반해 동 법률(안)을 반대하는 견해에 따르면 동 법안은 소비자 또는 중소 사업자에게 아무런 해를 끼치지 않음에도 플랫폼이 다양한 사업을 운영한다는 자체만으로도 이익충돌에 직면한다고 전제하는 것이 문제이다. 나아가 이익충돌 상황을 해소하여야 한다는 동 법률(안)은 소비자에게 편익을 제공하는 플랫폼의 여러 무료, 저가 서비스에 부정적 영향을 미칠 것이라고 전망하기도 하였다. 그리고 결과적으로 이는 중소사업자들에게도 피해를 끼칠 수 있다는 문제가 있다.

(3) 검토 - 플랫폼의 자사우대와 이익충돌의 상관관계

동 법률(안)은 "반경쟁적 이익충돌"(anticompetitive conflicts of interest)[35] 내지 "반경쟁적 행위를 야기하는 이익충돌"(conflicts of interest that may incentivize anticompetitive conduct)[36]을 사전적으로 예방하는 목적을 가지고 있다. 그렇지만 구체적인 문제상황이 발생하지 않았음에도 불구하고, 이익충돌에 직면함으로써 반경쟁적인 행위가 발생할 수 있다는 이론적인 가능성으로만 적용대상 플랫폼 운영자의 사업범위를 원천적으로 제한하는 것이 타당한지 비판적으로 고찰되어야 한다.

특히 주목할 부분은 플랫폼의 자사우대 금지 규정과 이익충돌 방지 규정을 종합적으로 고찰함으로써 패키지 법안이 상정하는 자사우대 금지를 보다 입체적으로 이해하고 법안의 핵심원리에 더 가까워질 수 있다는 점이다. 결론적으로 미국 플랫폼 패키지 법안은 이익충돌 상황과 자사우대 행위에 관해 인과관계가 있

---

34) 이하 Chin, Ibid., p. 3-4.

35) Lina M. Khan. "Amazon Antitrust Paradox", The Yale Law Journal, 2017, p. 803.

36) Lina M. Khan. Ibid., p. 791.

다는 입장을 취하고 있다. 앞에서 살펴보았듯이 패키지 법안이 상정하는 온라인 플랫폼의 이익충돌은 자사우대의 동기 및 능력을 가진 상태를 의미한다. 이에 따르면 플랫폼의 자사우대 행위의 근본원인은 이익충돌 상황에 있고, 따라서 이익충돌을 자체를 해소해야 한다는 규정이 제안된 것이다. 또한, 상원에서는 폐기되었지만 혁신과 선택에 관한 법률(안)은 자사우대 행위가 이익충돌로부터 야기된 경우, 그 사업을 분리할 수 있는 구조적 조치를 마련하고 있었다는 점은 앞에서 언급한 바와 같다. 요컨대 미국 플랫폼 패키지 법안은 온라인 플랫폼의 자사우대 행위와 이익충돌 상황이 밀접한 관련이 있다는 논리를 취하고 있고, 이익충돌로 인해 자사우대 행위가 발생할 수 있다는 인과관계로 파악하고 있다.

그렇지만 패키지 법안의 이러한 태도에 대해서는 다음과 같은 비판이 가능하다. 즉, 패키지 법안은 자사우대 행위로 인해 충돌하는 이익이 무엇인지, 상방시장의 사업자의 이익과 하방시장의 사업자의 이익의 충돌인지, 동일한 거래단계의 사업자와 경쟁사업자 간의 이익이 충돌하는지를 전혀 설정하지 않은 채 자사우대와 이익충돌을 연관시키고 있다. 이러한 입장은 충돌하는 이익이 구체적으로 무엇인지는 개별 사안마다 다르고, 결국 실제 행위가 행해져야 명확하게 파악될 수 있기 때문에 본질적으로 한계를 가질 수밖에 없다. 무엇보다도 후술하듯이 경쟁법상 경쟁관계 및 거래관계에 있는 모든 사업자는 이익충돌 상황에 있다는 점을 상기하면 온라인 플랫폼의 자사우대 행위를 규제하려는 원인으로 이익충돌 개념을 상정하였다는 것 자체가 논리적으로 타당하지 않다.

2. 2020년 미국 하원 디지털 경제 조사보고서

(1) 개관

2020년 10월, 미국 하원에서 발간한 디지털 경제 조사보고서는 패키지 법안의 직접적인 계기가 된 문서이다.[37] 따라서 동 보고서를 검토하는 것은 미국 플랫폼 패키지 법안이 제안된 문제의식의 근간을 이해할 수 있다는 점에서 중요하다. 동 보고서는 미국 디지털 경제의 상황을 조망하면서 최근 10여 년 동안 디지털 경제가 급격히 집중되고 독점에 가까운 상태로 변화하였다고 진단한다. 즉,

---

[37] Subcommittee on Antitrust, Commercial and Administratvie Law of the Committee on the udiciary, "Investigation of competition in digital markets", Majority Staff report and reccommendations, 2020.

이른바 GAFA 등 플랫폼 기업의 유통 채널에서의 영향력 확대 내지 gatekeeper 로서의 역할 증대로 인해 미국 내 소셜 네트워크 시장, 온라인 일반 검색시장, 온라인 광고시장 등에서는 1−2개의 사업자가 지배적인 위치에 있다고 밝히고 있다.[38]

　동 보고서에서 주목할 만한 부분은 바로 보고서 후반에 제시되어 있는 디지 털 경제의 경쟁회복을 위한 6개의 권고사항(recommendations)이다. 특히 첫 번 째 권고사항인 (1) 구조적 분리와 사업 제한을 통한 이익충돌의 해소(reducing Conflicts of Interest)와 두 번째 권고사항인 (2) 차별, 편향, 자사우대 금지 등을 통한 비차별강화 부분은 이익충돌 법리와 자사우대 금지규정이 밀접한 관계에 있다는 점을 뒷받침해준다.[39]

(2) 사업다각화와 이익충돌

　보고서에 따르면 온라인 플랫폼 사업자들이 이익충돌에 직면하는 이유는 바 로 사업 다각화를 통한 시장통합 내지 인접시장에서의 사업활동이다.[40] 온라인 플랫폼 사업자는 인접 시장 또는 연관 사업을 통합함으로써 이용자에 접근하기 위해 자신을 이용하는 사업자들과 직접 경쟁하게 되고, 바로 여기서 이익충돌 상 황이 발생한다는 것이다. 보고서에서 조사 대상으로 삼은 아마존, 애플, 페이스 북, 구글은 다양한 방법으로 당해 상황을 이용하여 자신의 지배력을 다른 시장 내지 사업에 유리하게 작용하고 있었다.

　보고서는 사업통합으로부터 야기되는 행위들을 다음과 같이 적시하고 있다. 첫째, 온라인 플랫폼 사업자들은 자신의 플랫폼을 이용하는 제3자의 데이터를 유 용(misappropriate)할 수 있다. 둘째, 레버리지를 통하여 플랫폼 자신의 사업 통 합을 착취적 수단으로 이용할 수 있다. 셋째, 상품과 서비스의 끼워팔기를 통해 이용자를 락인(lock−in)시킬 수 있다. 넷째, 지배력 있는 시장에서의 이윤을 다 른 시장 진입의 지원금(보조금)으로 이용할 수 있다.

---

38) 동 보고서에 관하여 이상규, "미국 반독점 소위원회 "디지털 시장 경쟁 조사" 보고서의 주요 내용 및 시사점", 「산업조직연구」 제30권 제4호, 2022, 27−63면.

39) 나머지 네 가지 권고사항은 다음과 같다. (3) 상호운용성과 접근성 개방을 통한 혁신 촉진, (4) 지배적 플랫폼의 인수합병에 대한 추정적 금지, (5) 자유롭고 다양한 언론을 위한 평평한 운동장 제공, (6) 우월한 협상력 남용금지 및 적법절차 요구.

40) Subcommittee on Antitrust, Commercial and Administratvie Law of the Committee on the udiciary, Ibid., p.377.

(3) 검토

사견에 의하면 동 보고서는 플랫폼의 사업 다각화 현상을 "이익충돌"로 개념화함으로써 온라인 플랫폼의 반경쟁적 효과의 근본 원인으로 "이익충돌" 상황을 제시하고 있다. 예를 들어 "지배적 플랫폼 사업자들은 사업 간 통합이 이루어진 상황에서 핵심적인 중개자로 기능함으로써 중대한 이익충돌에 직면한다"[41]는 표현이나 "하나의 시장에서의 지배력을 다른 시장에서의 지렛대(leverage)로 사용하고 보조금을 지급함으로써 관련이 없는 시장을 포획하기 위해 진입할 수 있는 능력은 한 시장에서 다른 시장으로 시장집중력을 확산시켜 디지털 경제의 더 많은 부분을 위협하는 효과를 가지고 있다"[42]는 보고서상의 표현은 모두 플랫폼의 이익충돌을 완화해야 한다는 권고사항에 포함된 것으로서 플랫폼의 사업 다각화를 "이익충돌"과 동일시하는 점을 직접적으로 나타낸다고 할 것이다.

한편, 보고서는 플랫폼의 이익충돌을 해소할 수 있는 집행수단을 제시하고 있는데, 그것은 바로 구조적 분할(structural seperation)과 영업 제한(line of business restrictions)이다. 특히 구조적 분할에는 경영권을 분리하는 방안(ownership separations)과 기능적으로 분리하는 방안(functional separations)이 제안되었는데, 미국 온라인 혁신과 선택에 관한 법률의 하원 입법안에는 포함되었다가 상원 입법안에는 제외되었다는 점은 앞에서 지적한 바와 같다.

3. 뉴 브랜다이즈 학파의 주요 주장

미국 플랫폼 패키지 법안의 방향성과 주요 내용은 소위 '뉴 브랜다이즈 학파'로 불리는 미국 반독점 소장파 학자들의 주장과 맞닿아 있는 것으로 평가된다.[43]

---

41) Subcommittee on Antitrust, Commercial and Administratvie Law of the Committee on the udiciary, Ibid., p.378. 원문은 다음과 같다. "By functioning as critical intermediaries that are also integrated across lines of business, the dominant platforms face a core conflict of interest."

42) Subcommittee on Antitrust, Commercial and Administratvie Law of the Committee on the udiciary, Ibid., p.378. 원문은 다음과 같다. "Their ability to use their dominance in one market as negotiating leverage in another, and to subsidize entry to capture unrelated markets, have the effect of spreading concentration from one market into others, threatening greater and greater portions of the digital economy."

43) 패키지 법안의 기반이 된 미국 하원 보고서의 총괄 책임을 맡은 자가 현 FTC 위원장인 Lina M. Khan이고, 그는 뉴 브랜다이즈 학파를 선도하는 대표적인 인물이다. 정영진, "리나 칸: '반독점역사의 종말론'과 뉴 브랜다이즈 운동", 「경쟁저널」 제208호, 2021, 64－77면.

이에 따르면 미국 내 온라인 시장의 독점화 현상은 진행형이며, 여기에는 시카고 학파의 이론을 기반으로 하여 단기적 효율성에 초점을 맞춘 미국 반독점법의 소극적인 집행에 상당한 책임이 있다고 한다.[44]

그런데 뉴 브랜다이즈 학파의 주요 문헌을 살피면 플랫폼의 이익충돌 상황이 문제로 제기된다. 예를 들어 플랫폼 사업자 아마존의 반경쟁적 행위의 원인에 대해 "반경쟁적 이익충돌"(anticompetitive conflicts of interest) 내지 "반경쟁적 행위를 야기하는 이익충돌"(conflicts of interest that may incentivize anticompetitive conduct)이 다수 지적되기도 하고,[45] 플랫폼의 사업 통합 내지 사업 다각화가 이익충돌을 야기하고 이것이 반경쟁적 결과를 가져온다는 점이 강조되기도 한다.[46] 또한, 결과적으로는 핵심 주장에 반박하고 있지만 플랫폼을 정보 수탁자(information fiduciary)로 보아 회사법적 법리를 적용하여 사법적 방법으로 해결하자는 주장을 소개하는 문헌도 존재하기도 한다.[47] 마지막으로 미국 플랫폼 패키지 법안이 제안된 이후 유럽의 경쟁법 저널에서 진행한 인터뷰에서 리나 칸은 플랫폼 법안이 "플랫폼의 이익충돌을 제거하기 위한 입법"이라는 표현을 사용하기도 하였다.[48]

요컨대 2023년 6월 현재 FTC 위원장인 리나 칸을 위시한 뉴 브랜다이즈 학파는 온라인 플랫폼이 직면한 이익충돌 상황에 초점을 맞추고 있다. 플랫폼의 이익충돌은 경쟁저해 요인이 될 수 있고, 나아가 이익충돌은 경쟁과정의 중립성을 훼손할 수 있다는 것이 뉴 브랜다이즈 학파의 주요 주장인 것이다.

---

44) 당해 주장을 펼치는 정치가, 학자, 실무자들을 통칭하여 "New Brandeis School"이라고 한다. 뉴 브랜다이즈 학파는 과거 거대 독점기업을 비판하면서 반독점법을 통한 기업분할을 강력히 주장했던 전 연방대법관 Louis Brandeis의 정신을 재조명해야 한다고 한다. Lina Khan, "The New Brandeis Movement: America's Antimonopoly Debate", Journal of European Competition Law & Practice Vol 9, No. 3, 2018, p.131−132.

45) Lina M. Khan. "Amazon Antitrust Paradox", The Yale Law Journal, 2017, p. 791, 803.

46) Lina M. Khan, "The Separation of Platforms and Commerce"(May 15, 2019). 119 Columbia Law Review 973 (2019), Available at SSRN: https://ssrn.com/abstract=3180174, p. 1042.

47) Lina M. Khan, "A skeptical view of Information Fiduciaries", Harvard Law Review, Vol 133:497, 2019, p. 497−541. 저자들은 플랫폼을 정보 수탁자로 보는 견해는 한계가 존재하고 보다 강력한 공적 규제가 이루어져야 한다는 결론을 내린다.

48) Lina M. Khan, "US takes big steps; How to read it in Europe", Concurrences N 1−2021, p. 6.

4. 소결: 패키지 법안의 핵심원리 - 이익충돌

이상의 논의를 정리하면 이익충돌(Conflicts of Interest) 개념은 미국 플랫폼 패키지 법안을 관통하는 법개념으로서 법안에서 갖는 그 의미와 중요성이 상당하다. 플랫폼 독점 종식 법률(안)은 직접적으로 "불법적인 이익충돌"(Unlawful Conflicts of Interest)을 금지하였다.[49] 나아가 동 법률안은 당해 이익충돌 개념에는 적용대상 플랫폼 운영자가 적용대상 플랫폼이 아닌 다른 사업을 소유·지배하여 플랫폼상 자신의 상품·서비스 등을 경쟁사업자에 비해 우대하거나 플랫폼상 경쟁사업자를 배제하거나 그들의 상품·서비스 등을 불리하게 하는 동기 내지 능력을 가지게 되는 상황을 포함한다고 규정하고 있다.[50] 미국 온라인시장의 선택 및 혁신 법률(안)에서는 구조적 조치인 분할과 관련하여 이익충돌을 규정하고 있다. 이러한 법률(안)의 규제목적 내지 방향성에는 플랫폼의 자사우대, 경쟁사업자 배제 내지 불이익제공 등의 원인을 수직통합된 플랫폼 운영자와 플랫폼 이용사업자 간의 이익충돌 상황으로부터 도출하려는 견해가 반영된 것으로 볼 수 있다. 요컨대 미국 플랫폼 패키지 법안의 핵심원리가 '플랫폼의 이익충돌 상황'에 있다고 평가할 수 있는 것이다.

그렇지만 주지하다시피 영미법에서 '이익충돌'은 결코 중립적인 개념이 아니다.[51] 이익충돌은 신탁 관계에서 수탁자가 반드시 회피해야 하는 것이며, 회사 내에서는 이사의 올바른 업무집행을 방해하는 요소로 지적되어 왔다. 신인의무(fiduciary duty)로 대표되는 이익충돌 방지의무는 영미법뿐만 아니라 전체 법영역에서 통용되는 법원리로 자리잡고 있다. 이처럼 이익충돌은 법영역에서 부정적인 개념으로 인식되고 있고, 따라서 구체적인 사실관계나 결과를 떠나 이익충돌 상황을 해소하거나 이익충돌로부터 야기되는 행위는 조건 없이 금지되어야 한다는 법리가 형성되어 있다. 따라서 미국 패키지 법안이 온라인 플랫폼의 사업 다각화 내지 인접시장의 통합을 '이익충돌'로 개념화한 부분은 분명히 비판적으로 재고되어야 한다. 온라인 플랫폼의 사업 다각화는 정당한 사업의 확장이고 성장이며 플랫폼 본질에 따른 자연스러운 결과로써 반경쟁적 효과뿐만 아니라 친경

---

49) Ending Platform Monopolies Act Sec.2.(a)

50) Ending Platform Monopolies Act Sec.2.(b)

51) Susan P. Shapiro, Tangled Loyalties - Conflict of Interest in Legal Practice, The University of Michigan Press, 2002, p.14-16.

쟁적 효과 내지 혁신과 효율을 가져올 수 있다는 주장이 제기된 것은 어제오늘의 일이 아니다.[52] 따라서 플랫폼의 규제를 위해서는 플랫폼의 양면성에 관해 세밀한 분석과 균형있는 관점이 필요한데 이익충돌 frame으로 논의를 단순화하면 이것이 불가능해진다.

보다 궁극적으로는 이익충돌 개념이 갖는 규범적 의미가 무엇인지, 경쟁법 영역에서는 이익충돌 법리가 어떻게 이해되어야 하는지에 관한 기초적인 논의가 부재한 것이 문제이다. 관련해서는 절을 바꾸어 이익충돌에 대해 규범적으로 검토한 후, 경쟁법적 의미를 도출해보도록 한다.

IV. 이익충돌의 규범적 의미와 패키지 법안의 진단

미국 플랫폼 패키지 법안을 비판적으로 진단하기 위해서는 이익충돌에 관한 경쟁법적 관점의 엄밀한 고찰이 이루어져야 한다고 본다. 경쟁법 관점에서 이익충돌 개념을 전면으로 검토한 국내연구는 아직 찾기 어렵지만 상법, 행정법, 금융규제법 등에서의 이익충돌 문제를 다룬 선행연구가 있다.[53] 이하에서는 이익법학 일반론을 시작으로 회사법, 행정법상 이익충돌 논의를 살핀 후, 경쟁법적 의미의 단초를 모색하고, 이를 바탕으로 미국 패키지 법안에 대한 진단을 내리도록 한다.

1. 이익법학 일반론

(1) 개설

이익법학(Interessenjurisprudenz)은 구체적인 사안에서 상호충돌하는 이익을 해결하는 수단을 법의 본질 내지 법의 기능으로 파악한다. 권리의 본질을 "법에 의해 보호되는 이익"[54]으로 파악한 예링(Rudolf v. Jhering)의 이론을 맹아로 하고 헤크(Phillipp Heck)에 의해 발전된 이익법학은 사회의 현실적 요구 및 필요가 이익으로 발현되고 법은 여러 가지 이익의 대립과 조정의 과정으로 성립된다고 본다.[55]

---

52) 대표적으로 이봉의, 앞의 논문, 370−372면.
53) 박준·정형근·전종익·천경훈·최계영·김정연 공저, 「이익충돌에 관한 법적 연구」, 서울법대 법학 총서 4, 박영사, 2018.
54) 오세혁, 「법철학사」(제2판), 세창출판사, 2012, 222면.

법은 상이한 이익들의 표현이며 따라서 법규정은 이익의 대립(Interessengegensätze) 내지 이익이 충돌(Interessenkonflikte)을 나타낸다.[56]

이익법학은 사안에서 문제된 여러 이익을 밝히고 종합적인 가치판단으로 평가 및 형량해야 한다는 방법론을 내세운다.[57] 상호충돌하는 이익, 목표, 의무 등을 비교하여 어느 하나가 해당 사안에서 상대적으로 중요하다고 판단하고 선택하는 판단이 "이익형량, Interessenabwägung"이다. 동 방법론은 법적 판단과정에서 필수불가결한 것으로 평가되고 현대 법영역의 거의 모든 추론과정에 사용되고 있다.[58]

(2) 검토

여기서 중요한 것은 이익법학은 이익의 충돌, 이익충돌의 상황을 기본적으로 전제하고 있다는 점이다. 민주사회 속 인간은 헌법상 기본권을 바탕으로 자율성과 욕구를 인정받고, 각자의 다양한 이익을 향유할 권리를 가진다. 이에 따라 사안마다 개개인의 이익은 복잡다양한 관계를 가지게 된다. 예컨대 어떤 경우에는 보완적인 관계를 보이는 이익이 다른 사안에서는 충돌하기도 하고, 각자 고유의 가치를 가지는 상황도 존재한다.[59] 이처럼 이익이 충돌하는 것은 어찌보면 매우 자연스러운 것이고, 집단적 차원으로 확장된 이익집단 간의 충돌도 당연한 것은 물론이다. 이익법학이 제공해주는 방법론은 바로 각 이익의 조화 및 조정이다. 이익법학은 구체적인 사안에 있어 한쪽 이익을 일방적으로 희생시키거나 사상하는 것이 아니라 최대한의 균형을 꾀하고 최적화된 상태를 달성할 수 있는 접점을 찾는 것을 요구한다. 따라서 만약 이익충돌 상황을 원천적으로 방지하고 이익충돌로부터 야기되는 행위를 금지하기 위해서는 일반적인 상황이 아닌 특별한 이익충돌 상황이라는 점이 논증되어야 할 것이다.

한편, 여기서 이익충돌에 관한 기본적인 문제들을 제기하면 다음과 같다. 이

---

55) 이하 오세혁, 앞의 책, 224－228면.

56) Rüthers/ Fischer/ Birk, Rechtstheorie, 10 Aufl., 2018, S. 343, Rn. 527.

57) 오세혁, 앞의 책, 222－224면.

58) 김도균, "법적 이익형량의 구조와 정당화문제", 「서울대학교 법학」 제48권 제2호, 2007, 31－32면.

59) Tamar Frankel, "United States Mutual Fund Investors, Their Managers and Distrubutors", in: Conflict of Interest － Corporate Governance & Financial Markets, Kluwer Law International, 2007, p.364.

익충돌은 상태를 나타내는가, 아니면 행위를 나타내는가? 어떠한 이익이 충돌하는 것인가? 사법 영역에서 충돌하는 이익과 공법 영역에서 충돌하는 이익의 종류는 같은가, 다른가? 이는 결국 경제법 내지 경쟁법에서 충돌하는 이익은 어떻게 이해되어야 하는지에 관한 단초를 찾기 위한 디딤돌이 될 것이다.

2. 회사법상 이익충돌

(1) 개설

실정법 영역에서 이익충돌의 문제를 가장 오랜 기간 고민하고 대응방법을 고안해 온 영역은 회사법이다.[60] 소유와 경영의 분리가 기본 원칙으로 확립된 주식회사는 주주와 채권자, 주주와 경영자, 지배주주와 소수주주, 그리고 다양한 이해관계자 간의 이익충돌을 전제하므로 관련 제도와 법리가 가장 발달해 왔다고 할 수 있다. 회사법상 이익충돌은 "어떤 사람의 사적이익과 그의 공적의무 내지 신인의무가 실제로 또는 외관상 불일치하는 경우"로 정의할 수 있다. 회사법은 주식회사의 근본원리인 소유와 경영의 분리를 기반으로 하여, ① 주주와 이사의 이해관계 충돌, ② 대주주와 소수주주의 충돌, 그리고 ③ 주주와 채권자의 충돌 등을 전제하고 그 폐해를 최소화하고 이해관계를 조정해야 한다는 법적 인식을 전제로 한다.[61]

이익충돌 원리는 영미법상 중요한 법원리의 하나이며, 회사의 바람직한 지배구조 확립을 통한 합리적인 영리활동이 원활히 이루어지고, 이를 통해 궁극적으로는 거래의 안전이 도모되는 것을 목적으로 한다. 아울러 이익충돌 원리는 주주지상주의를 위시한 회사의 본질론과 밀접한 연관이 있으며, 주주이익의 보호를 통한 자본주의 시스템의 기능 보호라는 논리구조를 가지고 있다. 사실상 회사법의 전체 내용이 회사 내의 이익충돌을 해결하기 위한 것으로도 볼 수 있지만, 이하에서는 이사의 충실의무와 이사의 자기거래 금지의무를 중심으로 살핀다.

(2) 이사의 충실의무

이사는 법령과 정관의 규정에 따라 회사를 위하여 그 직무를 충실하게 수행하여야 한다(상법 제382조의3).[62] 이사의 충실의무를 규정한 동 규정은 1998년

---

60) 이하 천경훈, "회사에서의 이익충돌", 「이익충돌에 관한 법적 연구」(박준 외 5인 공저), 서울법대 법학총서 4권, 박영사, 2018, 243-298면.

61) 천경훈, 앞의 논문, 243-282면.

개정 상법에 도입되었는데, 법무부의 입법취지에 따르면 영미법상의 신인의무(fiduciary duty), 그 중에서도 충성의무(duty of loyalty)를 도입하기 위한 것이었다.[63] 따라서 상법상 이사의 충실의무를 이해하기 위해서는 영미법상의 신인의무의 내용을 살펴야 한다.

영미법상 신인의무는 상당한 역사를 가지고 있는 중요한 법원리 중 하나로 인식되고 있다.[64] 신인의무는 파산관재인, 상속재산 관리인 등 타인의 재산을 관리해주는 자가 지는 의무를 뜻하고, 내용적으로는 주의의무(Duty of Care)와 충성의무(Duty of Loyalty)로 구분되는데, 충실의무는 본인의 이익만을 추구해야 한다는 의무이다. 재산을 맡긴 본인은 자신의 재산이 구체적으로 어떻게 관리되는지 정보를 알 수 없기 때문에 충실의무를 부과하여 본인−대리인 간의 문제를 해결하려는 취지이다. 영미법계에서는 당해 신인의무의 적용범위가 확정되어 왔다. 즉, 전통적인 파산관재인 등만이 아니라 교사, 의사, 변호사와 회사의 이사가 여기에 포함되었으며, 신인(Fiduciary)으로 인정이 되면 자동적으로 신인의무가 부과되는 법리가 형성된 것이다. 그리고 신인의무를 위반한 자는 손해배상책임을 진다.

앞에서 언급하였듯이 상법상 이사의 충실의무는 미국법상의 신인의무의 충실의무와 동일한 의미를 가지는 것으로 해석된다.[65] 그리고 이는 이사와 회사 사이의 이익충돌에 관한 법리를 나타내는 일반규정이다. 이사와 회사 간의 이익충돌은 자기거래, 회사와의 경쟁, 회사기회의 유용 등 다양한데 우리나라 상법은 이를 구체적인 개별규정으로 규율하고 있고, 여기에 속하지 않는 이익충돌의 경우에는 일반적인 충실의무 규정으로 다룰 수 있을 것이다.

(3) 이사의 자기거래 제한

상법은 이사 등과 회사 간의 거래를 제한하고 있다(상법 제398조).[66] 즉, 이사

---

62) 제382조의3(이사의 충실의무) 이사는 법령과 정관의 규정에 따라 회사를 위하여 그 직무를 충실하게 수행하여야 한다.

63) 김건식·노혁준·천경훈, 앞의 책, 435면.

64) 이하 오수근, 「기업경영과 법」, 홍문사, 2021, 209−210면.

65) 김건식·노혁준·천경훈, 앞의 책, 435면.

66) 제398조(이사 등과 회사 간의 거래)
다음 각 호의 어느 하나에 해당하는 자가 자기 또는 제3자의 계산으로 회사와 거래를 하기 위하여는 미리 이사회에서 해당 거래에 관한 중요사실을 밝히고 이사회의 승인을 받아야 한다. 이 경우 이사회의 승인은 이사 3분의 2 이상의 수로써 하여야 하고, 그 거래의 내용과 절차는

또는 주요주주, 그들의 배우자와 직계존비속, 배우자의 직계존비속, 그리고 그들이 지배하는 회사 및 자회사가 자기 또는 제3자의 계산으로 회사와 거래를 하기 위해서는 미리 이사회에서 해당 거래에 대한 중요사실을 밝히고 이사회의 승인을 받아야 한다.

동 규정은 1962년 상법이 제정시 도입되었고, 2011년 상법 개정시[67] 적용범위가 확대되고 이사회의 승인 요건 등이 추가되었다. 동 규정의 요건 중 몇 가지만 검토하면, 먼저 간접거래, 신주발행 등 자본거래, 어음행위는 모두 자기거래 범위에 포함된다. 아울러 이사회의 승인에 대해서는 자기거래가 이루어지기 전에 승인이 이루어져야 하고, 이사 3분의 2 이상이 승인하여야 하며, 해당 거래에 대한 중요사실[68]을 개시하여야 한다. 2011년 개정 상법은 여기에 더하여 거래의 내용과 절차가 공정하여야 한다는 요건을 추가하였는데, 내용의 공정성은 이사회 승인 절차와 거래 체결 절차 모두 포함하여 이익충돌로부터 회사이익을 보호할 수 있는 절차를 충분히 거쳤는지 여부와 관련이 있고, 절차의 공정성은 거래조건의 공정성이 주로 문제되며, 이는 이익충돌이 없는 제3자, 즉 독립당사자와 거래한 경우보다 회사에 불리하지 않아야 함을 의미한다는 견해가 유력하다.[69] 한편, 이사회의 승인이 없는 거래는 제3자의 악의 또는 중대한 과실이 있는 경우에는 무효가 되는 상대적 무효설이 판례에 의해 인정되었고,[70] 동 규정을 위반한 이사는 회사에 대한 손해배상책임을 지게 된다(상법 제399조).

상법이 이사 등의 자기거래를 제한하는 현상적 이유는 현상적으로 대규모기

공정하여야 한다.
  1. 이사 또는 제542조의8제2항제6호에 따른 주요주주
  2. 제1호의 자의 배우자 및 직계존비속
  3. 제1호의 자의 배우자의 직계존비속
  4. 제1호부터 제3호까지의 자가 단독 또는 공동으로 의결권 있는 발행주식 총수의 100분의 50 이상을 가진 회사 및 그 자회사
  5. 제1호부터 제3호까지의 자가 제4호의 회사와 합하여 의결권 있는 발행주식총수의 100분의 50 이상을 가진 회사

67) 2011년 법개정에 관한 문헌으로 천경훈, "개정상법상 자기거래 제한 규정의 해석론에 관한 연구", 저스티스 통권 제131호, 2012, 48-93면; 홍복기, "개정상법상 자기거래규제의 범위와 이사회결의", 증권법연구 제14권 제2호, 2013, 207-236면.

68) 중요사실에는 거래의 종류·수량·가격 등이 포함되는 것으로 이해된다. 대법원 2007.5.10. 선고 2005다4284 판결.

69) 김건식·노혁준·천경훈, 앞의 책, 447면.

70) 대법원 1994.10.11. 선고 94다24626 판결; 대법원 2004.3.25. 선고 2003다64688 판결.

업집단에 속한 회사에서 나타나는 총수 일가의 사익추구거래를 근절하기 위함이
지만[71] 통설은 그 본질은 회사 내의 이익충돌을 방지하는 데에 있다고 이해한
다.[72] 즉, 이사가 자신의 지위를 이용하여 회사와 직접 거래를 하거나 이사 자신
의 이익을 위하여 회사와 제3자 간의 거래를 성사시킴으로써 이사 자신의 이익
을 도모하고 회사 및 주주에게 손해를 입히는 것을 방지하는 것에 있는 것이다.
이를 잘 보여주는 것이 바로 회사에 유리한 자기거래는 규제대상에서 제외된다
는 판례법상 법리이다. 판례에 따르면 이사 등과 회사 간의 거래라 할지라도 행
위의 성질상 양자 사이의 이해가 상반되지 않고 회사에 불이익을 초래할 우려가
없는 때에는 이사회의 승인이 불필요하다.[73] 여기에는 약관에 의한 거래, 약관에
의하지 않더라도 통상적인 거래조건에 따라 이루어지는 거래, 회사에 대한 부담
이 없는 증여, 회사에 대한 이사의 채무이행, 상계적상에 있는 채권에 대한 이사
의 상계, 회사에 대한 무담보·무이자의 금전대출 등이 있다.[74]

(4) 검토

주목하고자 하는 부분은 회사법에서 구체화된 이익충돌 방지제도는 무조건적
이거나 일방적인 금지 내용으로 설계되어 있지 않다는 것이다. 앞에서 살핀 바와
같이 이사의 충실의무 규정은 추상적인 원리적 내용만 담고 있지만, 보다 구체적
인 규정인 이사의 자기거래, 경업금지, 회사의 기회 유용금지는 모두 이사회의
승인이 있으면 허용되는 구조를 가지고 있다. 물론 이사의 자기거래의 경우, 이
사회의 승인뿐만 아니라 거래의 내용과 절차의 공정성이 추가적으로 요구되기는
하지만 원천적으로 완전히 금지되는 것은 분명 아니다. 생각건대 입법자는 법원
리 차원의 충실의무 내지 신인의무를 법률 조항으로 규정하면서 절대적인 금지
조항보다는 구체적 타당성을 고려하기 위해 이사회의 승인 등의 장치를 둔 것으
로 이해할 수 있다. 이러한 회사법의 태도는 플랫폼 사업자가 이익충돌에 직면한
다는 평가하에 금지조항을 둔다고 하더라도 절대적인 금지가 아니라 구체적 타
당성을 확보하는 방안이 무엇일지 고민하는 과정에서 충분히 참조될 수 있을 것
이다.

---

71) 천경훈, 앞의 논문, 52면.
72) 김건식·노혁준·천경훈, 앞의 책, 437면; 장덕조, 앞의 책, 561면; 김홍기, 앞의 책, 600면.
73) 대법원 2010.3.11. 선고 2007다71271 판결, 대법원 2000.9.26. 선고 99다54905 판결.
74) 김건식·노혁준·천경훈, 앞의 책, 443면.

3. 행정법상 이익충돌[75]

(1) 개설

행정법 영역에서도 이익충돌 문제를 다루고 있는데, 연혁적으로는 사법 영역의 신인의무 및 충실의무의 원리가 공적 영역으로 확대된 것이다.[76] 행정법에서 다루는 이익충돌은 공직자의 이익충돌이다. 즉, 공직자가 자신의 직무를 수행하면서 사적 이해관계를 추구할 수 있는 상황 자체를 방지하고 부득이한 경우 신고하게 하여 투명한 업무집행을 가능하게끔 하려는 취지이다.

특징적인 것은 행정법상 이익충돌은 '부패'의 문제와 연관되어 보다 강한 의미를 가지게 되었다는 점이다. 행정법에서 이익충돌을 규제하는 목적은 공적 신뢰 회복, 그리고 부패의 예방이다.[77] 다시 말해 공직자의 이익충돌 상황은 부정부패의 원인이고, 공적 신뢰 하락의 원인인 것이다. 따라서 중립적이고 충실한 공무집행을 위해서는 이익충돌 상황 자체를 방지하는 것이 최선으로 여겨진다.

(2) 공직자의 이해충돌 방지법

우리나라 법률 중에서는 공무원법, 공직자윤리법, 공무원 행동강령 등이 공적 영역에서의 이익충돌을 다루고 있지만, 내용적·절차적 한계로 인해 이익충돌방지를 위해 광범위하고 강력한 규정을 담은 법률인 「공직자의 이해충돌 방지법」[78]이 진통 끝에 입법되었다.

「공직자의 이해충돌 방지법」은 "이 법은 공직자의 직무수행과 관련한 사적 이익추구를 금지함으로써 공직자의 직무수행 중 발생할 수 있는 이해충돌을 방지하여 공정한 직무수행을 보장하고 공공기관에 대한 국민의 신뢰를 확보하는 것"을 목적으로 한다(제1조). 나아가 동법은 이해충돌을 "공직자가 직무를 수행할 때에 자신의 사적 이해관계가 관련되어 공정하고 청렴한 직무수행이 저해되거나 저해될 우려가 있는 상황"으로 정의한다(제2조 제4호). 동법은 공직자의 이해충돌 방지 및 관리에 관한 광범위한 규제내용을 담고 있는데, 사적 이해관계자

75) 이하 최계영, "행정부에서의 이익충돌", 「이익충돌에 관한 법적 연구」(박준 외 5인 공저), 서울법대 법학총서 4권, 박영사, 2018, 35−81면.
76) Rashid Bahar/ Luc Thévenoz, "Conflicts of Interest: Disclosure, Incentives, and the Market", in: Conflicts of Interest − Corporate Governance & Financial Markets(Ed. Thévenoz and Bahar), Kluwer Law International, 2007, p.4−7.
77) 최계영, 앞의 논문, 40면.
78) 2021. 5. 18. 제정, 법률 제18191호.

의 신고 및 회피·기피 신청(제5조), 고위공직자의 민간 부문 업무활동 내역 제출 및 공개(제8조), 직무관련자와의 거래 신고(제9조), 직무 관련 외부활동의 제한(제10조), 가족채용 제한(제11조), 퇴직자 사적 접촉 신고(제15조) 등이 주요내용이다.

4. 경쟁법상 이익충돌

(1) 일반론

종래 경쟁법상 이익충돌에 관한 논의는 크게 두각을 나타나지 않았다. 어찌 보면 일반법학에서의 논의처럼 시장경제에서 경쟁을 둘러싼 수많은 이해관계자 간의 이익충돌은 당연한 것이고, 위법성 판단과정에서 상충하는 이익을 형량하는 법리가 발전해온 것은 매우 자연스러운 것이다. 예컨대 미국 반독점법은 당연위법 원리에서 출발하였지만, 합리의 원칙 판단기준이 설시된 후 경성 카르텔을 제외하고는 거의 모든 위반행위에서 반경쟁적 효과와 경쟁촉진적 효과 사이의 형량과정이 이루어진다.[79] 독일 경쟁제한방지법 또한, 시장지배적 지위남용 중 방해남용의 부당성(Unbilligkeit) 요건이 시장지배적 사업자의 이익과 사업활동을 방해받는 사업자의 이익의 비교형량을 요구하는 것으로 해석되고 있다.[80] 공정거래법의 경우, 기업결합을 제외한 모든 법위반행위 유형에서 행위의 부당성을 요구하고 있어 경쟁제한효과와 효율성 증대 효과 간의 형량 내지 충돌하는 사익 간, 국민경제와 관련한 공익 간 형량을 통해 최종적인 위법성 판단이 내려지도록 하고 있다.[81] 비록 구체적인 방법론에 있어서는 아직 논의가 진행 중이지만 비교형량 내지 이익형량이 경쟁법 영역에서 전제된 보편적인 판단방법임은 분명하다.

(2) 금지요건으로서의 이익충돌?

이익충돌에 관해서는 특수관계인에 대한 부당한 이익제공행위 금지와 관련하여 보다 구체적으로 논의된 바 있어 살필 필요가 있다.[82] 주지하다시피 공정거래

---

79) 미국법상 당연위법 원칙과 합리의 원칙의 차이는 시장조건에 대한 분석이 필요한지 여부, 구체적인 반경쟁적 효과와 경쟁촉진적 효과를 분석해야 하는지 여부에 있다는 견해로 강상덕, "가격고정에 대한 미국 판결에 나타난 당연위법과 합리의 원칙", 「법조」 제678호, 2013, 138–140면.

80) 이봉의, 「독일경쟁법」, 법문사, 2016, 147–148면.

81) 공정거래법상 부당성 요건에 관한 종합적인 견해로 권오승·이민호, 「독점규제법」(제4판), 법문사, 2020, 116–124면.

82) 이하 이봉의, 「공정거래법」, 박영사, 2022, 1038–1039면.

법은 동일인이 자연인인 공시대상기업집단에 속하는 국내 회사는 특수관계인, 동일인이 단독으로 또는 다른 특수관계인과 합하여 발행주식총수의 100분의 20 이상의 주식을 소유한 국내 계열회사 또는 그 계열회사가 단독으로 발행주식총수의 100분의 50을 초과하는 주식을 소유한 국내 계열회사와 각 호에서 정한 행위를 통하여 특수관계인에게 부당한 이익을 귀속시키는 행위를 금지한다(제47조 제1항). 동 규정은 기업집단 총수의 부당한 사익편취를 금지하기 위한 취지로 도입되었다고 이해하는 것이 일반적이며, 금지요건의 해석론 관련하여 다양한 쟁점이 실무적으로도 이론적으로도 제기되고 있는 상황이다.[83] 한편, 동 규제의 목적은 "특수관계인에게 상당한 이익을 귀속시킴으로써 편법승계를 통한 소유집중의 우려 등 경제력집중의 방지"[84]에 있다고 파악하는 것이 타당하다.[85]

　이익충돌 논의가 진행된 부분은 사업기회 제공행위이다. 공정거래법은 회사가 직접 또는 자신이 지배하고 있는 회사를 통하여 수행할 경우 상당한 이익이 될 사업기회를 특수관계인에게 제공하는 행위를 금지한다(동조 동항 제2호). 동 규정의 금지요건을 설시하면 다음 다섯 가지 즉, 제공주체의 사업기회가 존재할 것, 해당 사업기회가 직접 수행할 경우 상당한 이익이 될 것, 제공주체가 해당 사업기회를 특수관계인 등에게 제공할 것, 해당 사업기회의 제공으로 특수관계인 등에게 상당한 이익이 귀속될 것, 제공된 이익이 경제력 집중의 관점에서 부당할 것인데,[86] 이 중 해당 사업기회가 직접 수행할 경우 제공주체에게 상당한 이익이 될 것 요건은 제공행위에 따른 제공주체의 기대이익 상실과 제공객체의 기대이익 실현이라는 이익충돌 상황을 전제로 하고 있다는 견해는 경청할 만하다.[87] 따라서 동 행위의 금지요건을 분석함에 있어서는 제공객체에게 상당한 이익이 귀속되었는지만이 중요한 것이 아니고, 제공주체에게 적극적 또는 소극적 손실이

---

83) 이봉의, "공정거래법상 특수관계인에 대한 이익제공의 부당성에 관한 해석방법론", 「선진상사법률연구」 제81호, 2018, 30-31면.

84) 이봉의, 각주 82)의 책, 1054면.

85) 공정거래위원회는 동 규제의 목적을 "총수일가로의 편법적 부의 이전으로 총수가 적은 지분으로 그룹 전체의 경영을 좌지우지 하는 등 지배력을 유지·강화함으로써 경제력집중 폐해를 유발하는 것을 방지"하는 것으로 보고 있고, "대규모 기업집단 내의 내부거래를 기반으로 하는 총수 등의 사익추구행위에 대한 공정거래법상 해결방안"으로 보거나"총수 있는 대기업집단의 사익편취를 통한 경제력 집중 억제"에 있다는 학계의 견해가 있다. 권오승·서정, 같은 책, 554면.

86) 이봉의, 각주 82)의 책, 1037면.

87) 이봉의, 각주 82)의 책, 1039-1040면.

발생하였는지 또한 검토되어야 하는 것이다. 공정위 또한 사업기회 제공행위에 대한 사익편취 규제는 지배주주와 회사 간의 이익충돌 상황에서 지배주주가 회사의 이익을 가로채려는 문제에 초점을 둔 제도라는 점을 밝히고 있고, 사업기회의 제공에 적극적인 행위뿐만 아니라 사업기회의 포기라는 소극적인 행위 또한 포함시킨 바 있다.[88]

(3) 검토

앞에서 살핀 공정거래법상 금지요건으로서의 이익충돌 논의는 시론적 성격을 갖는다. 좁게는 계열회사 간의 이익충돌을 어떻게 판단하는지의 문제부터 넓게는 공정거래법상 사업기회 제공행위와 상법상 사업기회유용(상법 제397조의2) 규정 간의 관계 설정까지 의문이 해소되지 않은 점이 무수히 많다. 그렇지만 이익충돌 상황이 공정거래법 위반 판단과정에서 반영될 수 있는 방법론이 제기되었다는 점에서 큰 의의를 찾을 수 있으며 보다 구체적으로는 이익충돌 상황이라도 이를 무조건적으로 해소하는 것이 아니라 오히려 입증되어야 하는 금지요건 중 하나로 고려될 수 있다는 시사점을 도출해준다.

공정거래법상 이익충돌 법리의 논의는 명확히 정리하기는 어렵지만 다음과 같은 질문을 제기할 수 있다. 영미법 내지 회사법상 신인의무를 시장경제의 사업자에게 적용할 수 있는가? 신인의무의 전제가 되는 신인관계를 어떻게 인정할 수 있을 것이며 그 한계는 무엇인가? 공법 영역에서 고려되는 이익충돌과 부정부패의 관계를 경쟁법 영역으로 그대로 가져올 수 있는 것인가? 이익충돌이 공정거래법상 금지요건 중 하나로 고려될 수 있다는 견해는 어떻게 발전될 수 있는가? 관련한 향후 논의에는 법의 본질이 이익충돌을 조정하는 것에 있다는 이익법학의 일반론과 시장 주체 간의 이해관계의 충돌 내지 비정합성은 사업자의 유인 변경을 가져오고 이것이 결국 경쟁법이 추구하는 경쟁의 토대가 된다는 점[89]이 항상 고려되어야 함은 물론이다.

---

88) 공정거래위원회 2022.3.16. 의결 제2022−71호.
89) 임용, "플랫폼 자사우대 규제의 비교법적 검토에 대한 토론문", 서울대 경쟁법센터 2023년도 제2차 법정책세미나 토론문.

5. 소결

미국 플랫폼 패키지 법안이 상정하는 플랫폼의 이익충돌은 사업다각화에 의한 이중적 지위 즉, '소위 심판과 선수를 함께하는 지위'에 있다. 그렇지만 플랫폼 사업자의 사업다각화는 플랫폼 사업의 본질에 속하는 것이지 무조건적으로 방지하고 그 상황을 해소해야 하는 것이 아니다. 플랫폼 산업의 혁신 경쟁 내지 소비자 후생 증대는 오히려 당해 사업다각화가 가져다주는 결과일 수 있다는 점은 앞에서 서술한 바와 같다.

이익충돌의 규범적 의미에 포커스를 맞추어 검토하면, 다음과 같은 의문들이 제기될 수 있다. 플랫폼을 둘러싼 이익충돌은 일반적인가, 특수한가? 플랫폼은 정보 수탁자인가? 신인의무를 져야 하는가? 플랫폼은 공공재인가? 플랫폼 사업자는 공적 의무를 부담해야 하는가? 부정부패와 연관되어 있는 이익충돌 상황을 생각할 수 있는가? 플랫폼의 이익충돌이 문제된다면 무조건적 금지가 타당한가, 아니면 법도그마틱 차원에서는 금지요건 등으로 고려되어야 하는가? 산재되어 있는 쟁점에 대해 즉답을 제공하기는 쉽지 않지만 온라인 플랫폼의 사업다각화를 이익충돌로 프레임화하여 핵심원리로 삼고, 이를 기반으로 자사우대 금지, 차별 금지, 기업인수 금지 등을 규정한 플랫폼 패키지 법안이 해당 문제에 관한 진지한 고민 없이 제안되었다는 점은 확실하다. 그렇지만 플랫폼의 후생적 효과 측면 및 규범적 측면 등 모든 관점에서 플랫폼의 이익충돌에 관한 문제제기는 재고되어야 하며, 보다 심도 있는 고찰이 이루어져야 할 필요는 반드시 존재한다.[90]

IV. 결론

1. 본 연구의 주요내용을 요약하면 다음과 같다. 2021년 6월 발의되었던 미국 플랫폼 패키지 법안은 2023년 1월에 회기 만료로 폐기되었지만, 지금이야말로 그 주요 내용을 살피고 핵심원리가 무엇이었는지 고찰할 적절한 시기이다. 총 5개 법안으로 구성된 패키지 법안 중 적용대상 플랫폼 사업자의 자사우대 행위를

---

90) 사견으로는 이러한 관점에서 현재 국회에 계류되어 있는 플랫폼 규제 법안 중 이익충돌 관련 규정에 대해서도 플랫폼의 이익충돌이 무엇인지, 어떠한 규범적 의미를 갖는지 등의 고민 없이 미국의 법안을 그대로 차용했다는 비판이 가능하다고 본다.

금지한 「혁신과 선택에 관한 법률(안)」에서 주목할 점은 금지규정 자체가 아니라 사업의 분할이라는 구조적 조치가 예정되어 있었다는 것이다. 바로 여기서 자사우대와 이익충돌의 접점이 발견되기 때문이다. 이익충돌의 개념에 관해서는 불법적인 이익충돌을 직접 금지하는 「플랫폼 독점 종식에 관한 법률(안)」에서 명시적으로 규정하고 있고, 2020년 미국 하원 조사보고서, 뉴 브랜다이즈 학파의 주요 주장을 종합하면 패키지 법안은 플랫폼의 사업다각화를 이익충돌 상황으로 프레임화하고 있다. 요컨대 패키지 법안의 핵심은 이익충돌 법리에 있다고 평가할 수 있다.

2. 미국 패키지 법안을 진단하기 위해서는 이익충돌 법리의 경쟁법적 의미를 고찰해야 한다. 그러나 경쟁법 영역에서는 이익충돌 논의를 찾아보기 힘들다는 문제가 있고, 따라서 이익법학, 회사법, 행정법에서의 이익충돌 법리를 통해 시사점을 도출할 필요가 있다. 논의를 요약하자면 이익의 상충 및 조정을 법의 기능으로 보는 이익법학을 통해서는 이익충돌이 일반적인 현상이며 특수한 상황에서만 규제가 필요하다는 점이 도출되며, 이익충돌에 관한 고민이 가장 많이 내포되어 있는 회사법을 통해서는 이익충돌 방지를 기본적인 목표로 삼더라도 무조건적인 금지 내용으로 구성되어 있지 않다는 점을 엿볼 수 있다. 행정법 영역의 이익충돌은 공직자의 부정부패의 문제와 연관되어 강력한 의미를 가지게 되었으며 이익충돌 상황이 발생되는 자체를 방지하는 방향으로 규범화되었다는 점을 시사한다. 공정거래법의 경우, 특수관계인의 부당한 이익제공 금지행위 중 사업기회 제공행위에 있어서 이익충돌이 숨겨진 금지요건으로 해석되어야 한다는 견해를 소개하여 이를 통해 향후 발전된 논의가 이루어져야 함을 보였다. 미국 플랫폼 패키지 법안의 경우, 위에서 제기된 많은 의문점과 쟁점에 관한 진지한 고민 없이 이익충돌 법리를 기반으로 입법이 시도되었다는 점에서 문제가 있다. 플랫폼의 사업다각화가 이익충돌을 야기하고 이것이 법리적인 문제를 발생시킨다는 기본 전제는 재검토되어야 하고, 심사숙고되어야 할 것이다.

3. 이익충돌에 관한 법리가 전면에 나서지는 않지만, 온라인 플랫폼에 관한 규제의 글로벌 트렌드는 적용대상 플랫폼 사업자를 지정하여 일정한 금지의무를 부과하려 했던 미국 패키지 법안의 전체적인 내용과 크게 다르지 않다. 거대 플

랫폼 사업자를 게이트키퍼(gatekeeper)로 지정하여 규제하려는 유럽연합의 디지털시장법,[91] 시장을 넘어서는 영향력을 미치는 플랫폼 사업자를 규율하는 독일 경쟁제한방지법 제10차 개정[92][93]을 비롯하여 다른 주요국에서도 이와 같은 취지의 플랫폼 규제를 관철하려는 움직임이 활발하다. 사견으로는 미국 패키지 법안의 핵심원리가 이익충돌 법리에 있음을 밝혔듯이, EU나 독일에서 전제로 삼은 핵심원리는 무엇인지 고찰하고 그 타당성 여부가 진지하게 검토되어야 할 것이다.[94] 온라인 플랫폼의 양면성에 관한 인식이 보편화되고, 특정 플랫폼 사업자를 지정하여 사전규제하는 것의 위험성이 충분히 경고되었음에도 불구하고 입법화할 수 있었던 이론적·실무적 원동력이 어디에 있었는지 분석할 필요가 있다. 나아가 미국의 이익충돌과 같이 경쟁법적 의미가 불명확한 명제가 고민 없이 작용하고 있는 것은 아닌지 비판적으로 고찰되어야 할 것이다.

4. 바람직한 플랫폼 규제의 방향성은 무엇인가? 전통적인 경쟁법 도그마틱으로 온라인 플랫폼에 대한 즉각적이고 효과적인 규제가 쉽지 않을 수 있다는 점과 이를 극복할 수 있는 규제원리를 모색하여야 한다는 주장은 분명 일정 부분 일리가 있을 수 있다. 그렇지만 이익충돌과 같은 개념 내지 프레임을 충분한 고민 없이 플랫폼 문제에 적용하거나 일부 정치적인 취지로 새로운 규제 툴(Tool)을 입안하는 것은 신중해야 한다. 즉, 플랫폼 사업자에 관한 경쟁법적 법원리는 신중하고 엄밀한 분석과 법집행을 통해 정립되어야 할 것이다. 무엇보다 온라인 플랫폼이 문제되는 사안에서의 구체적인 타당성이 보장되고 궁극적으로는 플랫폼의 경쟁제한 가능성과 친경쟁적 효과를 균형적으로 고려할 수 있는 법적 판단 기준을 마련하는 방향으로 고민이 발전되고 법리가 형성되어야 할 것이다. 몇몇 법령

---

91) EU의 디지털시장법에 관하여 김지연, "EU 디지털 시장법에 대한 분석과 독점규제법 및 개인정보보호화의 관계에 관한 고찰", 「법제연구」 제66권, 2022.

92) 독일 경쟁제한방지법 제10차 개정에 관하여 홍명수, "플랫폼 규제 개선을 위한 독일 경쟁제한방지법 개정에 관한 고찰", 「동아법학」 제94권, 2022; 유영국, "독일 경쟁제한방지법 제10차 개정(안)의 주요 내용과 독점규제법상 시사점", 「경쟁법연구」 제42권, 2020.

93) 한편, 독일에서는 경쟁당국의 경제영역 조사, 부당이득환수 요건 완화 등을 골자로 하는 제11차 개정을 추진하고 있다. Papp, "The 11th Amendment to the ARC and Germany New Competition Tool", D'KART, 2023.5.

94) 비판적 검토의 대상으로는 플랫폼 중립성, 동등대우 원리 등이 제시될 수 있을 것이다. 특히 온라인 플랫폼의 중립성 원리에 관한 비판적 검토로 임용, "플랫폼 중립성의 오해와 진실", 서울대학교 인공지능정책 이니셔티브, 이슈페이퍼 2019-2, 2019, 3-19면.

이 입법되었다고 하여 의문이 모두 해소된 것은 분명 아니다. 온라인 플랫폼에 관한 법도그마틱적 논의는 이제 시작이다.

[참고문헌]

1. 국내문헌

권오승 · 이민호, 독점규제법(제4판), 법문사, 2020.

김건식 · 노혁준 · 천경훈, 회사법(제6판), 법문사, 2022.

박정훈, 행정법상 체계와 방법론, 박영사, 2005.

박준 · 정현근 · 전종익 · 천경훈 · 최계영 · 김정연, 이익충돌에 관한 법적 연구, 박영사, 2018.

송옥렬, 상법강의(제16판), 홍문사, 2022.

오수근, 기업경영과 법, 홍문사, 2021.

오세혁, 법철학사(제2판), 세창출판사, 2012.

이봉의, 공정거래법, 박영사, 2022.

이봉의, 독일경쟁법, 법문사, 2016.

강상덕, "가격고정에 대한 미국 판결에 나타난 당연위법과 합리의 원칙", 법조 제678호, 2013.

강일 · 김규식 · 신상훈, "미국 등 해외 온라인 플랫폼 규제 입법 동향 및 시사점", BKL Legal Update, 2023.1.16.

김규식, "미국의 빅테크 기업에 대한 반독점 규제 강화 동향", 경쟁저널 제208호, 2021.

김지연, "EU 디지털 시장법에 대한 분석과 독점규제법 및 개인정보보호화의 관계에 관한 고찰", 법제연구 제66권, 2022.

박준영, "온라인 플랫폼 사업자의 반경쟁적 우려에 대한 규범적 대응 현황 및 쟁점", 법학연구 제32권 제2호, 연세대학교 법학연구원, 2022.

유영국, "독일 경쟁제한방지법 제10차 개정(안)의 주요 내용과 독점규제법상 시사점", 경쟁법연구 제42권, 2020

윤신승, "온라인 플랫폼의 자사우대(Self‒preferencing) 규제에 관한 일고", 법학논집 제27권 제3호, 2023.

이봉의, "디지털 플랫폼의 자사 서비스 우선에 대한 경쟁법적쟁점", 법학연구 제30권 제3호, 연세대학교 법학연구원, 2020.

이봉의, "공정거래법상 특수관계인에 대한 이익제공의 부당성에 관한 해석방법론", 선진상사법률연구 제81호, 2018.

이상규, "미국 반독점 소위원회 "디지털 시장 경쟁 조사" 보고서의 주요 내용 및 시사점", 산업조직연구 제30권 제4호, 2022.

임용, "플랫폼 자사우대 규제의 비교법적 검토에 대한 토론문", 서울대 경쟁법센터 2023년도 제2차 법정책세미나 토론문, 2023.

임용·이수진·이혜승 외, "온라인 플랫폼의 규제−글로벌 현황과 트랜드 분석", DAIG 창간호, 서울대 SAPI, 2020.

임용, "플랫폼 중립성에 관한 오해와 진실", 서울대학교 인공지능정책 이니셔티브, 이슈페이퍼 2019−2, 2019.

이호영, "수직통합 온라인 플랫폼의 자사우대 행위의 경쟁제한성 판단기준에 관한 연구", 경쟁법연구 제47권, 2023.

이황, "디자인 변경에 대한 경쟁법 규제와 구글쇼핑사건", 선진상사법률연구 통권 제90호, 2020.

장품, "온라인 플랫폼 산업과 경쟁법적 규제", 경쟁저널 제209호, 2021.

정재훈, "플랫폼 규제와 경쟁법의 대응: 입법 과제와 고려사항", 경쟁저널 제215호, 2023.

천경훈, "회사에서의 이익충돌", 「이익충돌에 관한 법적 연구」, 서울법대 법학총서 4, 박영사, 2018.

최계영, "행정부에서의 이익충돌", 「이익충돌에 관한 법적 연구」, 서울법대 법학총서 4권, 박영사, 2018.

최난설헌, "혁신경쟁의 촉진과플랫폼 단독행위 규제상의 과제", 경제법연구 제19권 제2호, 2020.

최은진, "온라인 플랫폼법(안)의 향방과 주요국의 플랫폼 규제 동향", 상사법연구 제41권 제1호, 2022.

홍대식, "온라인 플랫폼 법제의 개선방향", 상사법연구 제41권 제4호, 2023.

홍명수, "플랫폼 규제 개선을 위한 독일 경쟁제한방지법 개정에 관한 고찰", 동아법학 제94권, 2022.

2. 해외문헌

M. Browdie & J. Grise & H. Morse, "Biden/Harris expected to double down on antitrust enforcement: No "Trump card" in the deck", Concurrences N 1—2021, 2021.

C. Chin, "Breaking Down the Arguments for and against U.S. Antitrust Legislation", Center for Strategic and International Studies, 2022.

D. Bruce Hoffman & Garrett D. Shinn, "Self—Preferencing and Antitrust: Harmful Solutions for an Improbable Problem", CPI Antitrust Chronile, 2021.

D. A. Hanley, "How Self—Preferencing Can Violate Section 2 of the Sherman Act", CPI Antitrust Chronile, 2021.

H. Hovenkamp, "Monopolizing and the Sherman Act", Faculty Scholarship at Penn Law. 2769, 2022.

L. M. Khan. "Amazon Antitrust Paradox", The Yale Law Journal, 2017.

L. M. Khan & D.E.Pozen, "A skeptical view of Information Fiduciaries", Harvard Law Review Vol. 133:497, 2019.

F. W. Papp, "The 11th Amendment to the ARC and Germany New Competition Tool", D'KART, 2023.5.

E. Posner, "Antitrust is back in America", Competition Law Review, Concurrences, 2021.

L. Thevenoz & R. Bahar(eds.), Conflicts of Interest, Kluwer Law International, 2007.

N. Kazele, Interessenkollisionen und Befangenheit im Verwaltungsrecht, Duncker & Humbolt, 1990.

S. P. Shapiro, Tangled Loyalties – Conflict of Interest in legal practice, Michigan Uni Press, 2002.

제 3 장

플랫폼 중립성에 대한 오해와 진실

임용

제3장

플랫폼 중립성에 대한 오해와 진실*

– 임용** –

통신망 사업자에 대한 특수한 규제 논리로 출발한 중립성(neutrality) 논의는 시장 환경의 변화에 맞춰 망중립성에서 검색중립성으로, 그리고 이어 대규모 플랫폼 일반에 대한 중립성의 요구로 진화하였다. 그 과정에서 경쟁법은 중립성을 관철하기 위한 규제 도구 중 하나로 동원되거나 거론되고 있다. 그런데, 검색중립성의 경우에서 보듯 관련 산업 또는 시장의 특성에 따라 때로는 중립성의 요구가 경쟁을 오히려 제약하거나 심지어 그와 충돌할 수도 있다. 따라서 경쟁법을 중립성 규제의 도구로 활용하기에 앞서 경쟁의 보호라는 법의 목적이 저해하지 않도록 주의할 필요가 있다.

그렇다고 하여 중립성의 요구가 경쟁법과 전혀 무관하거나 그에 완전히 배치되는 것은 아니다. 경쟁법은 사업자가 필수설비에 해당하는 자신의 자산에 대한 접근을 허용함에 있어 거래상대방이 자신과 경쟁한다는 이유로 다른 거래상대방과 비교하여 부당하게 차별하는 것을 금지한다. 이러한 범위 내에서는 경쟁법의 적용이 플랫폼의 중립성을 달성하는 데 기여할 수 있을 것이다. 다만, 이 경우에도 문제되고 있는 플랫폼이 필수설비에 실제로 해당하는지, 그리고 차별적 행위로 인한 반경쟁적 효과가 주장되는 친경쟁적 효과를 상회하는지를 신중하게 검

---

* 본고는 필자가 2019. 11. 서울대학교 인공지능정책 이니셔티브의 이슈페이퍼로 발표한 글을 보완하고 업데이트한 것이다.
** 서울대학교 법학전문대학원 부교수, 법학박사(S. J. D.).

토해야 한다. 특히 플랫폼 사업자가 거래상대방 중 한 쪽을 차별하는 경우와 사업자 자신을 제3자와 비교하여 우대(차별)하는 경우를 구별하여 사회적으로 유용한 서비스나 자산에 대한 초기투자 유인이 과도하게 제약되지 않도록 유의해야 할 것이다.

한편 경쟁법과 별개로 중립성에 대한 사전적인 특별규제를 고려하는 경우에도 플랫폼 사업자에게 부과하는 의무와 사업자의 책임 문제가 조화롭게 접근되도록 노력해야 할 것이며, 플랫폼에 대한 중립성 규제가 평등과 민주주의 등 경쟁촉진 외의 정책목표 실현에 기여할 수 있는 범위와 내재적 한계를 명확히 인식하여 합리적인 규제 정책을 펼쳐야 할 것이다.

I. 도입

우리는 플랫폼 전성시대에 살고 있다. '플랫폼'은 시장 내에서 상호의존성을 가지고 있는 둘 또는 그 이상의 시장참여자 그룹을 효율적으로 연결시키는 비즈니스를 보통 지칭하는데, 사업 모델로서의 플랫폼은 실은 오래전부터 존재해 왔다. 그런데, 상시적이고 편재적인 연결성을 가능케 하는 네트워크 및 모바일 기술이 발전하면서 플랫폼이 디지털 경제의 중요한 사업 모델 중 하나로 부상하였고, 소위 빅테크 기업들도 구체적인 형태와 핵심 사업에는 서로 차이가 있지만 플랫폼 기반의 사업을 영위한다고 말할 수 있다.[1]

이처럼 플랫폼 비즈니스가 시장 내에서는 맹위를 떨치고 있지만, 동시에 위기라고 할 정도로 외부로부터의 도전에 직면해 있다. 십수 년 전만 해도 혁신의 총아로 성원을 받던 플랫폼 사업자들이 이제는 시장을 독점하고 경쟁을 왜곡하는 현대판 악덕 자본가(robber baron)에 사실상 비견되고 있다.[2] 이들이 경제는 물론이고 언론이나 선거 과정의 왜곡을 통해 우리 사회의 근간을 위태롭게 만들지

---

1) 임용, 이수진, 이혜승, 「온라인 플랫폼의 규제 – 글로벌 현황과 트렌드 분석」, DAIG 창간호, 서울대 인공지능 정책 이니셔티브 (2020. 12.), 125면.

2) 미국 연방하원 사법위원회(반독점법, 상법 및 행정법 부속위원회), 「디지털 시장의 경쟁에 대한 조사(Investigation of Competition in Digital Markets)」 보고서 (2022. 7월), 제1부, 2면 ("…companies that once were scrappy, underdog startups that challenged the status quo have become the kinds of monopolies we last saw in the era of oil barons and railroad tycoons.").

도 모른다는 우려 속에 규제당국의 적극적인 개입을 요구하는 목소리가 높다. 주요국에서는 디지털 경제의 대규모 플랫폼에 대한 특수한 규제나 입법이 필요하다는 주장이 수년 전부터 제기되어 왔고,[3] 이러한 움직임들이 EU의 디지털시장법(Digital Markets Act) 및 디지털서비스법(Digital Services Act)이나 일본의 스마트폰 소프트웨어 경쟁촉진법(スマートフォンにおいて利用される特定ソフトウェアに係る競争の促進に関する法律)과 같이 실제 법으로 이어지기도 하였다. 플랫폼에 대한 경쟁법 집행 또한 강화되면서 주요 사업자의 기업분할 가능성까지 거론되고 있다.[4] 플랫폼의 전성기가 동시에 수난시대라는 생각이 들 정도다.

플랫폼 사업자에 관하여 제기되는 우려에 대한 처방으로 자주 거론되는 것이 다름 아닌 '중립성(neutrality)'의 요구다. 그리고 이러한 논의 과정에서 경쟁법은 중립성의 요구를 관철시킬 하나의 규제 도구 내지 보완책으로 종종 등장한다. 또한 주요 플랫폼 사업자들이 사업을 영위함에 있어서는 알고리즘을 활용하는 것이 보통이다. 그렇다면 플랫폼 사업자들에 대한 중립성의 요구는 그와 같이 적용되는 알고리즘의 중립성에 대한 요구로 자연스럽게 이어지고,[5] 중립성 이슈는 결국 인공지능 분야에서도 논란거리가 될 것으로 보인다.

이 글은 중립성을 디지털 경제의 플랫폼과 관련한 하나의 정책적 목표로 설정한다고 했을 때 과연 경쟁법을 그 달성 수단으로 활용하는 것이 적정한지, 만일 그렇다면 경쟁법이 어느 범위에서 어떤 역할을 할 수 있을지 살펴보는 것을 목적으로 한다. 그리고 그 과정에서 경쟁법과 중립성의 관계에 대한 오해와 편견들을 일부나마 불식시키고자 한다.

---

3) 예를 들어 Stigler Center (Univ. Chicago), Committee for the Study of Digital Platforms, Draft Report (2019.5.15.); U.K., Unlocking digital competition, Report of the Digital Competition Expert Panel (2019.3.); 임용, 이수진, 이혜승, 전게 보고서 등 참조.

4) Michael, Liedtkeap, US regulators seek to break up Google, forcing Chrome sale as part of monopoly punishment, AP (2024.11.22.), https://apnews.com/article/google-search-monopoly-penalty-justice-department-84e07fec51c5c59751d846118cb900a7.

5) 황용석, 알고리즘 중립성 논의할 때, 한겨레 [미디어 전망대] (2016.5.23.), http://www.hani.co.kr/arti/society/media/745104.html.

II. 중립성 논의의 진화: 망에서 플랫폼에 이르기까지

잘 알려진 바와 같이 규제로서의 중립성 논의는 2000년대 초 망중립성(net neutrality)을 둘러싸고 본격적으로 시작되었다. 당시 중립성은 인터넷 서비스 제공자(Internet Service Provider, 이하 "ISP")가 망을 오가는 콘텐츠를 취급함에 있어 원칙적으로 차별하지 못하도록 해야 한다는 논의로 시작되었고, 그 기저에는 망을 독과점적으로 지배하고 있는 통신 사업자들이 그 시장력을 이용하여 자신에게 잠재적 위협이 될 수 있는 OTT 사업자를 배제하거나 콘텐츠 사업자 간의 경쟁을 왜곡시킬지도 모른다는 염려가 자리잡고 있었다. 이처럼 초기의 중립성 논의는 자유롭고 개방적인 인터넷 트래픽을 ISP의 횡포로부터 보호하자는 취지에서 출발했다고도 말할 수 있다. 대신 ISP가 자신의 망을 그저 배관(conduit)처럼 온라인 트래픽에 비차별적으로 열어주는 만큼 망 이용자의 행위나 문제가 있는 콘텐츠로 인해 발생할 수 있는 각종 법적 책임으로부터는 벗어날 수 있도록 한다는 것이 기본 컨셉이었다.

사실 인터넷 망과 관련하여 논의된 중립성 규제의 의미나 취지는 일원적이지 않다. 렌다(Andrea Renda) 교수에 따르면 종래 망중립성과 관련하여 거론되어 왔던 중립성의 취지는 아래와 같이 다양하다.[6]

익명성: 중립성 논의의 태동기라고 할 수 있는 1990년대에는 중립성이 자유로운 인터넷 환경을 조성하는 데 필요한 이용자의 익명성을 보장하기 위한 전제로 거론되었다.

공정한 경쟁: Tim Wu 교수가 망중립성 논의를 촉발한 2000년대 이후로 중립성은 앞서 살펴본 바와 같이 ISP인 통신 사업자와 망을 이용하는 OTT 사업자 간에 공정한 경쟁의 장을 구축하기 위한 선결적 요건으로 제시되었다.

혁신: 망중립성에 관한 논의 속에는 중립성의 요구가 망을 이용한 후속 경쟁을 보호함으로써 시장에서의 계속적인 혁신에 기여할 수 있을 것이라는 기대가 포함되어 있다. 특히 자본이 한정되어 있는 신규 사업자들이 ISP에 의한 차별의 대상이 될 경우 기존 사업자를 대체할 경쟁의 기회를 초기부터 봉쇄당할 염려가 있다는 것이다.

사용자의 선택권과 개방성: 트래픽 또는 망 이용자 간의 차별적인 취급은 최종 사용자들

---

6) Andrea Renda, Antitrust, Regulation and the Neutrality Trap: A plea for a smart, evidence-based internet policy, CEPS Special Report (2015), pp. 2-4.

에게 제공되는 정보의 양과 질을 제한할 수 있고 이는 결국 사용자들의 선택권을 제약하는 것이므로, 중립성의 요구가 최종 사용자들이 희망하는 인터넷 콘텐츠에 대한 선택권의 보장에 이롭다는 논리다. 중립성은 또한 인터넷 이용자가 원하는 콘텐츠를 희망하는 시점에 제공하거나 받을 수 있도록 망에 대한 접근성(개방성)을 유지하기 위한 전제 조건으로도 거론된 바 있다.

　　다원주의와 표현의 자유: 다원적인 미디어 환경을 유지하고 표현의 자유를 보장하기 위한 수단으로서 중립성의 역할이 점차 강조되고 있다. 그 시작은 ISP가 다양한 이유로 특정 매체 또는 집단의 의사 표현을 과도하게 제약 내지 배제시킬 수 있다는 우려에 기초한 것이었다. 그런데 최근 들어 뉴스 또는 미디어 시장에서 플랫폼들의 영향력이 커지면서 특정 의견을 부당하게 배제하지 않는다는 소극적인 의미에서 벗어나 타인에게 해악을 가하거나 타인의 권익을 침해할 수 있는 표현에 대해 조치하는 것과 같이 미디어 콘텐츠의 편향성을 해소할 적극적인 의무로 해석하려는 시도들이 늘고 있다.

　　위에서 본 바와 같이 망중립성은 인터넷 아키텍처의 하부에 해당하는 통신망 기반 산업의 특수한 규제 논리로 발전되어 왔다. 그러다가 논의가 아키텍처의 상층부로 침투하기 시작하였고, 2010년 전후로 온라인 검색과 관련하여 '검색중립성(search neutrality)'이라는 개념이 등장한다. 이러한 검색중립성의 요구가 경쟁당국에 의해 경쟁침해의 관점에서 투영된 대표적 집행 사례가 바로 EU의 구글 쇼핑(Google Shopping) 사건이다.[7]

　　EU 구글 쇼핑 사건

　　유럽연합 집행위원회(European Commission, 이하 "EC")는 2017.7.27. 구글이 제3의 쇼핑 비교 서비스보다 자사의 쇼핑 비교 서비스를 부당하게 우대한 것이 일반검색 시장에서의 시장지배적 지위를 남용한 것이라는 이유로 24.2억 유로의 과징금을 부과하였다.

　　EC는 구글이 유럽연합의 전 국가의 일반검색 시장에서 압도적인 점유율을 보유하고 있다고 지적하면서 시장지배적 지위를 인정하였다. EC의 결정에 따르면 구글은 다음의 두

---

7) 해당 사건에서 EU 경쟁당국은 '검색중립성'을 명시적으로 언급하고 있지 않다. 그 배경에는 EU 경쟁당국이 '검색중립성'이라는 개념 자체의 경쟁법상 수용가능성과 타당성을 둘러싼 논란을 피하기 위한 의도가 있었다고 알려져 있다. 그런데 그 후에 입법된 EU의 디지털시장법 제6조 등에는 지정 플랫폼에 대한 이러한 중립성의 요구가 여러 조항에 실질적으로 반영된 것으로 평가할 수 있다.

가지 행위를 통해 일반검색 시장에서의 지배력을 별개 시장인 쇼핑 비교 서비스 시장에서 남용하였다.

- 구글의 쇼핑 비교 서비스의 검색 결과가 구글의 일반검색 알고리즘에 의해 연관성이 높다고 판단되는 검색 결과보다 상단에 게시되었는데, 이는 구글의 쇼핑 비교 서비스가 일반검색 알고리즘의 적용을 받지 않고 있음을 의미한다. 검색 결과의 순위(검색 페이지에서의 게시 위치)는 사용자들의 클릭/트래픽에 결정적인 영향을 미치는 관계로 이러한 취급은 일반검색 알고리즘의 적용을 받는 경쟁 쇼핑 비교 서비스보다 자사의 서비스를 부당하게 우대한 것이다.
- 구글의 쇼핑 비교 서비스와 달리 경쟁 쇼핑 비교 서비스들은 일반검색 알고리즘의 적용을 받았고, 그로 인한 검색 순위의 강등도 가능했다. 그 결과 경쟁 쇼핑 비교 서비스들은 후순위 페이지의 검색 결과로 게시되는 경우가 많았으며, 이는 경쟁 서비스에 관한 검색 결과가 사용자들에게 거의 노출되지 않았음을 의미한다.

EC에 따르면 이러한 구글의 행위로 인해 구글의 쇼핑 비교 서비스의 트래픽은 상당히 증가한 반면, 경쟁 쇼핑 비교 서비스들은 항구적인 (그리고 경우에 따라서는 급격한) 트래픽의 감소를 경험하는 등 행위로 인한 반경쟁적 효과가 관측되었으며, 동 행위는 유럽 소비자들의 진정한 선택권과 혁신을 저해하는 것이었다.

EC는 구글이 검색 결과를 도출함에 있어 자사의 쇼핑 비교 서비스와 경쟁 쇼핑 비교 서비스간에 검색 순위와 게시의 절차와 방법에 있어 "동등한 취급의 원칙(principle of equal treatment)"을 준수할 것을 요구하였으며, 이를 실현할 수 있는 조치를 취하도록 명하였다.[8]

구글은 그에 따라 자사의 쇼핑 비교 서비스를 독자적인 예산을 가진 독립 사업부로 개편하고 자사 서비스의 결과만 게시되었던 페이지 상단의 광고 자리를 입찰(경쟁자도 참여 가능)에 붙임으로써 자사의 서비스가 경쟁 서비스와 같은 위치에서 경쟁하도록 하는 개편을 단행하였다. EC는 구글의 위 조치로 인해 경쟁 상황이 일응 호전되고 있다고 자평하였다. 그러나 경쟁자들은 구글의 서비스가 내부 사업부인 이상 동등한 위치에서 경쟁한다고 말할 수 없고, 상단의 광고 자리를 두고 서로 경쟁적으로 입찰하게 만드는 것은 결국 자신들의 잠재적 수익을 구글에게 넘기는 것과 다름없다는 이유로 이를 비판하였고, 시정조치의 적절성과 실효성과 둘러싼 논란은 현재까지도 계속되고 있다.

---

8) 구글은 EC의 결정에 대해 EU법원에 항소 및 상고를 차례로 하였으나, EU사법재판소가 2024.9.10. 최종적으로 상고기각을 하면서 EC의 결정을 승인한 항소심의 결론이 확정되었다(European Court of Justice, Judgement of 10 September 2024, Google LLC and Alphabet Inc. v European Commission, Case C48/22 P).

검색중립성을 요구하는 입장에서는 검색 플랫폼에 대한 접근 및 이용 기회가 원칙적으로 모두에게 중립적으로(동등하게) 제공되어야 하므로, 구글이 자신의 서비스를 그와 경쟁하는 제3의 서비스와 다르게 취급(우대)하는 것은 이러한 요구에 위배되어 일견 부당하다고 생각할 수 있다. EC의 경우도 결정문에 중립성에 대한 명시적인 언급은 피하고 있으나, 경쟁 서비스에 대해 자사 서비스와 "동등한 취급"을 하라고 명한 것을 보면 이러한 시각이 엿보인다. 또한 이와 같은 동등한 취급을 요구한다는 것은 사실상 검색 플랫폼을 통신망과 같은 필수설비 내지는 그와 비견되는 경쟁에 필요한 핵심 요소(resource)로 판단한 것이라 할 수 있는데, 이 점도 망 관련 중립성에 대한 논의의 영향을 간접적으로 보여주는 것이다.

한편 미국 연방거래위원회(Federal Trade Commission, 이하 "FTC")도 2011년부터 구글의 유사 또는 동일한 행위에 대한 조사를 진행하였으나 소위 검색 편향성(search bias) 이슈에 대해서는 조치 없이 사건을 종결하였다. FTC는 구글의 행위들이 개별 경쟁자에게 해를 입혔을 수는 있으나 자신의 서비스를 개선하고 사용자들에게 혜택을 제공하는 혁신의 일환으로 정당화될 수 있다는 점을 종결의 주요 근거로 삼았다.[9]

중립성 논의를 검색 플랫폼에 적용해 본 것이 검색중립성이라면, 이를 디지털 경제에서 문지기(gatekeeper) 역할을 할 정도의 전략적 위치에 있는 일정한 플랫폼의 적극적인 의무로 확장하려는 시도가 있는 바, 그것이 바로 '플랫폼 중립성(platform neutrality)'의 개념이다.[10] 그리고 데이터와 알고리즘 기술을 활용하여 플랫폼 비즈니스를 영위하는 디지털 경제하에서는 플랫폼 중립성이 '알고리즘 중

9) U.S. FTC, Press Release, Google Agrees to Change Its Business Practices to Resolve FTC Competition Concerns In the Markets for Devices Like Smart Phones, Games and Tablets, and in Online Search (2013.1.3.), https://www.ftc.gov/news-events/press-releases/2013/01/google-agrees-change-its-business-practices-resolve-ftc. 사건이 종결된 이후인 2015년에 미 FTC 조사관들의 2012년 내부 검토보고서 중 일부가 WSJ에 유출되면서 FTC의 종결 결정이 과연 정당했는지에 대한 논란이 촉발되었다. 현재 구글의 검색시장에서의 독점화에 대한 미국 법무부(Department of Justice, 이하 "DOJ")와 개별 주들의 반독점 소송이 진행 중인데, 구글의 소위 자사우대행위에 대한 청구 부분은 연방지방법원에 의해 기각된 상태다.
10) Opinion no. 2014-2 of the French Digital Council on platform neutrality, Building an open and sustainable digital environment (2014.5), https://ec.europa.eu/futurium/en/system/files/ged/platformneutrality_va.pdf 등 참조. 프랑스의 디지털 위원회는 이러한 플랫폼 중립성을 통해 의견의 다원성과 문화적 다양성과 같은 가치를 추구할 것을 촉구하고 있다.

립성(algorithm neutrality)'으로 이어짐은 앞서 지적한 바와 같다. 중립성이 인터
넷의 하부 아키텍처에 위치한 특정 산업의 규제 논리에서 그 위치나 산업 유형과
상관없이 주요 플랫폼 사업자 일반에 대해 다양한 의무를 발동할 수 있는 근거
논리로의 진화를 시도하고 있는 것이다.

이러한 진화는 시장 환경의 변화와도 밀접한 관계가 있다. 망중립성 논의의
초기에는 시장에서의 위치가 확고해 보이는 ISP의 횡포로부터 이제 막 시장에
진입하는 OTT 사업자를 보호하려는 정책적 고려가 있었음은 앞서 살펴본 바와
같다. 그런데, 디지털 경제가 발전하면서 대규모 OTT 사업자가 등장하고 코드
끊기(cord-cutting) 등을 통해 시장간의 경계가 모호해지고 있을 뿐만 아니라,
그러한 OTT 사업자들이 발생시키는 대용량 트래픽의 처리와 비용 문제가 망 네
트워크의 업그레이드를 위한 지속적인 투자의 필요성과 맞물리면서 망을 여전히
지배하고 있는 ISP들의 지위가 전만큼 확고해 보이지 않는 것도 사실이다. 망 사
업자에게 요구했던 중립성을 이제는 상층부의 주요 플랫폼 사업자에게 동등하게
또는 더 광범위하게 요구하려는 시도는 이러한 시장 환경의 변화와 맞물려 있다.
디지털 경제의 규제 정책을 논함에 있어 빠르게 변화하고 있는 시장 환경과 기술
의 발전에 민감해야 함을 보여주는 대목이다.

III. 경쟁법과 중립성: 그 진실과 오해

이하에서는 앞서 살펴본 중립성 논의를 경쟁법의 관점에서 접근하여 경쟁법
이 중립성의 정책적 목표에 기여할 수 있는지에 관하여 검토하고자 한다.

먼저 구글 쇼핑 사건을 통해 조명되었던 검색중립성에 대해 살펴보자. 검색
서비스와 관련된 중립성의 요구는 경쟁의 보호라는 경쟁법의 목표와 긴장관계에
있다. 검색과 관련한 시장 경쟁의 핵심은 큐레이션(curation)에 있기 때문이다.
이해를 돕기 위해 아래의 전시 시장 사례를 살펴보자.

아트 전시(art exhibition) 시장에서 경쟁하는 두 미술관이 있다. 두 미술관은 최
근 대중 사이에서 인기를 끌고 있는 뉴트로(new-tro)를 테마로 하는 전시회를
같은 날 같은 시간에 각각 개최하기로 되어 있다. 미술관들은 그 날 보다 많은 관

람객을 자신의 전시관으로 유인하기 위해 (잠재적) 관람객들로부터 가장 흥미를
끌 수 있는 구체적인 뉴트로 주제들을 골라서 이를 조합하고, 또 그러한 기획 의
도를 가장 잘 구현할 수 있는 최적의 작품을 선정하는 한편, 예상되는 관람객의
연령과 배경 등을 고려하여 그들이 가장 이해하기 쉽고 감상하기 편하도록 작품들
의 배치 순서와 위치를 정하기 위해 고심한다. 기획자가 만일 다른 미술관과 그저
유사 동일한 전시회를 기획하려고 하거나, 객관적이고 보편성이 있다는 이유로 전
시 시장에서 종래 흔히 볼 수 있는 식상한 스타일과 방식을 만연히 채택한다면 결
과는 뻔하다. 관람객들은 다른 미술관으로 향할 것이다.

　　온라인 검색 시장도 이와 근본적으로 다르지 않다. 사용자들은 자신이 실제로
궁금해하거나 전에는 몰랐던 유용하고 흥미로운 검색 결과를 보기 편하고 이해
하기 쉬운 디자인으로 보여주는 검색 서비스로 모이기 마련이다. 이 경우 시장에
서의 경쟁은 어떤 질의에 대한 유일한 '답'을 찾아서 그대로 보여주는 데 있는 것
이 아니라, 질의를 한 사용자의 의도와 선호를 고려하여 보다 만족도가 높은 검
색 결과를 만드는 것을 핵심으로 한다. 다시 말하면 누구에게나 공통된 시험문제
의 정답을 맞히는 (따라서 동일한 정답을 적은 복수의 응시자가 있을 수 있는) 경쟁
이 아니라, 마치 미술관의 전시를 담당하는 큐레이터들이 뭔가 특별하고 차별화
된 전시를 기획하기 위해 서로 경쟁하는 것에 더 가깝다. 요컨대 온라인 검색 시
장에서의 경쟁은 검색 결과로 나타나는 정보의 큐레이션, 즉 편집을 누가 더 잘
하느냐의 경쟁이라고 말할 수 있다.
　　이처럼 경쟁의 요체를 편집의 기술로 본다면 중립성의 요구와 배치되는 측면
이 있음을 부인할 수 없다. 규제상의 의무로 중립성을 요구할 경우 감시 및 사후
적인 검증이 가능해야 하기 때문이라도 일반적이고 보편적인 기준에 기댈 수밖
에 없고, 이는 결국 특정한 기준(예를 들어 링크 개수에 기초한 연관성의 수준)을
사업자들에게 요구하고 그로부터 이탈하는 것을 문제 삼게 되어 차별화가 핵심
인 시장에서는 경쟁을 오히려 제한할 수 있다. 나아가 이러한 중립성의 요구는
차별화(편집)를 적극적으로 해야 성장할 수 있는 신규 사업자에게 불리한 측면이
있어 규제가 의도치 않게 진입장벽을 오히려 높일 우려도 있다.[11] 현재 온라인

---

11) 이와 별개의 문제로 플랫폼 사업자들이 과연 해당 관련시장에서 시장지배력적 지위에 있는지
　　다뤄질 수 있는데, 이는 단순히 검색 점유율 등으로 판단할 수는 없고 해당 사업자의 데이터

서비스들이 많은 경우 무료(명목상의 가격이 '0')로 제공되고 있는 관계로 사업자
들이 가격 경쟁보다는 서비스의 차별화를 통해 경쟁하고 있어 중립성과 경쟁 간
의 충돌이 검색 시장에만 제한될 것이라는 보장도 없다.

　　온라인 검색 시장에서의 중립성 규제는 집행상의 문제도 야기한다. 오늘날 온
라인 검색 서비스들은 모두 알고리즘 또는 이에 기반한 인공지능 시스템을 활용
하여 검색 결과를 제시하고 있는데, 규제의 준수 여부를 확인하기 위해서는 사업
자의 핵심 기술인 알고리즘을 규제기관이나 사법당국, 나아가 규제 위반으로 인
해 피해를 주장하는 원고(이에는 경쟁자도 포함될 수 있다)에게 일정 부분 공개해
야 하는 문제가 발생한다. 공개로 인한 문제를 어떻게 해결한다고 하더라도 규제
기관이나 사법당국의 입장에서 그러한 알고리즘을 분석하여 위법 여부를 판단할
기술적인 전문성을 갖추는 것도 쉽지 않고, 오판으로 인한 규제비용의 문제도 무
시할 수 없다.[12]

　　이처럼 적어도 경쟁법의 관점에서는 관련 산업 또는 시장의 특성과 상관없이
유력한 플랫폼 사업자라는 이유만으로 중립성을 하나의 보편적 원칙으로 요구하
는 것은 문제가 있음을 알 수 있다. 그렇다면 반대로 중립성의 요구는 경쟁법과
완전히 배치되는 것일까? 중립성을 둘러싼 논의가 플랫폼 중립성으로까지 번지
고 그 정책적 목표에 다원주의, 표현의 자유, 선거의 공정성과 민주주의 등과 같
은 비가격적인 목표들이 포함되는 것에 대해 일각에서는 중립성을 경쟁법의 위
법성 판단기준으로 포섭하거나 고려하는 것은 경쟁의 보호라는 법의 취지를 몰
각하고 경우에 따라서는 경쟁과 상충되는 목표를 추구하도록 함으로써 그 실효
성을 저해할 것이라고 우려한다. 그러면서 중립성 규제를 할 경우 경쟁법과 준별
하여야 한다고 주장한다.

　　시장이라는 옥타곤 안에서 치열한 싸움을 벌여야 하는 사업자에게 스포츠 경
기의 심판처럼 중립을 지키라고 요구할 수 없는 것처럼, 경쟁 자체가 중립성과
긴장관계에 있음은 앞서 살펴본 바와 같다. 그러나 중립성의 요구가 경쟁법과는

　　수집 경로의 배타성이나 알고리즘 기술의 수준 등을 함께 검토해야 하는 실증적인 문제다.
12) 우리나라 소비자들도 온라인 시장에서 정부의 실패에 대한 우려가 적지 않은 것으로 보인다.
　　예를 들어 논란이 되었던 실시간 검색어 서비스에 대한 설문조사에서 사용자들은 규제를 하
　　더라도 정부가 주체가 되기보다는 산업의 자율규제를 선호하는 것으로 나타났다(연합뉴스,
　　"포털 실시간 검색어, 입법보다 자율 규제가 바람직" (2019.10.25.), https://www.yna.co.kr/view/
　　AKR20191025100600017).

완전히 이질적인 것이라는 주장에도 쉽게 동의할 수 없다.

　우선 이론적으로 위에서 열거한 비가격적인 (또는 경제 논리와 친숙해 보이지 않는) 목표들도 시장 참여자들이 가치 있게 생각하여 거래를 함에 있어 고려한다면 경쟁의 과정을 통해 얼마든지 실현 내지 강화될 수 있다. 사용자들이 편향된 콘텐츠를 제공하는 서비스를 저열하게 평가하거나, 프라이버시를 중요한 품질 요소로 고려하는 시장에서는 그러한 소비자들의 선호에 부응하기 위한 치열한 경쟁이 보다 다원적인 언론이나 프라이버시를 촉진할 수 있는 것이다. 다만 경쟁법을 집행함에 있어서는 이러한 정책적 목표들이 경쟁을 통해 궁극적으로 실현된다는 점을 유의해야 하고, 반대로 해당 정책적 목표를 추구한다는 명목하에 경쟁을 저해하는 방식으로 법을 집행하거나 법의 보호 대상을 경쟁이 아닌 다른 가치로 만연히 대체 또는 치환해버리는 잘못을 범해서는 안 될 것이다.

　한편 실무적으로 경쟁법의 집행에 있어서도 중립성의 고려가 전혀 없었던 것도 아니다. 중립성의 핵심 요구 중 하나가 비차별성(non-discrimination)인데, 경쟁법에서도 일정한 조건이 갖춰질 경우 거래상대방의 차별적인 취급을 금한 경우를 쉽게 찾아볼 수 있다. 그 대표적인 예가 거래거절 사건의 특수한 경우라고 할 수 있는 소위 필수설비(essential facility) 사안들이다. 필수설비 이론은 유효한 경쟁이 이루어지기 위해 그 활용이 반드시 필요한 경쟁 자산을 어떤 사업자가 실질적으로 독점하고 있는 경우, 경쟁자에게 그러한 자산을 스스로 창출하는 것을 경제적으로 기대하는 것이 어렵고 시장에서 유효한 대체품도 존재하지 않는다면 그러한 자산을 필수설비로 평가한다. 그리고 이를 지배하는 사업자가 경쟁자 또는 제3자의 필수설비의 이용을 거절하거나 제한함으로써 경쟁을 제한하는 경우에는 거래거절을 해야 할 정당한 사유가 있고 그로 인한 친경쟁적 효과가 거절로 인한 반경쟁적 효과를 상회하지 않는 한 경쟁법 위반으로 보고 경쟁자 등이 필수설비에 접근하는 것을 허용하도록 요구한다. 동 이론에 대해서는 법정책적으로 논란이 없지 않으나, 우리나라 실무에서도 활용되고 있는 이론이다.

　경쟁법 집행자는 이러한 필수설비 사안에서 두 개의 목표를 저울질하게 된다. 하나는 해당 설비의 창출을 위한 초기투자 유인의 보호. 경쟁자가 규제당국에게 이에 접근할 수 있도록 도와달라고 요청하고 있다는 것에서 해당 설비의 경제적 가치가 높다는 점을 알 수 있고, 사회의 입장에서는 그런 자산이 세상의 빛을 볼 수 있도록 그에 필요한 초기투자가 이루어지는 것이 무엇보다 중요하다. 해당 설비가 존재해야만 법 집행의 대상이 생기기 때문이다. 한편 해당 설비가 일단 창출되고 나면 그러한 설비를 이용한 후속경쟁이 가능한 한 활발한 것이 사회적으로 바람직하다는 것도 부인할 수 없다. 경쟁법은 이 두 마리의 토끼를 잡아야 하는 입장인 것이다.

혹자는 일단 사업자가 해당 설비를 창출하고 나면 이를 다른 경쟁자와 공유하도록 하면 되지 않느냐고 생각할지도 모른다. 그러나 이는 매우 위험한 생각이다. 실패의 가능성과 투자로 인한 리스크를 부담하면서 세상에 없는 유용한 설비를 창출한다는 것은 쉬운 일이 아니다. 보통 이러한 위험한 투자는 성공 후의 과실에 대한 기대가 사회적으로 보장되어야만 감행할 수 있다. 그리고 그러한 과실의 수준 또한 높은 리스크(비용)를 상쇄하고 난 이후에도 투자를 감행할 정도의 이윤을 취할 수 있는 정도가 되어야 할 것이다. 따라서 해당 설비의 창출 후 사업자가 그 이용에 여하한의 제한을 가할 수 없거나 가격남용이라는 이유로 투자비용을 회수하고도 남을 정도의 이용가격을 부과하지 못하도록 하는 것은 사회적으로 유용한 자산의 창출 유인을 저해하는 반경쟁적인 정책이라 할 수 있다. 이러한 창출 유인의 저감은 해당 사업자에게만 나타나는 것이 아니다. 법의 집행은 향후에 있어 시장에 계고 효과가 있기 때문에 특정 사업자에 대한 잘못된 법집행은 그러한 투자를 고민하고 있는 다른 사업자들의 창출 유인에도 부정적인 영향을 미친다. 경쟁자의 경우에도 마찬가지다. 위험천만한 시도를 감행하는 것보다는 다른 사업자가 리스크를 안고 해당 설비를 창출하기를 기다렸다가 나중에 규제기관의 도움을 받아 그 설비를 이용하는 것이 보다 경제적일 수 있기 때문이다. 사회적으로 보았을 때에도 해당 설비 하나만 존재하는 것보다는 대체 가능한 다른 혁신적인 설비들이 계속 창출되면서 설비를 둘러싼 경쟁이 촉진되는 것이 더 바람직할 것이다. 결국 경쟁법의 입장에서는 창출을 위한 투자 유인과 해당 설비를 이용한 후속 경쟁간의 형량이 필요하다. 해당 설비의 창조 및 이를 둘러싼 혁신으로 인한 사회적 효익과 이를 이용한 후속경쟁을 통한 사회적 효익을 각각 살펴보고, 그러한 효익이 극대화될 수 있도록 기준을 정하고 법을 집행하는 것이 올바른 경쟁법 정책이다. 당연한 것이지만 이는 쉬운 작업이 아니고, 오판의 위험 또한 적지 않다.

그런데, 이러한 판단을 내림에 있어 사업자가 해당 설비의 이용 여부를 거래상대방이 자신과 경쟁하는지 여부에 따라 달리하는, 즉 거래상대방 간에 차별하는지 여부가 하나의 유용한 기준이 될 수 있다. 그 이유는 다음과 같다. 우선 사업자가 법의 개입 없이 현재도 제3자에게 해당 설비의 이용을 허용하고 있다는 사실에서 사업자가 투자 감행 시점에서 거래를 강제 당할 수 있음을 알았더라도 해당 설비를 창출했을 것이라는 추론이 가능하다. 따라서 거래 강제로 인한 창출 유인의 감소에 대한 우려는 낮아진다. 한편 사업자가 자발적으로 해당 설비의 이용을 허용하고 있다는 사실에서 그러한 이용이 거래상대방 양측 모두에게 경제적으로 효율적이라는 점도 확인된다. 그런데, 사업자가 이러한 효율성에도 불구하고(즉, 이윤을 창출할 수 있음에도 불구하고) 자신과 경쟁한다는 또는 할 것이라는 이유로 특정 상대방에게만 차별적으로 거래를 거절하는 것은 친경쟁적이라고 말하기 어렵다. 이런 방식으로 경쟁을 제한하는 거래거절에 대해서는 경쟁법이 개입함으로써 설비 창출의 유인을 크게 해하지 않으면서 그 설비를 이용하는 거래상대방 간 또는 거래상대방과 해당 설비를 지배하는 사업자 간의 후속경쟁을 보호할 수 있다.[13] 이 경우 경쟁법은 필수설비를 지배하는 사업자에게 자신과 경쟁한다는 이유로 거래상대방간에 부당한 차별을 하지 못하도록 함으로써 해당 설비의 이용을 둘러싼 중립성(차별적 취급의 금지)의 증진에 기여하게 되는 것이다.

플랫폼 중립성과 관련해서도 사업자가 자신의 플랫폼을 이용하는 상대방 간에 차별적 취급을 하고, 그러한 차별적 취급(거래제한)의 주된 이유가 상대방이 해당 사업자와 경쟁 관계에 있기 때문이며, 그러한 차별을 통해 별다른 친경쟁적인 효과가 기대되지 않을 경우 경쟁법은 이와 같은 부당한 차별을 금지함으로써 플랫폼의 중립성 확보에 기여할 수 있을 것이다. 다만 이 경우에도 정책 입안자 혹은 규제당국이 유념해야 할 것들이 있다.

첫째, 위 논의는 문제되는 플랫폼이 소위 필수설비에 해당할 정도로 관련 시장에서 필수불가결한 경쟁 자산인 경우를 전제한 것이다. 만일 경쟁자들이 그러한 자산을 자체적으로 창출하거나 제3자로부터 대체재를 구할 수 있다면 해당 플랫폼(또는 서비스)은 필수설비가 아닐 것이다. 통신망과 달리 오늘날 플랫폼 서비스는 대규모 초기투자 비용 없이 구축 가능한 것이 보통이다. 따라서 특정 플랫폼 또는 그 하부 서비스 등을 필수설비라고 손쉽게 단정해서는 아니 된다. 플

---

13) 규제당국이 거래를 강제하는 경우 하나의 큰 부담은 합리적으로 거래조건이 설정되는지 감독하는 것이다. 그런데, 제3자와 이미 거래가 이루어지고 있는 경우에는 이를 시장가격으로 보고 참고하면 되므로 규제비용이 상당히 경감된다.

랫폼에 관한 특수 규제를 모색해야 한다고 주장하는 쪽에서도 경쟁 과정에서 필수불가결성(indispensability)을 가지는 플랫폼만 규제 대상이 되어야 한다고 말한다. 그리고 디지털 경제의 혁신을 저해하지 않기 위해서 이러한 필수불가결성은 실증적 증거를 바탕으로 엄격하게 판단하는 것이 타당할 것이다.

둘째, 해당 플랫폼이 필수불가결하다고 하더라도 플랫폼 이용자 간의 차별과 플랫폼 사업자 자신과 이용자간의 차별은 구분해서 생각해야 한다. 전자는 앞서 살펴본 바와 같이 일정한 조건 하에서 경쟁법의 개입이 정당화될 수 있다. 그런데, 후자의 경우는 반드시 그렇지는 않다. 설비를 창출한 후 제3자에게는 전혀 제공하지 않고 자신의 서비스에만 활용하고 있는 사업자가 있는 경우 제3자와의 거래를 강제한다면 전자와 달리 설비 창출의 유인이 저해되지 않는다고 바로 추론할 수 없다. 설비 창출을 위한 투자를 할 당시 기업 내부적으로만 사용할 수 있을 것이라는 전제하에 투자를 감행했을 수 있기 때문이다. 즉, 거래상대방 간의 차별이 아닌 자신과 타인 간의 차별은 구별해야 한다. 물론 후자의 경우에도 거래강제가 초기투자 유인에는 큰 영향이 없는 반면에 후속경쟁으로 인한 기대 효익이 상대적으로 매우 클 경우 경쟁법의 개입을 고려해 볼 여지는 있을 것이다. 그러나 이 경우에도 자신과 타인간의 중립성의 요구가 결과적으로 플랫폼 사업자의 하류 또는 인접시장으로의 신규 진입 내지 그런 시장에서의 경쟁을 억제하는 방식으로 집행되지 않도록 유의해야 할 것이다.[14]

셋째, 플랫폼 사업자가 (잠재적 혹은 현재적) 경쟁자라는 이유로 거래상대방 간에 차별을 했다는 사실은 위법성 판단의 필요조건일 뿐 충분조건은 아니라는 점에 유의해야 한다.[15] 그런 경우에도 차별행위가 경쟁에 미치는 효과를 아울러 살펴보아야 하고, 반경쟁적 효과가 친경쟁적 효과를 상회하는 경우에만 위법하다는 판단을 내리게 될 것이다. 이는 당연히 실증적으로 검토되어야 할 것이다.

넷째, 경쟁법이 추구하는 이상적인 플랫폼 시장의 모습을 생각해 보면 다양한

---

14) 우리나라의 경우 재벌의 문어발식 경영과 확장에 대한 트라우마가 있는 관계로 시장지배적 사업자의 시장 진입을 배격시하기도 한다. 골목상권 논쟁이 바로 그 예다. 그러나 시장진입 자체를 막기보다는 후속경쟁을 유지하거나 활성화할 수 있는 방안이 없을지 우선 살펴보는 것이 더 바람직할 것이다. 물론 시장력을 갖춘 사업자의 시장진입 목적이 실제로는 자신의 주력 시장에 대한 잠재적 경쟁자를 사전에 축출하는 등 경쟁의 싹을 제거하려는 시도로 판단된다면 경쟁법이 개입할 수 있을 것이다.

15) Einer R. Elhauge, Defining Better Monopolization Standards, 56 Stan. L. Rev. 253, 305－314 (2003).

플랫폼들이 사용자들의 선호에 맞춰 알고리즘과 이에 기반한 인공지능 시스템을 개발하고 다양한 기능과 서비스를 제공하면서 차별화를 통한 치열한 경쟁을 벌이는 모습일 것이다. 경쟁법은 부당한 차별을 금지함으로써 이러한 이상의 달성에 기여할 수 있으나, 경쟁법이 중립성 규제의 목적 달성을 위해 오히려 위와 같은 이상에 역행하는(특히 초기투자의 유인 저해) 일은 없어야 할 것이다.

다섯째, 경쟁법과 별개의 특별 규제로 플랫폼 중립성을 요구하는 경우에도 플랫폼의 책임 문제와 조화시킬 필요가 있다. 플랫폼에 엄격한 중립성을 요구한다면 플랫폼 위에서 이루어지는 이용자들의 행위에 대한 개입(내지 제한)을 최소화해야 할 터인데, 그에 맞춰 이용자들의 행위에 따른 플랫폼의 책임도 경감되어야 할 것이다. 반대로 적극적인 감독 의무와 플랫폼의 책임을 인정한다면 그에 맞춰 중립성의 요구는 완화되는 것이 맞을 것이다. 개입과 중립성은 이처럼 긴장관계에 놓여 있기 때문이다. 아울러 규제를 통해 플랫폼에게 일정한 의무를 부담시키는 경우에도 그러한 의무를 성실하고 적극적으로 수행할 경우 플랫폼 이용자의 행위에 대한 플랫폼 자신의 책임을 한정하거나 면제시키는 방안을 함께 고려하여 규제 준수의 유인을 높이는 것이 바람직할 것이다.

마지막으로 중립성의 요구가 미디어의 다원주의나 언론의 편향성 해소를 달성하는 데 한계가 있음을 인식할 필요가 있다. 예를 들어 뉴스 플랫폼이 중립적이기 위해 편집을 가급적 자제해야 한다면 가장 손쉬운 대안은 이용자의 객관적인 선호에 맞춰 (인기) 뉴스를 제공하는 것이다. 그러나 이는 이용자들의 내재적 편향성을 어느 정도 따르는 것이 되므로 다원주의나 편향성 해소에 기여하는 데 한계가 있다. 그와 달리 모든 매체의 뉴스를 일률적으로 동등하게 취급하도록 하는 방법도 있을 것이다. 그러나 이는 보도의 품질 등에 기초한 뉴스 매체 간 능률경쟁을 사실상 봉쇄한다는 단점이 있다. 이 문제는 결국 규제별로 달성되는 구체적인 목표간에 우열을 따지고 형량을 함으로써 해결해야 할 것이다.

IV. 결론

통신망 사업자에 대한 특수한 규제 논리로 출발한 중립성 논의는 시장 환경의 변화에 맞춰 망중립성에서 검색중립성으로, 그리고 그 후에 대규모 플랫폼 일반에 대한 중립성의 요구로 진화해 왔다. 그 과정에서 경쟁법은 중립성을 관철하기 위한 규제 도구 중 하나로 동원되거나 거론되고 있다. 그런데, 검색중립성의 경우에서 보듯 관련 산업 또는 시장의 특성에 따라 때로는 중립성의 요구가 경쟁을 오히려 제약하거나 심지어 그와 충돌할 수도 있다. 따라서 경쟁법을 중립성 규제의 도구로 활용하기에 앞서 경쟁의 보호라는 법의 목적이 저해되지 않도록 주의할 필요가 있다.

그렇다고 하여 중립성의 요구가 경쟁법과 전혀 무관하거나 그에 완전히 배치되는 것은 아니다. 경쟁법은 사업자가 필수설비에 해당하는 자신의 자산에 대한 접근을 허용함에 있어 거래상대방이 자신과 경쟁한다는 이유로 다른 거래상대방과 비교하여 부당하게 차별하는 것을 금지한다. 이러한 범위 내에서는 경쟁법의 적용이 플랫폼의 중립성을 달성하는 데 기여할 수 있을 것이다. 다만, 이 경우에도 문제되고 있는 플랫폼이 필수설비에 실제로 해당하는지, 그리고 차별적 행위로 인한 반경쟁적 효과가 주장되는 친경쟁적 효과를 상회하는지를 신중하게 검토해야 한다. 특히 플랫폼 사업자가 거래상대방 중 한 쪽을 차별하는 경우와 사업자 자신을 제3자와 비교하여 우대(차별)하는 경우를 구별하여 사회적으로 유용한 서비스나 자산에 대한 초기투자 유인이 과도하게 제약되지 않도록 유의해야 할 것이다.

한편 경쟁법과 별개로 중립성 규제를 고려하는 경우에도 플랫폼 사업자에게 부과하는 의무와 사업자의 책임 문제가 조화롭게 접근되도록 노력해야 할 것이며, 플랫폼에 대한 중립성 규제가 민주주의의 실현에 기여할 수 있는 범위와 내재적 한계를 명확히 인식하여 합리적인 규제 정책을 펼쳐야 할 것이다.

[참고문헌]

1. 국내문헌

미국 연방하원 사법위원회(반독점법, 상법 및 행정법 부속위원회), 「디지털 시장의 경쟁에 대한 조사(Investigation of Competition in Digital Markets)」 보고서 (2022. 7.)

연합뉴스, "포털 실시간 검색어, 입법보다 자율 규제가 바람직" (2019.10.25.)

임용, 이수진, 이혜승, 「온라인 플랫폼의 규제 – 글로벌 현황과 트랜드 분석」, DAIG 창간호, 서울대 인공지능 정책 이니셔티브 (2020. 12)

황용석, 알고리즘 중립성 논의할 때, 한겨레 [미디어 전망대] (2016.5.23.)

2. 해외문헌

Einer R. Elhauge, Defining Better Monopolization Standards, 56 Stan. L. Rev. (2003)

Andrea Renda, Antitrust, Regulation and the Neutrality Trap: A plea for a smart, evidence–based internet policy, CEPS Special Report (2015)

Opinion no. 2014–2 of the French Digital Council on platform neutrality, Building an open and sustainable digital environment (2014.5.)

Stigler Center (Univ. Chicago), Committee for the Study of Digital Platforms, Draft Report (2019.5.15.)

U.K., Unlocking digital competition, Report of the Digital Competition Expert Panel (2019.3.)

European Court of Justice, Judgement of 10 September 2024, Google LLC and Alphabet Inc. v European Commission, Case C48/22 P

Michael, Liedtkeap, US regulators seek to break up Google, forcing Chrome sale as part of monopoly punishment, AP (2024.11.22.)

U.S. FTC, Press Release, Google Agrees to Change Its Business Practices to Resolve FTC Competition Concerns In the Markets for Devices Like Smart Phones, Games and Tablets, and in Online Search (2013.1.3.)

제 4 장

플랫폼 자사우대 규제와 비교법적 접근
– 현상과 과제를 중심으로

정재훈

제 4 장

플랫폼 자사우대 규제와 비교법적 접근
-현상과 과제를 중심으로-*

- 정재훈** -

다면플랫폼의 자사우대가 독점규제 및 공정거래에 관한 법률(이하 '공정거래법'이라고 한다) 집행에서 현안이 되고 있는 상태에서, 플랫폼 자사우대 규제의 비교법적 검토는 무엇보다 필요한 과제라고 할 수 있다. 이미 필자는 자사우대와 관련하여 '자사우대의 현상적, 규범적 특성, 자사우대의 범위, 자사우대와 지배력 전이 및 차별행위, 자사우대와 이윤압착, 자사우대와 필수설비 이론, 자사우대의 경쟁제한성 평가 기준, 자사우대의 행위로서 중첩성' 등을 선행 문헌에서 언급한 바 있다.[1] 아래에서는 선행문헌에서 논의되지 않은 부분을 중심으로 자사우대에 대한 비교법적 접근에 있어 고려해야 할 과제를 서술한다.

1. 경쟁법의 분산(分散, divergence)과 자사우대의 함의

디지털 시장법은 경쟁법 규제에 사전규제를 접속함으로써 기존 경쟁법 규제의 방식을 넘어서고, 오랫동안 전세계적으로 수렴되던 추세를 보인 효과주의 내지 효과 기준(effect−based approach)을 벗어나는 규제를 경쟁법의 명목하에 창설하였다는 점에 특징이 있다. 미국에서 새로운 입법 시도가 성과를 거두지 못한

---

　* 이 글은 2023. 5. 12. 개최된 서울대 경쟁법센터 2023년 제2차 법정책세미나 "경쟁법상 플랫폼 자사우대: 무엇이 핵심인가?"에서 필자가 토론한 내용을 보완하여 작성되었다.
　** 이화여자대학교 법학전문대학원 교수, 법학박사.
　1) 정재훈, "공정거래법상 자사우대에 대한 이해와 접근", 이봉의 편집, 「공정거래법상 온라인 플랫폼의 자사우대」, (박영사, 2023), 95~112면

것에 비하여, 유럽연합은 디지털 시장법을 도입함에 따라 경쟁법 집행에 있어 종전에 경험하기 어려웠던 제3의 길을 열었다고 평가할 수 있다. 그로 인하여 2000년대 초반 수렴하던(convergence) 경향을 보이던 대서양 양안의 차이(Atlantic Divide)가 크게 벌어지는 전기(轉機)를 맞은 것으로 볼 수 있다. 이런 상황에서 한국의 경쟁법은 전세계적인 흐름 속에서 어떤 방향에서, 어떤 방식으로 경쟁법 집행을 해야 할지 중요하면서 고민스러운 선택의 문제에 직면했다고 볼 여지도 있다.

새로운 입법의 측면, 현행 제도하에서 경쟁제한성 판단의 측면, 그리고 시정조치를 포함한 집행의 측면에서, 디지털 시장법이 한국의 경쟁법에 주는 시사점이 크다는 점을 부정하기 어렵다. 그러나 디지털 시장법과 한국의 경쟁법의 관계는 여기에 그치지 않고, 경쟁법의 분산(分散) 시기에 한국이 어떤 선택을 할지의 측면에서 중요한 의미를 가진다는 점에 주목할 필요가 있다.

2. 자사우대에 대한 이해와 접근의 출발점

자사(自社)우대(優待)란 온라인 플랫폼 사업자가 자사 온라인 플랫폼에서 자사의 상품 또는 서비스를 경쟁사업자의 상품 또는 서비스 대비 유리하게 취급하는 행위를 말한다. 자사우대는 온라인 플랫폼 사업자가 자사의 상품 또는 서비스를 경쟁사업자의 상품 대비 우선적으로 노출하는 등 직접적으로 우대하는 행위뿐만 아니라, 자사와 거래하는 온라인 플랫폼 이용사업자의 상품 또는 서비스를 그렇지 않은 이용사업자의 상품 또는 서비스 대비 우선적으로 노출하는 등 간접적으로 우대하는 행위도 포함한다.[2] 공정거래법상 자사우대는 시장지배적 지위남용으로서 차별적 취급[3] 또는 불공정거래행위로서 차별적 취급[4]이 적용될 수 있다.

이러한 자사우대 규제론은 한국은 물론 전세계적으로 디지털 경제로 전환이 빠른 속도로 이루어지며 온라인 플랫폼 중심의 경제구조가 심화되는 과정에서, 시장을 선점한 시장지배적 플랫폼이 신규 플랫폼의 시장진입을 경쟁제한적인 방

---

2) 온라인 플랫폼 사업자의 시장지배적지위 남용행위에 대한 심사지침(2023. 1. 12. 공정거래위원회 예규 제418호) III. 2. 다.
3) 공정거래법 제5조 제1항 제3호, 시행령 제9조 제3항 제4호, 시장지배적 지위 남용행위 심사기준 중 "자사 또는 다른 거래상대방 대비 가격 또는 거래조건을 부당하게 차별하는 행위"
4) 공정거래법 제45조 제1항 제2호, 시행령 제52조 별표 2

법으로 방해하며, 시장지배력을 인접 시장이나 연관 시장으로 확장하여 경쟁이
제한될 우려가 높다는 점을 배경으로 하고 있다.[5] 이러한 현상은 유럽연합의 구
글 쇼핑 사건을 통하여 경쟁법적 논쟁이 확산되었으며,[6] 한국에서도 자사우대를
다룬 네이버 쇼핑 사건에 대한 공정거래위원회의 판단 및 이에 대한 서울고등법
원 판결, 카카오 모빌리티 사건에 대한 공정거래위원회 판단 등이 있었으며, 최
근 시행된 '온라인 플랫폼 사업자의 시장지배적 지위 남용행위에 대한 심사지침'
에도 자사우대에 대한 규율이 포함되어 있다.

그런데, 공정거래법상 자사우대 문제에 대한 합리적이고 유효한 접근과 그에
따른 집행이 가능하기 위하여 다음과 같은 문제를 객관적이고 균형 잡힌 시각으
로 검토할 필요가 있다.

첫째, 자사우대는 어떤 특성을 가지고 있으며, 무엇이 자사우대의 범위에 포
함되는지에 대한 논의이다. 이는 자사우대 규제의 전제를 어떻게 획정해야 할 것
인지의 문제이다. 둘째, 기존에 논의되던 행위유형인 지배력 전이, 차별행위, 이
윤압착, 필수설비 등과 자사우대는 어떤 접점을 가지고 있는지에 대한 논의이다.
이는 경쟁법적 시각에서 자사우대의 정체성을 어떻게 이해해야 하는지에 대한
문제이다. 셋째, 자사우대의 경쟁제한성은 어떻게 논증되어야 할 것인지의 문제
이다. 이는 기존의 경쟁제한성 판단 기준이 자사우대의 국면에서 어떻게 적용되
어야 하는지의 문제이다. 동시에 어떤 자사우대가 경쟁법상 금지되어야 하는지의
문제이다.

주지하다시피, 자사우대는 기존의 남용행위 유형 어느 하나로 보기 어려운 유
형으로, 다양하고 복잡한 쟁점을 가지고 있고 종합적인 접근이 필요한 문제이다.
또한, 역동적으로 변하는 시장 속에서 플랫폼 산업의 본질적인 속성과 맞물려 지
속적으로 발생하고 있고, 다양한 시장과 비즈니스 모델에서 문제되고 있다.

이러한 자사우대의 특성에 비추어 사안별 발생할 수 있는 집행의 편차가 발
생하지 않도록 유의해야 한다. 어떤 행위가 법위반이 의심되는 자사우대인지, 그
경우 경쟁제한성을 어떤 수준으로 심사하여 법위반을 판단할 것인지에 대하여
일관된 기준이 필요하다. 사실관계의 차이를 고려하더라도 집행과정에서 사건별

5) 공정거래위원회 2023. 1. 12. 보도 자료 "온라인 플랫폼 독과점 심사지침 제정·시행"
6) 장품·박상진, 플랫폼 사업자의 자기우대 규제-EU 구글쇼핑 사건을 중심으로, 플랫폼 경쟁
법, 박영사, 2021, 55-69면.

또는 조사담당자별로 그 편차가 클 경우 시장에 불필요한 혼란이 발생할 수 있다. 특히 플랫폼마다 상당한 차이가 존재하는 점에 비추어 이러한 우려는 더 커진다. 물론 이러한 편차는 여러 사건을 거치면서 장기적으로 자연스럽게 해결될 수도 있으나, 그러한 과정에서 집행오류와 예측불가능성으로 인한 비용이 상당히 클 수 있다.

따라서 선례가 누적된 시장지배력 남용행위에 대한 집행에 비하여, 자사우대 사안에서 집행을 담당하는 경쟁당국의 고도의 균형감각과 지혜로운 판단, 그리고 그 일관성이 요청된다. 자사우대 중 경쟁제한성이 드러나는 행위를 선별하여 정확하게 집행하여 시장에 메시지를 던지는 작업이 필요한 이유가 여기에 있다.[7]

3. 자사우대와 이익충돌의 문제

이익충돌의 문제는 회사법에서 자주 논의되고 있다. 다만, 공정거래법은 이러한 이익충돌의 문제를 부당한 지원행위의 연장선상에 있는 사익편취 방지에 착안하여 공정거래법 제47조의 특수관계인에 대한 이익제공 중 '회사 기회의 유용, 즉 회사에 상당한 이익이 될 사업기회를 제공하는 행위'의 형태로 입법하였다. 다만, 이 규정은 공정거래법 제47조가 입법된 특수한 배경, 즉 기업집단에서 발생하는 'tunneling' 문제를 방지하기 위한 조항이므로, 공정거래법 전반이나, 특히 전통적인 경쟁법 영역으로 일반화하기는 어렵다.

이와 달리 전통적인 경쟁법 역영에서 문제되는 자사우대의 상황에서 상법상 논의되는 이익충돌이나 공정거래법 제47조가 우려하는 특수관계인에 대한 사익편취 문제를 연상하기는 쉽지 않다. 플랫폼 산업에서 제기되는 자사우대는 이례적인 탈법행위나 위법행위의 연장선상에서 발생하는 것이 아니라 역동적으로 변하는 시장 속에서 다양한 수익모델을 창출하기 위한 플랫폼 산업의 본질적인 속성에서 비롯되는 상행위적 성격이 강하기 때문이다.

이 점에서 미국에서 논의된 플랫폼의 규제 원리로서 이익충돌의 법리가 한국 공정거래법에서는 어떤 방식으로 구체적으로 반영될 수 있을지, 여기에 더하여 이익충돌을 내용으로 하는 새로운 구성요건을 입법적으로 창출할 수 있을 것인지, 또는 이러한 이익충돌 여부가 경쟁제한성이나 공정거래저해성 판단에 어떻게 반영될 수 있을지 문제 등에 논의가 선행될 필요가 있다.

---

7) 이와 달리 자사우대 규제를 실적 위주로 접근한다면 합리적 선별 기능은 작용하기 어렵게 된다.

4. 자사우대와 FRAND 확약의 법리

자사우대와 필수설비 이론의 문제는 기존에 논의된 바 있다.[8] 그런데, 디지털 시장법은 그 규제에 있어 필수설비와 FRAND 확약의 법리와 상당 정도 유사성을 보이고 있다는 점에 주목할 필요가 있다. Core Platform Service는 전통적인 필수설비와 상당한 차이가 있고, 표준필수특허의 안전판으로 작용하던 FRAND 확약의 법리도 표준필수특허는 물론 특허권과도 상당한 거리를 두고 있는 플랫폼 분야에 친숙하지 않다는 점에서 이는 상당한 의미를 가지고 있다. 예를 들면, 게이트키퍼의 랭킹, 검색, 클릭 데이터에 대하여 다른 검색엔진 사업자에게 접근청구권을 부여하는 문제, 자사우대에서 순위를 정함에 있어 FRAND 유사 의무를 부과하는 문제 등이 이에 해당한다.

그런데 필수설비의 문제는 논외로 하더라도, FRAND 확약과 그에 따른 의무는 표준의 생성 과정에서 향후 발생할 남용행위를 방지하기 위하여 생성된 법리로 플랫폼 사업자에 대하여(비록 Core Platform Service를 담당하는 거대 플랫폼 사업자라고 하더라도) 적용하는 것은 상당한 논리적 비약이고 그로 인하여 과도한 법집행의 우려가 높다는 지적을 받을 수도 있다. FRAND 의무는 특허권자 자신이 사전에 확약한 의무를 준수한다는 공적 약속과 그에 따른 신의에 바탕을 두고 있는데, 이러한 의무를 플랫폼 사업자에게 부과할 만한 선행행위를 찾아보기 어렵다는 점에서도 그렇다.

이러한 준(準) 또는 유사(類似) FRAND 의무의 부과의 정당성, 이러한 의무 부과가 유럽연합의 경쟁법 집행에 어떤 영향을 미칠지, 그리고 그로 인하여 예상되는 성과와 문제점은 여전히 진행 중인 문제이다. 이러한 문제는 유럽연합 내부의 문제에 그치는 것이 아니라 한국을 포함한 경쟁법 집행의 전체 지형에서 상당히 중요한 의미를 가지게 된다.

최근 유럽사법재판소 재판연구관은 이탈리아 법원의 Google Android Auto 사건에 대한 선결적 판결 사건[9]에 대하여 의견서를 발표하면서 시장지배적 플랫폼 사업자가 독점적 사용을 위하여 개발한 것이 이나라 제3개발자의 앱에서도

---

8) 정재훈, "공정거래법상 자사우대에 대한 이해와 접근", 이봉의 편집, 「공정거래법상 온라인 플랫폼의 자사우대」, (박영사, 2023), 104, 105면.

9) Case C 233/23, Request for a preliminary ruling from the Consiglio di Stato (Italy) lodged on 13 April 2023 —Alphabet Inc., Google LLC and Google Italy Srl v Autorità Garante della Concorrenza e del Mercato

발전되도록 고안한 상품 또는 서비스에 대하여는 종래 필수설비에 대한 유럽연합의 판결이 적용되지 않고, 제3자에 의하여 개발된 앱에 대한 접근을 방해하거나 지연시키는 행위는 시장지배적 지위 남용행위가 될 수 있다는 의견을 개진하였다. 이는 플랫폼 산업에서 종래 필수설비 이론이 그대로 적용되지 않고, 경쟁제한효과가 인정될 가능성을 높게 보았다는 점에서 시사점을 갖는 것으로 보인다.

5. 자사우대와 인공지능

인공지능의 사용과 경쟁법적 규율 문제는 최근 활발하게 논의되고 있다. 인공지능이라는 '현상'과 경쟁법이라는 '규범' 사이의 뚜렷한 접점으로 데이터, 알고리즘, 플랫폼 등을 들 수 있다. 물론 이 세 분야는 기존에 경쟁법에서 자주 논의되던 분야이지만, 인공지능을 매개로 이러한 세 요소가 동시에, 그리고 종합적으로 가동된다는 점에 그 특징이 있다.

한편, 인공지능은 경쟁법 측면에서 새로운 남용을 만드는 것이 아니라 종래 존재하던 문제를 심화하는 것으로 평가할 수 있다. 인공지능은 기존에 문제되던 남용행위 유형을 그 시행방법에서 더 정밀하게 할 수 있도록 한다. 더불어 종래 이론상으로만 가능하고 현실적으로 실행하기 어렵던 남용행위를 가능하게 할 수 있다. 이는 가격차별, 약탈적 가격, 가격 남용(individually tailored price discrimination, predatory pricing, excessive pricing) 등에서 보다 강하게 드러날 수 있다.

공교롭게도 디지털 시장법이 타겟으로 하는 Core Platform Service 사업자 중 상당수는 인공지능 분야에서도 선도적인 노력을 하고 있다는 공통점을 가지고 있는 것으로 보인다. 그 점에서 디지털 시장법이 '인공지능과 관련된 경쟁법 집행'에 미치는 영향과 시사점은 경쟁법 집행에 반영되어야 할 과제로 볼 수 있다.

6. 자사우대와 경쟁자비용상승, 동등효율경쟁자배제

일반적으로 지배력 전이의 경쟁제한효과가 문제되는 끼워팔기의 경우 독점화 기도(attempted monopolization)의 수준에 준하는 증명을 요하거나, 봉쇄효과의 증명으로 이루어지는 경우가 많다. 그 점에서 자사우대에서 드러나는 지배력 전이의 경우에도 끼워팔기와 비교할 때 봉쇄효과(foreclosure)로 경쟁제한효과를 증명하는 경우가 다수일 것으로 보인다.

경쟁제한효과를 증명하는 기준으로 봉쇄효과와 함께 경쟁자비용상승, 동등효율경쟁자배제가 자주 사용되고 있다. 자사우대, 특히 지배력 전이가 수반되는 자사우대에서 경쟁자비용상승, 동등효율경쟁자배제 기준이 어떤 방식으로 적용될 수 있을지에 대하여는 아직 판단기준이 정립된 것으로 보기 어렵고, 이 부분은 향후 경쟁법 집행의 중요한 과제가 될 것이다.

7. 자사우대와 경쟁자배제 전략

유럽연합 일반법원(general court)의 구글 쇼핑 사건 판결을 보면 자사우대를 통하여 경쟁자를 거래상대방으로 바꾸는 전략의 위험성도 강조하여 주목을 받고 있는 것으로 보인다. 이는 경쟁자를 흡수하거나(셔먼법 초기 스탠다드 오일 트러스트의 행태), 경쟁자를 배제하는 전략과는 결을 달리하는 것으로 보인다. 최근 주목받고 있는 경쟁자를 거래상대방으로 바꾸는 전략을 경쟁법상 어떤 차원에서 평가하고, 접근해야 할지도 중요한 과제로 남게 된다.

제2편

공정거래법상
자사우대 규제의
실제

제1장

공정거래법상 차별남용과 자사우대에 관한 연구

손동환

제1장

공정거래법상 차별남용과 자사우대에 관한 연구*

-손동환**-

I. 서

경제현상에 대한 규범적 평가를 목적으로 하는 경쟁법 연구에서 온라인 플랫폼의 등장으로 인한 급격한 경제변화는 커다란 도전을 제시한다. 기차역 플랫폼에도 사람들이 많이 모이고, 그 유동인구를 대상으로 플랫폼 주변에는 식당을 비롯한 여러 상점이 생기기 마련이다. 온라인 플랫폼이라는 공간에 사람들이 모이고, 그 플랫폼을 만든 사업자는 이를 배경으로 새로운 사업을 시작하기 마련인데, 이를 플랫폼의 다각화라고 한다. 온라인 플랫폼 사업자가 플랫폼 시장과 신규 진입한 하류시장에서 모두 활동하면서 자신이 신규 진출한 사업부문의 경쟁자를 플랫폼 시장에서 차별적으로 취급했을 때 경쟁법상 어떻게 접근할 것인지 문제된다. 온라인 플랫폼 사업자가 하류시장에서 신규진입자로 진출하는 경우 하류시장에서의 다양성이 강화되는 친경쟁적인 면과 온라인 플랫폼 시장의 지배력을 이용하여 하류시장에서 경쟁상 이점을 누리는 반경쟁적인 면이 모두 발생한다. 여기에서 플랫폼 다각화에 관한 경쟁법적 판단의 어려움이 내재되어 있다. 하류시장의 경쟁자는 온라인 플랫폼 시장에서는 고객의 지위도 가지므로, 그를

* 이 글은 2023. 5. 12. 서울대학교 경쟁법센터 2023년도 제2차 법정책세미나 "경쟁법상 플랫폼 자사우대: 무엇이 핵심인가?"에서 '네이버 판결에 나타난 자사우대와 남용법리'라는 제목으로 발표한 글입니다. 토론자분들과 심사위원들께 감사를 표합니다.
** 성균관대학교 법학전문대학원 교수.

온라인 플랫폼 시장에서 차별적으로 취급하여 퇴출시키면 수익이 줄어들 수 있으므로 차별행위에 나설 유인이 적다는 점에서 그 판단의 어려움은 커진다. 계약자유의 원칙상 거래에서 차별은 허용되는 것이고, 경쟁법 규제에서 차별취급이 금지되는 경우는 제한적이라는 점에서도 그러하다. 공정거래법은 시지남용과 불공정거래행위에서 차별취급을 규정하고 있는데, 사소한 차별도 차별행위에 포함되는지를 포함한 객관적 요건으로서 차별행위의 의미와 경쟁제한성을 포함한 부당성의 해석이 요구된다. 이를 바탕으로 플랫폼의 다각화 과정에서 생길 수 있는 하류시장 경쟁자에 대한 온라인 플랫폼 시장에서의 차별적 취급을 어느 범위에서 금지할지 여부를 정할 수 있을 것이다.

온라인 플랫폼을 중심으로 하는 경제활동의 변화에 대하여, 미국[1]과 EU 경쟁당국[2]과 일반법원[3]은 구글(Google)의 비교쇼핑서비스에 관하여 상반된 결론을 내린 바 있다. 우리나라에서도 공정위가 네이버의 검색결과 등과 관련하여 공정거래법상 시지남용이나 불공정거래행위에 해당한다는 결론을 내리기도 하였고,[4] 서울고등법원도 네이버 쇼핑[5]과 네이버동영상[6] 사건에서 대체로 공정위의 결론을 지지하는 판결을 선고한 바 있다.

이 글에서는 비교쇼핑서비스 사업자가 오픈마켓 시장에 진출하여 수직결합된 경우 자사 오픈마켓 상품을 비교쇼핑서비스 검색결과 상단에 노출시킨 행위에 관한 견본사례를 중심으로 위 행위를 공정거래법상 차별남용으로 포섭할 수 있는지에 관한 해석론을 시도한다. 먼저 차별남용이라는 금지유형의 종류와 속성, 개별 성립요건에 관한 해석을 검토하고 이에 터 잡아 위와 같은 수직결합 온라인 서비스 사업자의 행위를 차별남용으로 금지시킬 수 있는지와 관련한 고려사항들을 살펴보기로 한다.

---

1) FTC Google Search Statement, 2013, pp. 2~4.
2) European Commission Decision of June 27, 2017, Google Search(shopping), Case At39740.
3) EU General Court 2021. 11. 10. Case T-612/17.
4) 공정위 2021. 1. 27. 의결 2018서감2521(네이버 쇼핑 부문), 공정위2021. 1. 25. 의결 2018서경 0449(네이버 동영상 부문), 공정위 2021. 1. 20. 의결 2018서감0345(네이버 부동산 부문).
5) 서울고등법원 2022. 12. 14. 선고 2021누36129 판결.
6) 서울고등법원 2023. 2. 9. 선고 2021누35218 판결.

II. 차별남용

1. 차별남용의 개념과 성격

(1) 차별남용의 개념

차별남용은, 시장지배적사업자가 차별행위를 통하여 그 지배력을 부당하게 남용하는 행위로서 크게 2가지로 구분할 수 있다.[7]

먼저 시지사업자가 자신의 경쟁자 또는 경쟁자의 고객과 거래하면서 가격이나 거래조건을 차별하여 경쟁자를 배제하려고 거래하는 행위이다(1선 침해, primary—line—injury). 자신의 경쟁자의 고객과 자신의 기존고객을 분리하여 경쟁자의 고객에게는 보다 저렴한 가격에 재화를 판매하는 것이나, 수직결합된 시지사업자가 하류시장에서 자신의 경쟁자이자 상류시장에서는 자신의 고객에 해당하는 사업자에 대하여 생산요소 가격을 높여 공급하거나 불리한 거래조건을 제시하여 차별하는 것이 대표적인 예가 될 것이다.

다음으로 자신의 경쟁자가 아닌 고객들을 순수하게 차별하는 행위이다(2선 침해, second—line—injury). 시지사업자는 고객들과 경쟁관계에 있지 않고 고객들의 관련 시장에 진출하지 않으면서 단순히 차별적인 가격이나 거래조건으로 거래함으로써 불리한 처우을 받은 고객이 그들 사이의 경쟁관계에서 불이익을 입고 그로 인하여 사업활동이 곤란해지는 경우에 이르렀을 때 이를 남용행위로 금지하는 것이다.

전자는 차별보다는 자신의 경쟁자를 배제하는데 주목적을 둔 것이고, 후자는 순수하게 차별에 중점을 둔 행위이다. 2개의 유형별 행위가 차별적 요소를 가지고 있다는 공통점이 있지만 행위 목적이나 효과가 달라서 시지남용으로 금지하기 위한 객관적 성립요건이나 부당성 요건에 차이가 있으므로 이들을 구분하여 접근하는 것이 당연하다. 전자를 배제적 차별남용, 후자를 순수한 차별남용이라고 할 수 있다. EU에서도 배제적 차별남용은 배제남용을 규율하는 제102조 (b)항 또는 제102조의 예시규정 성격을 고려하여 단지 제102조만으로,[8] 순수한 차별남용은 제102조 (c)항으로 규율하고 있다.

---

7) 미국과 EU, 우리 공정거래법상 차별취급에 관한 소개글로, 홍명수, "독점규제법상 차별취급", 비교사법(제12권), 한국사법학회(2005).

8) EU의 구글쇼핑사건에서 근거를 제102조 ⓒ항이 아닌 제102조로 설시하고 있다.

(2) 차별남용의 성격

1) 차별남용의 보편성

차별남용은 차별행위를 통한 것인데, 다른 유형의 시지남용행위들도 차별행위적 성격을 가진다. 조건부 리베이트는 대량구매자를 일반구매자보다 차별하고, 약탈가격은 자신의 고객과 경쟁자의 고객을 차별하고 다시 경쟁자의 고객도 현재 고객과 장래 고객을 차별하며, 이윤압착은 수직결합된 시지사업자 자신과 하류시장의 경쟁자를 차별하는 것이고, 필수설비이론도 수직결합된 시지사업자가 하류시장의 경쟁자를 차별하는 것이며, 끼워팔기도 2개의 제품의 결합가치를 더 높게 평가하는 고객과 개별가치를 높게 평가하는 고객을 차별하는 것이다. 이러한 점에서 차별남용은 남용유형 전반에서 찾을 수 있는 보편적인 성격이라고 할 수 있다.

또 배제적 차별남용의 경우, 배제남용의 여러 유형들과 객관적 행위 태양은 다르지만 경쟁자를 배제한다는 점에서 동일한 성격을 가진다. 이는 배제남용의 위법성 판단요건이 배제적 차별남용에 유사하게 적용될 수 있는 근거가 된다. 순수한 차별남용을 포함한 전체 차별남용도 차별행위에 더하여 경쟁제한성이 인정되어야 남용으로 금지된다는 점에서 일반적 시지남용과 동일한 성격을 가진다 하겠다.

이러한 점들에서 차별남용은 보편성을 가지는데, 한편으로 이러한 성격은 차별남용의 고유성의 한계라고 할 수도 있겠다.

2) 차별남용의 보충성

차별남용 특히 배제적 차별남용의 경우, 다른 배제남용 유형들이 문제된 행위를 온전히 포섭하지 못하는 때에 적용된다. 행위의 태양이나 시지사업자의 의도 및 그 차별행위로 인한 효과도 차별보다는 배제에 초점이 맞춰지므로 그 부당성을 판단할 때 차별남용의 고유의 법리를 찾기보다는 배제남용의 판단기준을 원용할 경우가 많을 것이다. 이러한 점에서 차별남용이 보충성을 가진다고 할 수 있다.

또 차별행위는 법적 관점에서는 사적자치의 원칙상 허용되는 것이 원칙이고, 경제적 관점에서는 시지사업자가 차별행위를 선택할 합리적 근거를 갖지 못하는 경우가 많아 사업자가 차별행위에 나설 유인이 적고, 차별행위의 효율성이나 소비자후생 측면을 감안하면 금지해야 할 상황도 예외적이다. 여기에서 차별남용

규제의 보충성을 발견할 수 있다. 배제적 차별남용에서 수직결합 사업자를 예로
들면, 하류시장의 경쟁자를 배제하는 것이 이익이 될 가능성이 있지만 하류시장
경쟁자도 상류시장에서 볼 때 자신의 고객인 이상 그를 하류시장에서 배제하면
상류시장에서의 수익이 감소하게 되므로 섣불리 그와 같은 행위에 나설 수 없고
다만 예외적으로 상류시장의 수익감소가 하류시장의 수익증가로 충분히 보상되
는 경우에만 가능하다. 또 순수한 차별남용의 경우에도 고객들끼리의 관련시장에
서 활동하지 않는 시지사업자로서는 굳이 고객들을 차별할 유인을 찾기는 어렵
다. 만약 고객들을 차별한다면 각 고객들이 지불할 수 있는 개별수요의 특성을
감안하여 최대가격을 설정하는 경우이거나 판매기법상 대량구매자에게 할인을
해 주는 경우이거나 소비자를 지역, 성별, 연령, 직업별로 차별하여 판매하는 경
우일 것이다. 이러한 경우는 모두 시지사업자 입장에서는 합리적 이유가 있는 것
으로 오히려 효율을 극대화하는 특성을 보인다.[9] 순수한 차별남용이 금지되는
경우는 차별취급당한 고객이 그로 말미암아 사업활동에 어려움을 겪을 우려가
생기고 경쟁질서에 영향을 주는 경우로 한정할 수 있을 것이다.

　우리 공정거래법[10] 집행에서도 차별남용의 사례는 찾기 어렵고, 불공정거래
행위에서 차별취급의 몇몇 사례들을 찾을 수 있을 뿐이다. 신용카드사들이 백화
점과 할인점의 가맹점 수수료율을 차별한 것이 문제된 사건에서 대법원은 이를
가격차별 불공정거래행위로 볼 수 없다고 판단한 바 있는데,[11] 이는 시지사업자
의 행위였다면 순수한 차별남용에 해당하는 사안으로 차별남용 규제의 보충성을
보여준다고 하겠다.[12]

---

9) 이는 피구(Pigue)의 3단계 가격차별론에 기초한 것이고, 가격차별이 친경쟁적 효과가 있고 그
　규제에 신중해야 한다는 취지의 논의로 Roger J. Vand den Bergh & Peter D. Camesasca,
　European Competition Law and Economics : A Comparative Perspective(2판), 255쪽.
10) 「독점규제 및 공정거래에 관한 법률」을 이하 '공정거래법'이라 약칭한다.
11) 대법원 2006. 12. 7. 선고 2004두4703 판결.
12) 한편 시지남용과 별도로 불공정거래행위로서 차별취급은 별도로 두지 않는 것이 바람직하다
　는 견해도 차별취급 규제의 보충성을 염두에 둔 것으로 보인다. 정재훈, "공정거래법상 불공
　정거래행위 개편방안에 관한 고찰", 법학논집(제23권 no.3), 이화여자대학교 법학연구소
　(2019), 11~15쪽.

2. 공정거래법령상 차별남용

(1) 차별취급 금지 규정 체계

공정거래법은 시지남용 행위 유형의 하나로 다른 사업자의 사업활동을 부당하게 방해하는 행위를 규정하고(제5조 제1항 제3호), 시행령에서 사업활동 방해행위 유형을 세분화하면서 기타 사항으로 공정위가 고시하는 행위를 정하고 있고, 공정위 고시 '시장지배적지위 남용행위 심사기준'에서 차별취급을 별도 남용유형으로 '자사 또는 다른 거래상대방 대비 가격 또는 거래조건을 부당하게 차별하는 행위'로 1개 조문으로 정하고 있다.[13] 그런데 심사기준의 개정 전 '거래상대방에게 정상적인 거래관행에 비추어 타당성이 없는 조건을 제시하거나 가격 또는 거래조건을 부당하게 차별하는 행위'라고만 규정하고 있었으므로 개정에 따라 차별남용 포섭범위가 달라지는 것인지가 문제될 수 있다.

차별취급은 시지남용 외에 불공정거래행위로도 금지하고 있는데, 공정거래법상 '부당하게 거래의 상대방을 차별하여 취급하는 행위'를 시행령에서 4가지 유형으로 시지남용 유형보다 자세히 규정하고, 그 중 거래조건 차별을 시지남용 심사기준과 달리 '부당하게 특정사업자에게 수량·품질 등의 거래조건이나 거래내용을 현저하게 유리하거나 불리하게 취급하는 행위'로 규정하고 있다. 또 차별남용과 달리 불공정거래행위에서는 차별 정도 면에서 현저성을 요하는데, 시지남용과 불공정거래행위에서 차별취급의 객관적 성립요건을 통일적으로 해석할 수 있는지 등이 문제될 수 있다.

(2) 차별남용의 객관적 성립요건

1) 거래상대방

1.1) 거래 개념

차별남용은 '거래상대방'을 전제로 두고 자사 또는 다른 거래상대방과 대비하여 그 '거래상대방'을 차별하는 행위를 대상으로 한다. 심사기준상 '거래상대방'이라는 문언이 적시되어 있지 않지만 당연히 현재의 거래상대방을 전제하고 있음

---

13) 2021. 12. 30. 개정되었는데, 종전 심사기준은 '거래상대방에게 정상적인 거래관행에 비추어 타당성이 없는 조건을 제시하거나 가격 또는 거래조건을 부당하게 차별하는 행위'로 정하고 있었고, 롯데시네마 판결(대법원 2017. 7. 11. 선고 2017두39372 판결로 심리불속행된 서울고등법원 2017. 2. 15. 선고 2015누39165 판결)의 취지를 감안하여 자사와의 비교를 포함시켜 개정된 것으로 보인다.

을 알 수 있고, 여기서 거래상대방의 범위가 문제된다. 거래란 '주고받음, 사고
팖'이라는 사전적 의미를 가지고 있고, 법적·형식적 관점에서는 시지사업자와
재화 등을 사고파는 직접 관계가 있는 상대방이 있어야 한다고 하겠지만, 경제적
·실질적 관점에서는 직접 관계가 없는 상대방도 제3자를 매개로 사고파는 관계
가 성립하는 간접적 관계가 있으면 충분하다고 할 것이다. 판례도, 현대차가 계
열사인 현대캐피탈을 이용하여 차량을 할부구매하려는 고객들과 비계열 할부금
융사를 이용하여 자동차를 구매하는 고객들의 각 거래조건을 달리 설정하여 현
대캐피탈을 유리하게 차별취급하였는지 문제된 사건에서, 현대차와 현대캐피탈
과 달리 현대차와 비계열 할부금융사 사이에는 아무런 거래관계가 없다는 점을
들어 차별남용이 아니라는 원심과 달리 현대차와 비계열 할부금융사는 고객들을
매개로 실질적 거래관계가 있다고 보아 현대차와 개별계약 관계가 없는 할부금
융사들도 거래상대방으로 보고 차별취급 불공정거래행위로 규제한 바 있다.[14] 경
제적·실질적 관점에서 거래 개념을 확장한 경우라 하겠다.

1.2) 거래상대방의 복수성 여부

첫째는 1개 사업자를 거래상대방으로 하면서 그에게 복수의 거래조건을 제시
하는 경우 차별남용이 성립할 수 있는지 여부이다. 퀄컴이 휴대폰 제조사와 특허
로열티 계약을 체결하면서 퀄컴 모뎀칩을 사용한 경우와 사용하지 않은 경우에
로열티 부과율을 달리 한 행위가 문제되었다. 고등법원은 차별남용이 성립한다고
보았지만, 대법원은 법리설시 없이 원심의 잘못을 지적하면서도 당해 사건에서
배타조건부 거래가 성립하므로 시정명령은 유지한다는 판시를 한 바 있다.[15] 1개
사업자를 상대로 다른 거래조건을 제시한 것을 두고 심사기준 문언에 포섭된다
고 하는 것은 무리이고, 법령상 가격차별행위는 다른 사업자의 사업활동을 방해
함으로써 성립하는데, 가격을 차별하여 사업활동을 방해받는 사업자를 상정하지
않고 동일사업자만을 대상으로 가격차별을 인정하는 것은 받아들이기 어려운 해
석이다.[16] 더구나 공정위 결정은, 2개 조건 중 사실상 1개 조건만을 수락할 수밖

---

14) 대법원 2007. 2. 23. 선고 2004두14052 판결.

15) 대법원 2019. 1. 31. 선고 2013두14726 판결 "원심이 위 시정명령 대상행위인 로열티 할인 병
    행행위에 관한 관련상품시장을 '원고 퀄컴이 보유한 CDMA 표준기술을 제공하는 시장'으로
    보면서, 그 관련시장에서 거래상대방에 대하여 가격을 차별하는 행위가 성립한다고 본 점에서
    는 잘못이 있으나, 위 시정명령 부분이 적법하다고 본 결론만은 정당하다"고 판시하였다.

16) 김두진, "충성할인에 대한 경쟁법상 규제 연구", 경제법연구 제15권 3호, 200쪽.

에 없는 사실관계이므로 배타조건부 거래가 성립한다는 판단을 하고, 한편 2개의 조건을 제시하면서 양쪽 다 선택할 수 있고 어느 쪽을 선택하느냐에 따라 다른 거래조건을 가지니까 가격차별이 성립한다는 판단을 함께 내린다. 사실상 1개의 조건이라는 판단과 2개의 조건이 제시되어 조건에 따라 차별하였다는 판단은 양립하기 어려워 모순되는 판단이라는 비판을 면하기 어렵다.[17]

둘째, 차별남용에서 시지사업자가 반드시 2 이상의 거래상대방과의 거래에서 일방을 다른 거래상대방에 비하여 차별취급하는 것이 전제되는지가 문제된다. 거래상대방의 복수성 문제이다. 이는 수직결합된 시지사업자가 상류시장에서의 생산요소를 하류시장에 있는 자신의 내부 사업부문과 경쟁자에게 모두 공급하고 있는데, 하류시장의 경쟁자를 자신의 내부 사업부문보다 불리하게 취급한 경우 차별남용이 성립하는지 여부를 예로 들 수 있다. 즉 자사의 내부거래는 자신과의 거래이므로 독립된 거래상대방이 없고 차별취급당한 경쟁자만이 1개의 거래상대방이 된다. 현재 시지남용 심사기준은 자사를 비교대상으로 명시하고 있으므로 시지사업자로서는 '1개 거래상대방과의 거래'와 이를 비교할 '자사거래'가 있으면 차별남용 요건을 구비하였다고 해석할 수 있다. 현재 심사기준이 종래 심사기준과 다른 창설적 성격인지, 아니면 종래 기준에 의해서도 당연히 성립했던 내용에 관한 확인적 성격인지에 관하여 의견이 대립될 수 있다.

① 창설규정설 입장에서는 법령보충적 행정규칙의 문언이 분명히 개정되었다는 점, 종래 판례가 차별남용과 유사한 차별취급 불공정거래행위에서 토지공사가 건설사에 토지공급하면서 주택공사에 대하여 유리한 거래조건을 제시한 것인지 문제되자 차별취급에 해당하기 위해서는 2 이상의 거래상대방이 필요하다고 판시하였던 점,[18] 근래 롯데시네마 사건의 원심판결[19]에서도 롯데쇼핑 산하 각 사업부문으로 영화상영업을 하는 롯데시네마가 같은 사업부문으로 배급사인 롯데

---

17) 퀄컴 사건 중 차별남용에 대한 자세한 평석으로, 손동환, "조건부 리베이트 - 대법원 2019. 1. 31. 선고 2013두14726 판결 -", 비교사법(통권 95호) 한국사법학회(2022), 173~176쪽,

18) '거래조건차별'에 해당하기 위해서는 특정사업자에 대한 거래조건이나 거래내용이 다른 사업자에 대한 것보다 유리 또는 불리하여야 할 뿐만 아니라 그 유리 또는 불리한 정도가 현저하여야 하고, 또 그렇게 차별취급하는 것이 부당한 것이어야 한다(대법원 2006. 5. 26. 선고 2004두3014 판결).

19) 대법원 2017. 7. 11. 선고 2017두39372 판결로 심리불속행된 서울고등법원 2017. 2. 15. 선고 2015누39165 판결; 시기적으로 위 판례 등을 감안하여 공정위 심사기준이 개정된 것으로 추측해 볼 수 있다.

엔터테인먼트 영화에 다른 영화배급사들보다 많은 상영회차를 배정하는 등의 거래조건차별을 하였는지 문제되자, 위 판시에 기초하여 롯데쇼핑의 하나의 사업부 또는 내부조직에 불과한 롯데엔터테인먼트가 독자적 거래상대방이 될 수 없다는 점을 이유로 차별취급을 부정하였던 점 등을 근거로 삼을 수 있다.[20]

　　반면 ② 확인규정설 입장에서는 차별남용을 배제적 차별남용과 순수한 차별남용으로 구분하고 각각의 경우에 적용되는 요건이 다르다고 해석한다. 배제적 차별남용의 경우 시지사업자가 직·간접적으로 경쟁자와 거래하면서 차별적 방법으로 그를 배제시키려는 것이므로, 수직결합된 시지사업자가 하류시장의 자사 사업부문에 공급하는 생산요소 가격 등을 하류시장 경쟁자와 차별하는 것이 본래적 모습이라는 것이다. 순수한 차별남용의 경우는 시지사업자가 경쟁자 측과 거래하지 않고 2 이상 거래상대방을 차별적으로 취급하는 경우를 전제로 하는 것이므로 자사거래가 문제될 여지가 없다. 배제적 차별남용은 종전규정과 같이 2 거래상대방을 전제하지 않고, 순수한 차별남용은 항상 2거래상대방을 전제하는 것이므로 현행규정과 종전규정이 달라지지 않았고 현행 규정내용이 확인적 성격에 불과하다고 보는 것이다.

　　종래 토지공사 사건의 판시는 순수한 차별적 거래 사안을 전제로 한 것인데, 배제적 차별거래가 문제된 롯데시네마 사건에서 이를 잘못 원용한 탓에 차별취급이 성립하지 않는다고 판단한 것으로 보인다. 롯데시네마 사건의 고등법원 판결에서는 차별행위 자체가 성립하지 않는다는 판단이 위주를 이루고 2거래상대방 전제성이 부가적으로 판단되었을 뿐이었고, 대법원은 어차피 공정위 처분을 취소하는 원심을 수긍하는 마당이므로 심리불속행 종결하였다고 볼 수 있다. 만약 창설적 성격으로 해석한다면, 종래 시지사업자가 그의 사업부문과 거래하는 경우는 차별취급이 아니고, 사업부문을 독립시켜 계열 법인으로 만들어 거래하는 경우는 차별취급이 된다는 것인데, 지나치게 형식적 관점이라고 볼 수도 있는 점, 시지사업자 추정에서 해당 사업자와 계열회사를 하나의 사업자로 보므로 형식적 관점을 유지할 경우에도 계열회사와의 거래가 차별취급으로 규제될 수 없

---

20) 논문 심사위원께서는 "심사기준이 법령의 내용을 보충하는 법률 보충적 행정규칙이라는 점을 생각해 보면 창설규정설의 입장을 주장하는 경우가 있을지는 의문이 듦"이라는 견해를 제시하셨다. A라는 법률보충규칙이 B로 개정되더라도 그 내용이 A와 다를 경우 위임의 한계를 벗어난 것이라는 취지라면, 위임의 범위 내에서 얼마든지 다른 내용을 규정할 수 있다는 비판이 가능하다.

다고 할 수 있는 점(시행령 제11조 제3항), 이 경우 종래 우리 공정거래법은 배제적 차별남용은 금지하지 않았고 순수한 차별남용만 금지했다는 결론에 이르게 되어 부당하다는 점 등을 근거로 제시할 수 있다.

2) 차별행위

차별행위는 동등한 거래를 다르게, 또는 서로 다른 거래를 동일하게 취급하는 것이고, 차별취급의 구체적 대상은 가격 또는 거래조건이다. 동등한 거래인지 여부는 거래 대상인 재화나 용역의 제반사정, 즉 재화의 기능이나 외관, 대체가능성 범위 등을 고려하여 결정되고, 비교를 통하여 확인할 수 있다. 이때 사소한 차별취급을 일단 객관적 성립요건에 해당한다고 보고 부당성 단계에서 판단할 것인지, 아니면 사소한 차별취급은 객관적 성립요건도 구비하지 못한 것으로 볼지가 문제된다.

일본에서는 불공정거래행위에서 부당성을 초래할 정도의 행위를 차별행위라고 보고, 그 차이가 정당한지 여부는 부당성 단계에서 판단하는 것이 통설이다.[21] EU 제102조 c항은 "'동등한 거래'에 관하여 각 거래상대방과 '다른 거래조건'을 부과하여 그들에게 '경쟁적 불이익'을 주는 경우를 대상으로 한다. 이는 순수한 차별남용에 대한 것이고, 배제적 차별남용은 102조 b항을 적용한다면 생산제한과 소비자해악을 가져오는 경우를 대상으로 한다.

2.1) 가격

가격은 시장경제체제에서 경쟁의 가장 기본적인 수단으로서 차별남용에서도 가장 일반적인 행위대상이다. 정당한 비용 차이 또는 상품용역의 수급관계 차이에서 비롯된 가격 차이는 차별이라고 하기 어렵다. 동일한 가치를 가진 재화라도 브랜드 여부에서 차이가 날 경우, 특허권의 실시사용 허락을 1번째 받은 경우와 2번째 받은 경우 등은 동등한 거래라고 하기 어려우므로, 그에 따른 가격 차이는 차별이라고 하기 어렵다.[22]

2.2) 거래조건

거래조건이란 상품 또는 용역의 품질, 거래의 장소, 거래의 방법, 운송조건 등과 같이 상품 또는 용역의 거래와 관련된 조건을 의미한다. 차별남용에서 분명히

---

21) 根岸 哲,「주석 독점금지법」, 有斐閣, 370쪽.

22) R. O'Donoghue and A J Padilla, *The Law and Economics of Ariticle 82 EC*, Hart Publishing, 565, 566쪽.

해야 할 점은, 시지남용 심사기준에서 가격과 거래조건의 차별만을 들고 있는데 반하여, 불공정거래행위 차별취급에서는 거래조건 차별에서 수량·품질 등도 차별대상으로 포함하고 있는데, 차별남용에서도 이를 포함할지 여부이다. 문언으로만 보면 불공정거래행위와 같이 보기 어려울 수 있지만, 경쟁보호라는 입법목적과 차별취급 불공정거래행위에서 공정거래저해성이 경쟁제한성을 의미한다는 점에서 차별남용의 부당성과 유사하다는 점, 가격·수량·품질·거래조건은 경쟁의 기본적 수단이자 경쟁제한성 판단의 고려요소로서 차별남용과 차별취급 불공정거래행위 여부 판단에서 공통적으로 작용하는 점 등을 고려하면 체계적 해석에 터 잡아 차별남용의 거래조건에 가격을 제외한 거래내용 모두를 의미한다고 보는 것이 합리적이다[23].

　또 거래조건은 계속적 거래 과정에서의 변동상황과 무관하게 고정되어 있는 ① 고정거래조건과 거래상대방의 행위나 제3자의 행위 등 장래 거래상황에 의해 변동되는 ② 변동거래조건으로 나눌 수 있다. 변동거래조건은 거래상대방의 행위나 제3자의 행위에 영향을 받는 것으로, 거래상대방의 대량구매시 무료 배달조건, 거주지역 이전에 따른 서비스내용 변경조건, 결혼정보회사에서 상대방의 선호 반응에 따른 만남횟수 변경조건 등을 예로 들 수 있다. 이와 같은 구분의 실익은 차별남용의 부당성 판단에서 변동거래조건은 그 효과 면에서 변동가능성이 크고 경쟁에 미치는 영향을 단정할 수 없다는 점을 들 수 있다.

2.3) 현저성

　차별취급 불공정거래행위는 차별남용과 달리 객관적 요건으로 차별행위의 현저성을 요건으로 한다. 거래조건의 포섭범위와 마찬가지로 차별남용에서도 불공정거래행위와 같이 현저성을 요하는지 문제된다. 이는 어느 정도의 차별행위를 금지대상으로 하는지의 문제인데, 먼저 경제적 관점에서 시지사업자가 차별행위에 나설 인센티브를 찾기 어려우므로 차별행위 금지는 보충적으로 이루어져야 한다는 보충성을 가지고, 차별행위가 불공정거래행위나 시지남용에서 문제될 때 부당성을 모두 경쟁제한성으로 해석하는 공통점과 공정하고 자유로운 경쟁 촉진이라는 공정거래법 목적 등을 고려하면 차별남용의 요건으로도 현저성을 요하는 것이 합리적이라 하겠다. 앞서 살펴보았던 사소한 차별취급을 객관적 성립요건 단계와 부당성 단계 중 어떤 국면에서 살펴야 하는지에 관한 논의에서 현저성 단

---

23) 롯데시네마 원심판결에서도 거래조건을 가격 등을 제외한 거래내용이라고 판시한 바 있다.

계에서의 검토가 대안이 될 수 있을 것이다.

현저성은, 종래 착취남용의 요건으로 익숙한 내용이고 매우 제한적인 경우에 만 착취남용을 인정하는 개념요소로 기능하지만, 한편으로 종래 부당한 고객유인 사건 판례는, '현저성' 요건의 충족 여부를 판단함에 있어서는 계량화·수치화된 위계의 정도가 어떠한지를 유일한 기준으로 삼아서는 안 되고, 이와 함께 사업자 가 사용한 위계의 방법이나 태양, 사업자의 위계가 고객의 거래 여부 결정에 미 치는 영향의 정도 등을 종합적으로 고려하여야 한다는 원심 판단을 수긍한 바 있 다.[24] 이에 기초하면, 차별남용의 현저성도, 차별의 방법이나 태양, 차별이 거래 상대방(순수한 차별남용)이나 경쟁자(배제적 차별남용)에 미치는 경쟁상 불이익 정 도 등을 종합적으로 고려해야 한다는 기준을 제시할 수 있다.

(3) 차별남용의 부당성 요건

1) 배제적 차별남용

1.1) 경쟁제한성 판단지표

시지남용의 부당성 판단에 대한 논의는, 포스코 기준[25]이 제시된 이후 각 기 준들의 포섭범위와 남용유형별로 위 기준들을 어떻게 구체화할 수 있는지에 관 한 것으로 그 대상이 변화하고 있다. 경쟁제한효과 발생 여부를 정하는 지표는 가격, 산출량, 경쟁사업자 수, 다양성 등인데, 시장에서 가격 상승, 산출량 감소 등이 발생할 때까지 남용행위를 금지할 수 없다면 남용행위 시정이 너무 늦을 수 있고 그 입증에도 어려움이 있기에 이를 대신할 여러 지표들을 사용한다. 대표적 지표는 봉쇄효과인데, 제빵업자가 상류시장의 밀가루 업체들 중 60%에게 자신에 게만 밀가루를 공급하도록 하여 경쟁 제빵업자는 밀가루 업체들 중 나머지 40% 와만 거래할 수 있게 되어 60% 범위에서 봉쇄되는 경우에 그 행위로 인하여 경 쟁자가 퇴출되는지까지 굳이 살피지 않아도 봉쇄효과라는 지표를 통하여 경쟁제 한 우려를 인정하는 것이다. 필수요소에 대한 거래거절의 경우도 거래거절의 대 상이 필수요소이면 그로 인한 경쟁자의 불이익과 그의 퇴출 여부를 묻지 않고 필 수요소라는 지표를 통해 부당성을 인정하는 것도 마찬가지이다. 이때 시간순으로 남용행위 → 봉쇄효과 등의 지표 → 경쟁사업자 퇴출 등이 발생하는 경우에도

---

24) 대법원 2019. 9. 26. 선고 2014두15047 판결.
25) 대법원 2007. 11. 22. 선고 2002두8626 전원합의체 판결.

그들 사이의 상당인과관계는 인정되어야 한다. 경쟁사업자 퇴출이 있더라도 남용행위로 인한 것이 아니라 그가 열등사업자였기에 발생한 것이라면, 경쟁사업자보호는 법 목적이 아니므로 당해 남용행위는 금지되지 않을 것이다. 포스코 사건에서 현대하이스코가 포스코 열연코일에 대하여 거래거절로 그 사용이 봉쇄되었더라도 그와 대체가능한 일본산 열연코일을 통한 냉연강판 제조·판매를 통해 시장에 존속할 수 있게 되자, 경쟁제한효과를 부정한 것도 마찬가지로 이해할 수 있다. 객관적 성립요건을 충족하는 남용행위가 있고 또 경쟁제한성 인정을 위한 일정지표가 인정되더라도 그 행위가 경쟁자들에게 미치는 영향, 남용 대상이 된 재화의 대체가능성 등을 함께 고려해야 함을 알 수 있다. 시지사업자가 성과경쟁에서 벗어난 경쟁수단을 사용한 것만으로 부당성을 인정할 수 있는지와 관련하여 우리 판례는 포스코 사건과 후속 시지남용 사건들을 통해 비성과경쟁이라는 사실만으로는 부족하고 경쟁제한효과 발생의 우려가 증명되어야 한다고 하고 그를 판단하기 위한 제반사정 고려기준(Totality of circumstances test)을 제시하고 있다.

차별남용은 '다른 사업자의 사업활동을 방해하는 행위'(제3호)에 속하는데, 그 중 특히 배제적 차별남용은 경쟁자 배제라는 목적과 효과 면에서 배제남용과 유사하므로 그 부당성 판단에서 봉쇄효과를 지표로 사용할 수 있는지가 문제된다. 봉쇄효과는 통상 '경쟁사업자를 배제하기 위한 거래'(제5호)의 유형인 배타조건부 거래행위에서 지표로 활용되는 것이기 때문이다. 시지남용에서 방해남용과 배제남용을 구분하는 견해[26]와 포스코 기준 정립 이후 배제남용으로 통일되었다는 견해[27]가 있다. 어느 견해이든 봉쇄효과를 방해나 배제의 지표 중 하나로 삼을 수 있다는 점에서는 일치되고, 앞서와 같이 배제적 차별남용은 시지사업자의 의도와 그 효과가 경쟁자 배제에 있으므로 이 점에서도 봉쇄효과를 지표로 삼는 다른 배제남용 유형 행위와 다르지 않다. 물론 당해 차별행위의 대상이 된 경쟁자에게 미치는 영향이나 차별거래의 대상이 된 재화 등의 대체가능성 등도 제반사정 고려기준에 포함된다.

1.2) 경쟁자에 대한 차별행위

수직결합된 시지사업자가 하류시장의 경쟁자에게 상류시장에서 생산한 원료

---

26) 이봉의, 「공정거래법」, 박영사, 241~243쪽.
27) 권오승·서정, 「독점규제법(제5판)」, 법문사, 163~164쪽.

를 판매하는데, 시지사업자 사업부문에 대한 원료 판매시보다 높은 가격을 받거
나 불리한 거래조건으로 공급한다고 가정해 보자.

  차별행위 내용에 따라 달라질 수밖에 없지만, 하류시장의 경쟁자가 차별행위
로 인하여 입는 불이익이 그를 퇴출당할 위험에 놓이게 하는지 여부가 중요할 것
이다. 차별적으로 높은 가격이나 불리한 거래조건이 사실상 거래거절과 같은 정
도인 경우는 거래거절과 같은 기준, 즉 차별행위 → 원료시장에서의 봉쇄정도 및
그 판단을 위한 원료의 대체구입가능성 → 경쟁사업자의 잔존 가능성 등의 시간
순서별 고려요소에 따라 판단할 수 있을 것이다.

  차별이 거래거절 정도까지 이르지 않은 경우에는 객관적으로는 차별남용의
대상이 되는 재화 등의 대체가능성, 주관적으로는 경쟁자의 경쟁능력이 부당성
판단에서 중요할 것이다. 보다 구체적으로 대체가능성의 고려요소로는 당해 생산
요소가 하류시장 재화 생산에서 차지하는 역할, 시지사업자 공급 생산요소의 대
체구입가능성, 대체구입가능할 경우의 비용인상 정도 등을 들 수 있고, 경쟁자의
경쟁능력 면에서는 차별적 가격인상으로 인하여 하류시장 경쟁자가 입게 되는
생산비용 증가분이 총비용에서 차지하는 비중, 시지사업자의 하류시장 사업부문
과 그 경쟁자의 생산제품의 동일성 여부를 비롯하여 하류시장 경쟁자가 더 우월
하거나 동등한 효율을 가진 경쟁자인지 여부 등이 고려사항이 될 것이다. 경쟁자
가 차별당하더라도 최종 생산재화가 시지사업자보다 우등재이거나 뚜렷한 개성
을 가진 경우라면 경쟁자가 시장에서 퇴출될 가능성은 낮기 때문이다. 이때 차별
행위가 가격적인지, 비가격적인지에 따라 비용－가격심사에 기초한 동등효율경
쟁자 기준(Equally Efficient Rival) 적용 여부가 달라질 것이다.

  1.3) 경쟁자의 고객에 대한 차별행위

  시지사업자가 자신의 경쟁자의 고객에게 자신의 본래 고객보다 낮은 판매가
격이나 우월한 거래조건으로 재화 등을 공급함으로써 경쟁자의 고객을 흡수하고
경쟁자를 배제시키려는 경우를 가정해 보자. 차별남용의 보충성을 떠올려 보면
이러한 행위는 정당한 경쟁인 경우가 원칙이고 예외적으로 사업상 정당화사유가
없어 배제의도가 뚜렷한 경우에만 차별남용 판단대상이 되어 부당성이 인정될
수 있을 것이다. 공정거래법은 저가판매 행위를 시지남용에서는 통상거래가격을
기준으로(시행령 제9조 제5항 제1호), 불공정거래행위에서는 비용을 기준으로 규
정하고 있으므로(시행령 별표2 제3의 가.목), 위 유형의 차별남용에서는 이와 다른

기준을 적용하기는 어렵다. 거래조건 차별의 경우는 그 기준을 상정하기 어렵지
만, 절대적으로는 시지사업자의 비용 수준으로 감당하기 어려울 정도의 혜택을
부여하거나 상대적으로는 거래조건의 차이가 매우 커서 경쟁자가 자신의 기존고
객을 유지하거나 빼앗긴 고객을 회복하기 어려울 정도여야 할 것이다.

　일본에서는 차별취급 불공정거래행위의 부당성을 부당염매유사형과 거래거절
유사형으로 나누어 논의하는데[28] 전자의 경우 경쟁자 고객 대상 배제적 차별행
위, 후자의 경우 순수한 차별행위에 대응한다고 할 것이다. 이때 부당염매유사형
의 경우, EU의 Akzo판결[29]에 시사받은 것으로 보이는 사건들을 찾을 수 있다.
경쟁자 고객에게 저가로 가스를 판매한 차별행위가 문제된 2건의 LP가스 사건에
서 차별적으로 경쟁자 고객에게 제시된 가격이 비용 이하인 경우는 2건 모두 부
당성을 인정하였지만, 비용이상의 가격인 경우에는 예외적으로 부당력의 행사가
있어야 부당성이 인정된다는 판결[30]과 인정되지 않는다는 판결[31]이 엇갈리고 있
다.[32]

2) 순수한 차별남용

　시지사업자가 자신의 경쟁자가 아닌, 단지 고객에 불과한 사업자들을 차별할
유인이 없다는 점에서 차별남용의 보충성이 두드러지는 유형이다. 시지사업자가
고객을 차별하고 그로 인한 불이익으로 그 고객이 관련시장에 퇴출될 염려가 발
생함으로써 다양성이 감소된다는 점이 경쟁제한효과 발생의 우려라고 할 수 있
을 것이다.

　EU에서는 포르투갈 저작권협회가 TV방송사업자 MEO에게 MEO의 경쟁자
NOS에 비하여 차별적 조건을 부과하였다는 이유로 포르투갈 경쟁당국의 제재를
받자 포르투갈 법원에 제소하였고, 포르투갈 법원은 제102조 ⓒ항에서 경쟁상 불
이익을 가져오는 차별행위를 남용이라고 정하고 있는데, 이때 경쟁상 불이익을
인정하기 위하여 경쟁에 어떠한 구체적 효과를 미쳐야 하는지에 관한 기준이 없
다는 점을 들어 선결문제로 ECJ에 판단을 요청하였다. ECJ는 높은 가격을 부과

28) 根岸 哲, 주석 독점금지법, 有斐閣, 372~379쪽.
29) AKZO Chemie BV v Commission [1991] ECR I－3359.
30) 동경고재 평성17. 4. 27. 심결집 52권 789항 이하, 808, 809항
31) 동경고재 평성17. 5. 31. 심결집 52권 818항 이하, 825, 826항; 그 외 우정공사 사건(동경고재
　　평성 19. 11. 27. 심결집 54권 699항)에서도 같은 취지로 규제대상이 되지 않는다고 판단하였다.
32) 일본 최고재는 위 사건들의 불수리결정으로 상고를 모두 받아들이지 아니하였다.

받은 사업자의 불이익의 존재만으로는 경쟁이 왜곡되거나 왜곡될 우려가 있다고
할 수 없고, 사건의 제반사정을 고려하여 경쟁자들과 사이에 잠재적 경쟁왜곡이
있는지 여부를 판단해야 한다고 판단하였다.[33] 효과기반 접근법이 적용된 것이라
고 할 수 있다.[34]

　일본에서는 차별취급 불공정거래행위를 다루면서 거래상대방이 배타조건부
거래약정이나 rpm을 준수하지 않는 경우에 제재 차원에서 거래상대방에게 고가
로 공급하는 경우가 전형적인 예라고 설명하고 있다.[35] 공정거래법 위반행위의
실효성 확보수단으로 차별취급이 이용되는 경우라 하겠다. 우리 공정거래법상 차
별남용에서도 다른 남용행위의 실효성 확보 차원에서 활용되는 순수한 차별남용
을 상정할 수 있을 것이다.

III. 자사우대

1. 자사우대의 개념

　자사우대(self-preferencing)는 법률상 개념이 아니고 단어 자체나 그 연원에
부정적 의미가 내포되어 있으므로 신중하게 사용되어야 한다. 논의를 위하여 공
정위 관련 심사지침[36]상 개념을 원용하기로 한다.[37] 심사지침에 따르면, 자사우
대란 온라인 플랫폼 사업자가 자사 온라인 플랫폼에서 자사의 상품 또는 서비스
를 경쟁사업자의 상품 또는 서비스 대비 유리하게 취급하는 행위를 말한다. 그
범위는 온라인 플랫폼 사업자가 자사의 상품 또는 서비스를 경쟁사업자의 상품
대비 우선 노출시키는 등 직접적으로 우대하는 행위뿐 아니라, 자사와 거래하는

---

33) Meo—Serviços de Comunicações e Multimédia EU:C:2018:270 at [26], [27].
34) R. O'Donoghue, "The Quiet Death of Secondary—Line Discrimination as an Abuse of
Dominance: Case C—525/16 MEO" (2018) 9 Journal of European Competition Law &
Practice 445.
35) 根岸 哲, 주석 독점금지법, 有斐閣, 3385, 386쪽.
36) 온라인 플랫폼 사업자의 시장지배적지위 남용행위에 대한 심사지침(2023. 1. 12. 공정위 예규
　　제418호).
37) 위 심사지침의 제정 전 심사지침안에 관한 해석론으로는, 박준영, "온라인 플랫폼 사업자의 반
　　경쟁적 우려에 대한 규범적 대응현황 및 쟁점", 법학연구(제32권 제2호), 연세대학교 법학연
　　구원(2022).

온라인 플랫폼 이용사업자의 상품 또는 서비스를 그렇지 않은 이용사업자의 상품 또는 서비스 대비 우선 노출시키는 등 간접적으로 우대하는 행위도 포함한다.[38]

또 공정위는 위 지침에서 다음과 같은 자사우대 견본사례를 제시하면서 '비교쇼핑서비스 시장의 지배적 지위를 지렛대로 활용하여 오픈마켓 시장으로 지배력을 전이시켜 경쟁을 제한한 A사의 행위는 차별남용에 해당할 수 있다'고 하고 있다. 과연 그러한지 앞서 살펴본 차별남용 법리에 비추어 다음 견본사례를 살펴보기로 한다.

> A사는 비교쇼핑서비스 시장에서 지배적 지위에 있는 사업자이며, 동시에 오픈마켓을 운영하는 사업자이다. 경쟁 오픈마켓은 A사의 비교쇼핑서비스를 이용하지 않고 소비자에게 상품판매를 용이하게 할 수 있는 대체적인 거래경로를 확보하기가 곤란한 상태이다. 이러한 상황에서 A사는 자사 오픈마켓의 점유율 확대를 위해 비교쇼핑서비스에 적용되는 검색알고리즘을 인위적으로 조정하여 지속적으로 자사 오픈마켓 입점업체에 대해서는 비교쇼핑 사이트 검색결과 상단에 노출될 수 있도록 하면서 경쟁 오픈마켓 입점업체에 대해서는 비교쇼핑 사이트 검색결과 상단 노출을 감소시켰다. 그 결과 A사의 비교쇼핑서비스를 이용하는 소비자들은 A사의 오픈마켓에 입점한 상품을 더 많이 구매하게 되었으며, A사의 오픈마켓은 교차 네트워크 효과로 선순환을 거치면서 지속적인 이용자 증대효과를 누리게 되었다. 반면, 노출이 감소한 경쟁 오픈마켓은 입점업체가 줄어들고 교차 네트워크 효과로 이용자 감소의 악순환을 지속하면서 A사의 오픈마켓 대비 경쟁상 열위에 처하게 되었다.

2. 자사우대의 거래조건 차별행위 성립 여부

(1) 거래상대방

1) 자사우대 규제의 전제조건

자사우대는 온라인 플랫폼 사업자가 자사 상품 등을 경쟁자 상품 대비 우선

---

[38] 위 심사지침은 행위유형별 심사기준으로, 멀티호밍 제한, 최혜대우 요구, 끼워팔기 등과 함께 자사우대를 규정하고 있다.

노출하거나 자사 입점 온라인 플랫폼 사업자의 상품을 그렇지 않은 사업자의 상품보다 우선노출하는 등의 행위이다. 견본사례도 상류시장인 비교쇼핑서비스와 하류시장인 오픈마켓서비스를 수직결합한 온라인 플랫폼 사업자가 자사 오픈마켓 입점업체를 경쟁 오픈마켓 입점업체보다 검색결과 상단노출을 확대한 행위를 대상으로 한다. EU와 미국에서는 자사우대를 경쟁법상 금지시킬지를 둘러싼 논의가 치열하게 전개되었는데,[39] 자사우대가 성과경쟁에 포함되는지, 플랫폼이 필수설비에 해당하는지에 관한 것이 주를 이루었다.[40] EU와 미국은 1개 조문의 해석으로 폭넓은 남용행위를 규율하는 법제이고, 특히 EU는 제102조에서 4개의 항목을 두고 있으나 이를 예시규정으로 해석하고 있다.[41] 그런데 공정거래법은 공정위 고시에 위임하면서까지 시지남용 유형과 기준에 관한 세부규정을 두고 있고 형사처벌조항까지 감안하면 열거규정이라고 해석할 수밖에 없으니, 법원은 이윤압착 사건에서 보인 바와 같은 공정거래법의 목적론적 해석[42]을 통하여 열거규정성을 극복하려고 하고 있다. 이러한 점에서 공정거래법상 자사우대 금지 여부는, 문제된 행위가 배제적 차별남용에 관한 공정거래법상 성립요건을 구비하였는지의 문제가 된다. 이를 위하여 우선 비교쇼핑검색결과 제공방법에서 차별취급당한 오픈마켓사업자나 오픈마켓 입점업체를 거래상대방이라고 할 수 있는지 살펴보기로 한다.

2) 경제적 · 실질적 관점의 거래상대방

비교쇼핑서비스 사업자는 자신의 상품정보를 제공하기를 원하는 인터넷상거래업자들로부터 상품정보를 제공받아 검색결과를 인터넷 이용자들에게 제공해주고 인터넷상거래업자들로부터 일정 수수료를 지급받는 방식으로 사업활동을

---

39) 플랫폼 사업자들의 사업다각화로 인하여 플랫폼 중립성이라는 개념이 2014년경 처음 사용되기 시작했고, 2017. EU 디지털 시대의 경쟁정책 보고서에서 자사우대 개념이 제안되었으며, 2019. EU 온라인 플랫폼에서 공정성과 투명성 제고를 위한 규칙이 제정되었다는 배경에 관한 소개글로, 이상윤·이황, "검색 중립성과 경쟁법 집행원리", 법학연구 제30권 제3호(2020) 267, 279~284쪽.

40) 이에 관한 자세한 설명으로, 윤신승, "온라인 플랫폼의 자사우대 규제에 관한 일고", 법학논집(제27권 제3호), 이화여자대학교 법학연구소(2023), 300~309쪽.

41) "The list of abusive practices contained in Article 102 does not exhaust the methods of abusing a dominant position prohibited by EU law." Lietuvos gelezinkelai AB v Commission 85항.

42) "통상거래가격은 위와 같이 문언의 가능한 범위에서 모법 조항과의 체계적 · **목적론적 해석**을 통하여 그 의미와 내용을 충분히 알 수 있다"(대법원 2021. 6. 30. 선고 2018두37700 판결)

한다. 차별남용은 거래상대방을 전제로 하고, 그 중 통상 배제적 차별남용이 문제되는 경우는, 거래상대방과 차별행위 대상 및 배제대상이 모두 하류시장의 경쟁자가 될 것이다. 이때 시지사업자와 하류시장 경쟁자의 거래가 형식적으로 존재하지 않더라도 경쟁자와 시지사업자를 연결해주는 매개자가 있으면 그 매개자를 통하여 실질적 관점에서 경쟁자와 거래가 이루어진 것으로 보고, 그에 대한 현저한 차별행위가 있는지, 그것이 부당한지 등을 따져보게 된다.

그런데 견본사례가 전제하는 자사우대 사안에서 비교쇼핑서비스를 위한 거래는 온라인 플랫폼 시지사업자와 하류시장 경쟁자인 오픈마켓 사업자 사이에 이루어지므로 거래상대방은 경쟁 오픈마켓이고, 차별행위인 검색결과의 내용에는 자사 및 경쟁 오픈마켓의 입점업체들과 더불어 경쟁 오픈마켓도 함께 표시되며, 배제대상은 입점업체가 아닌 경쟁 오픈마켓이라 할 수 있다. 여기서 검색결과 차별행위의 대상은 견본사례처럼 입점업체라고 할 수도 있지만, 그 차별원인은 그 입점업체가 속한 오픈마켓이 시지사업자의 경쟁자이기 때문이고, 입점업체는 시지사업자 자사 오픈마켓과 경쟁 오픈마켓 모두 다 입점할 수 있으므로 같은 입점업체라도 검색결과에서 다른 취급을 받을 수 있다는 점을 고려하면, 차별행위 대상은 경쟁 오픈마켓으로 보는 것이 실질적 관점에 부합할 것이다. 즉 거래상대방은 경쟁 오픈마켓, 배제대상도 경쟁 오픈마켓이고, 차별행위는 경쟁 오픈마켓과 입점업체 모두로 볼 수 있는 경우에 굳이 거래상대방을 입점업체로 볼 필요는 없는 것이다.

물론 견본사례는 입점업체를 차별한 것과 같은 내용을 담고 있다. 입점업체들의 상품정보를 오픈마켓들이 비교쇼핑서비스 사업자에게 제공하는 것을 통하여 입점업체와 비교쇼핑서비스 사업자들 사이에 실질적 관점의 거래가 존재한다고 하더라도, 비교쇼핑서비스 사업자의 검색결과 차별행위는 입점사업자들이 누군인지가 아닌 어느 오픈마켓에 입점해 있는지에 따른 것이므로 그와 같은 구성은 자연스럽지 못하다.

현대자동차가 현대캐피탈과 타 할부금융사를 차별한 사건[43]에서도, 할부금융사들 사이의 차별이 실질이기에 이들과의 거래관계를 인정하기 위하여 차량구입 고객들을 매개로 현대자동차가 타 할부금융사와도 거래관계가 있다는 실질적 관점을 원용하였다. 반면 견본사례는 오픈마켓들 사이의 차별이 실질이고, 이들과

---

43) 대법원 2007. 2. 23. 선고 2004두14052 판결.

비교쇼핑서비스 사업자와는 거래관계가 있으므로 거래상대방, 차별대상, 배제대상이 모두 경쟁 오픈마켓이 된다. 따라서 굳이 차별의 실질과는 거리가 먼 입점업체들 사이의 차별을 차별행위 대상으로 삼기 위하여 입점업체와 비교쇼핑서비스 사업자와의 거래관계를 인정하는 것은 실질적 관점에서 보아도 다소 무리한 면이 보인다.[44)]

이렇게 보면 시지사업자는 하류시장의 경쟁자이자 비교쇼핑서비스시장의 고객인 경쟁 오픈마켓과 자사를 차별한 것이 되므로, 이는 곧바로 개정 심사기준의 성격 문제와 연결된다. 개정 심사기준을 창설규정으로 볼 경우 심사기준 개정 전에 이루어진 자사와 경쟁자의 차별행위는 차별남용이 성립할 수 없는 것이 아닌지 하는 문제가 생기기 때문이다.

3) 개정 심사기준의 성격

앞서 개정 심사기준에 관한 창설규정설과 확인규정설의 각 논거를 살펴본 바 있다. 개정 심사기준으로 2개의 거래상대방을 전제하지 않은 자사와 경쟁자의 차별도 차별남용에 해당하는 것이 분명해졌는데, 종전 규정하에서도 가능했는지, 개정 규정으로 비로소 가능해졌는지에 관한 것이었다. 견본사례에서 시지사업자와 경쟁오픈마켓의 차별이 아닌 경쟁오픈마켓 입점업체와 시지사업자 입점업체의 차별로 구성한 것 역시 창설적 성격을 염두에 두고 행여 자사와 오픈마켓 차별이 차별남용 요건을 구비하지 못하게 될 것을 염려한 것으로 보인다.

그런데 배제적 차별남용과 순수한 차별남용을 구분해서 접근해 보면 종래 토지공사 판례와 롯데시네마 판결의 적용범위를 한정할 수 있게 되어 배제적 차별남용의 경우 2 이상의 거래상대방을 전제로 하지 않고 자사와 다른 거래상대방의 차별도 차별행위에 포섭하는 것이 합리적임을 알 수 있다. 이윤압착에 관한

---

44) 요약하면 다음 표 기재와 같다.

	거래상대방	차별행위 대상	배제대상	비고
견본 사례	경쟁오픈마켓	경쟁오픈마켓 입점업체	경쟁오픈마켓	검색결과에 경쟁오픈마켓과 입점업체 함께 표시됨
대안	경쟁오픈마켓	경쟁오픈마켓	경쟁오픈마켓	
현대차 사건	기타 할부금융사의 고객	기타 할부금융사	기타 할부금융사	고객을 매개로 기타 할부금융사와의 거래관계 인정함

대법원 판례[45])도 공정거래법 시행령상 '통상거래가격'의 해석이 문제되자 이는 상위규정인 공정거래법상 '부당하게 경쟁사업자를 배제하기 위하여 거래하는 행위'(제5호)의 구체화를 위한 도구개념이고 모법의 의미와 내용, 입법목적에 합치되도록 해석해야 한다고 판시한 바 있다. 이러한 판례 태도를 염두에 두면, 개정 전 심사기준상 '(거래상대방을) 부당하게 차별하는 행위'는 모법인 공정거래법상 '다른 사업자의 사업활동을 부당하게 방해하는 행위'(제3호)에 부합하게 해석해야 하고, 경쟁자와 자사 대비 가격 등의 면에서 차별적으로 거래하여 사업활동을 방해함으로써 관련시장에서 배제하려는 행위를 사업활동 방해에 포함되지 않는다고 보기는 어려울 것이다.[46])

견본사례는 (롯데시네마 사건 등의 판례를 존중하는 입장을 고려하더라도) 개정 심사기준의 성격을 창설규정으로 보고, 차별남용의 거래상대방을 경쟁 오픈마켓의 입점업체로 상정함으로서 다소 무리한 해석을 시도하였다는 면을 지적할 수 있다.[47]) 견본사례 스스로 심사기준의 개정으로 비로소 자사우대행위의 금지가 가능해졌다고 인식하는 것을 보여준다고도 할 수 있다.

(2) 거래조건 차별행위
1) 검색결과 제공방법의 거래조건성

견본사례의 자사우대행위는 자사 오픈마켓과 경쟁오픈마켓 판매 상품정보를 비교쇼핑서비스 검색을 통하여 제공하면서 검색결과 노출순위를 차별하였다는 것이다. 차별남용은 가격과 거래조건 차별행위를 객관적 성립요건으로 하고, 거래조건은 가격을 제외한 거래내용 전반을 의미하므로, 비교쇼핑서비스 사업자가 오픈마켓 등의 전자상거래업자로부터 일정수수료를 받고 그 상품정보를 검색결과를 통해 제공하는 거래에서 검색결과 제공방법은 거래조건에 해당한다고 할 수 있다.

---

45) 대법원 2021. 6. 30. 선고 2018두37700 판결.

46) 공정거래법 조항의 사업활동방해는 행위 대상이 2 이상의 독립된 사업자인지 여부와 무관하게 금지해야 할 필요가 있다는 취지로, 이호영, 수직통합 온라인 플랫폼의 자사우대 행위의 경쟁제한성 판단기준에 관한 연구, 경쟁법연구(통권 47권)(2023), 200쪽.

47) 논문 심사위원께서는 심사지침이 확인규정설 입장에 서 있다고 볼 수 있으므로 논의의 실익이 크지 않다는 점을 지적하셨다. 확인규정설의 입장이라면, 심사지침이 경쟁오픈마켓이 아니라 입점업체를 거래상대방으로 그리고 차별대상으로 시지사업자 입점업체와 경쟁오픈마켓의 입점업체를 들고 있는 점과 롯데시네마 판결취지를 고려하여 심사기준을 개정한 점을 설명할 수 있는지 의문이다. 심사기준 개정 전 사건인 네이버 쇼핑 사건의 대법원 판결을 기다려보는 것도 방법일 수 있다.

이때 비교쇼핑서비스 검색결과 제공방법은 어떤 사업자를 우선노출 또는 상단노출하고 어떤 사업자를 하위노출할지를 결정하는 것이고, 검색결과 화면 상단은 이용가능한 사업자가 제한된 공간이라고 할 수 있다. 검색결과는 단순히 상품정보 제공이라는 기능뿐 아니라 하부시장 상품판매 사이트로의 접속로를 제공하는 역할을 한다. 이 점에서 검색결과의 차별은 정보제공의 차별뿐 아니라 접속로 제공의 차별을 의미하는 것이고 이러한 차별행위의 특수성을 염두에 두어야 한다. 거래조건은 거래상대방이나 제3자 행위와 무관하게 고정되어 있는 고정거래조건과 제3자 행위 등에 영향을 받는 변동거래조건으로 구분되는데, 비교쇼핑서비스 검색결과는 최초 제시되는 검색결과 외에 인터넷 이용자가 리뷰순, 가격순 등으로 검색결과를 편집할 수 있는 가능성이 제시되므로 변동거래조건이라고 할 수 있다. 인터넷 이용자인 소비자들이 자신들이 제공받을 정보의 제공방법을 결정할 수 있고 동시에 접속로도 변경할 수 있는 가능성이 열려 있다. 이러한 변동거래조건이라면, 그 차별행위의 현저성 면이나 차별행위로 인한 부당성의 면에서 고정거래조건과 차이를 가져올 수밖에 없다.

2) 차별행위의 현저성

견본사례에 제시된 바와 같이 비교쇼핑서비스 검색결과에서 자사와 경쟁오픈마켓의 상단노출정도를 차별한 행위가 현저한 거래조건 차별에 해당하는지 여부는, 차별 방법이나 그 차별이경쟁사업자들에게 미치는 경쟁상 불이익 정도를 고려해야 한다. 비교쇼핑서비스의 검색결과 상단노출이 정상적 영업행위라고 할 수 있는지부터 검색결과 자사 오픈마켓 상단노출과 하류시장 상품구매 사이의 인과관계 등이 문제될 수 있다.

먼저 비교쇼핑서비스 검색결과에 자사 제품을 우선노출시키는 행위를 대형마트가 자신들의 PB 상품을 고객주목도가 높은 공간에 배치하는 행위에 빗대어 정상적 영업행위가 아닌지 의문을 제기하는 주장이 있다.[48] 유사한 거래유형이기는 하지만, PB 상품 우선진열과 비교쇼핑서비스 검색우선노출을 단순비교하는 것은 의미가 없고, 이는 차별행위의 현저성 문제로 접근해야 한다. PB 상품도 우선진열의 정도가 심각하면 현저한 차별행위라 할 수 있고 비교쇼핑서비스 검색우선노출도 그 정도가 심각하지 않으면 현저한 차별행위라 할 수 없는 것이다. 예컨

---

48) 심재한, "자사우대 행위에 대한 공정거래법 적용－네이버 쇼핑 사건을 중심으로", 유통법연구 (제9권 제1호), (2022) 91쪽, 110~111쪽.

대 대형마트 아이스크림 냉장고의 상당한 깊이까지 PB 아이스크림들로 채워 놓아서 경쟁 아이스크림을 사기 위해서는 30cm 이상 파헤쳐야 한다면,[49] 이는 현저한 차별이라고 할 수 있을 것이다. 또 비교쇼핑서비스 검색결과 40개가 노출되는 첫 화면에 전부 자사 관련상품만 나타나거나 검색결과 제공방법이 고정되어 있어서 인터넷유저들이 검색결과화면을 편집할 수 없다면, 또 비교쇼핑서비스 검색결과 외에 하류 상품판매시장으로의 진입이나 상품정보제공이 어려운 상황에서 이루어진 불리한 노출이라면, 차별행위의 현저성을 쉽게 인정할 수 있을 것이다.

롯데시네마 사건은 불공정거래행위 사건이지만, 자사 배급 12편의 영화에 대하여 전단꽂이의 상단칸에 해당 영화의 전단 3~4개를 비치한 사실이 문제되었고 이는 판매재화 등에 관한 정보제공이라는 점에서 견본사례와 유사한데, 법원은, 전단이 노출되는 정도, 전단 입수의 용이성 등 영화의 홍보 효과에 있어 큰 차이를 가져온다고 단정하기는 어려우므로 현저성이 인정되지 않는다고 판단한 바 있다.

견본사례는 비교쇼핑 검색결과 상단노출만으로 차별남용의 객관적 성립요건을 인정하는 듯하지만, 변동거래조건성이나 검색결과 편집가능성, 비교쇼핑 검색결과와 상품시장의 구매 사이의 관련성 정도 등을 함께 고려하여 차별행위의 현저성이 인정될 수 있는지를 검토할 것을 지적할 수 있다. 이는 차별남용의 부당성과 연결되는 문제이기도 하다.

(3) 자사우대의 차별남용 부당성 인정 여부

1) 부당성 판단지표

견본사례는 배제적 차별남용 사안으로 비교쇼핑 사업자가 검색결과 상단에 자사 오픈마켓을 노출시키는 방법으로 경쟁 오픈마켓을 차별한 행위인데, 포스코 기준에 따라서 차별행위에 대하여 경쟁제한의 우려와 경쟁제한의 의도를 인정할 수 있는지 여부가 문제된다. 경쟁 오픈마켓이 검색결과에서 차별을 당함으로써 불이익을 입고 그로 인하여 퇴출될 위기에 처함으로써 경쟁사업자 수나 다양성 감소 등이 일어나는지를 살펴야 하는 것이다.

검색결과는 정보제공이라는 점에서 상류시장 생산요소를 하류시장에 판매하는 것과 다르지만, 검색결과 차별은 하류시장으로 가는 진입로를 질적으로 차단

---

49) 손동환, "부당한 고객유인과 자사우대", 법조 제71권 제6호(통권 제756호), 법조협회(2022), 350쪽.

한다는 성격도 가지므로, 차별적 검색결과 제공행위 → 상품정보제공 및 접속경로 봉쇄 → 경쟁사업자의 퇴출우려의 순서로 이루어지는 과정에서 봉쇄효과 및 비교쇼핑서비스의 대체가능성이 주요한 판단지표가 될 것이다. 또 봉쇄효과가 인정된다고 하더라도 경쟁오픈마켓이 시지사업자보다 우등재를 공급하고 있다면 여전히 경쟁력을 가지고 시장에서 활동할 수 있을 것이므로 봉쇄효과가 시장에 미치는 영향도 보충적으로 살펴볼 필요가 있다.

다음으로 주목할 사항은 배제적 차별남용은 시지사업자가 시장지배력을 가진 시장과 경쟁제한효과가 발생하는 시장이 분리됨을 예정하고 있다는 점이다. 견본사례에 의하면 A가 비교쇼핑서비스 시장에서 시장지배력을 가지지만, 경쟁제한효과는 오픈마켓시장에서 발생하는 것을 보여준다. 이와 같이 시장지배력 보유 시장과 경쟁제한효과 발생 시장이 분리되는 점에 착안하여 지배력 전이(leveraging) 이론을 경쟁제한성의 지표로 제시하려는 입장이 생길 수 있다. 견본사례도 그와 같은 입장으로 보이므로 이에 관해서도 살펴보기로 한다.

2) 봉쇄효과

비교쇼핑서비스는 소비자들에게 검색결과를 통한 상품정보를 제공하고 오픈마켓 입점점포로 이어지는 접속경로를 제공함으로써 하류시장인 오픈마켓 시장에 큰 영향을 미칠 수 있다. 만약 비교쇼핑서비스 시장이 독점시장이고 독점사업자의 차별행위로 하류시장 경쟁자가 비교쇼핑서비스를 통한 접속로를 봉쇄당하면 언제나 경쟁제한성이 인정될까? 문제는 하류시장으로의 접속경로가 얼마나 봉쇄당하는지에 있으므로, 하류시장의 상품정보제공이나 접속경로가 비교쇼핑서비스뿐인지, 그 외에도 다른 대체적 접속경로가 존재하는지를 살펴서 전체 접속경로 중에 봉쇄당한 비교쇼핑서비스 접속경로가 어느 정도인지를 살펴야 경쟁제한성 판단지표로서 봉쇄효과를 확정할 수 있을 것이다.

그런데 비교쇼핑서비스 시장의 검색결과 제공방법은 변동거래조건이므로, 그와 같은 거래조건이 실제 거래에 영향을 준다는 것이 먼저 확정되어야 한다. 비교쇼핑사업자의 검색결과 차별행위가 경쟁 오픈마켓 내지 오픈마켓 시장의 경쟁에 영향을 주는 것은 최초 비교쇼핑 검색결과 그대로 소비자가 오픈마켓에 접속한다는 것을 전제로 하는데, 실제는 소비자가 나름대로 리뷰순, 낮은 가격순 등으로 검색결과를 편집한 후 오픈마켓에 접속하는 경우도 가능하다. 비교쇼핑서비스 검색결과 차별이 공정거래법상 거래조건 차별로서 의미 있는 부분은, 오픈마켓 전체 접속로 중에서 최초 비교쇼핑서비스 검색결과를 토대로 오픈마켓에 진입하는 비율 또는 그 진입비율 중에서 구매로 이어지는 비율이라고 할 수 있다. 그 범위에서 거래조건 차별행위가 하류시장에 영향을 줄 수 있기 때문이다.

다음으로 비교쇼핑서비스 시장에서 경쟁 오픈마켓이 선순위 노출빈도가 감소하더라도 여전히 비교쇼핑서비스 시지사업자를 통한 정보제공과 접속경로 제공이 가능하기는 하므로 차별로 인한 불이익 정도는 정량적으로 확정하기 어려운 한계가 있다. 예컨대 경쟁 오픈마켓 선순위 노출빈도가 첫 화면 노출이 가능한 40개 중에 기존 10개에서 5개로 줄어들었을 때 여전히 선순위 노출이 이루어지기는 하므로 경쟁오픈마켓으로 접속할 수 있는 전체 범위 중 얼마나 제한되었는지는 확정하기 어렵다. 하지만 ① 비교쇼핑서비스 시장에서 시지사업자를 통한 접속을 전부 제외한 나머지 사업자, 예컨대 다나와 등을 통한 정보제공이나 접속경로 제공이 가능한 범위, 그리고 ② 비교쇼핑 서비스를 대체하여 경쟁오픈마켓에 접속경로를 제공하는 범위, 예컨대 휴대폰 앱을 통한 직접 접속 등이 가능한 범위 등을 통해서 경쟁당국에 가장 유리한 정도 수준으로는 봉쇄효과 범위를 정할 수 있을 것이다. 배타조건부 거래로 봉쇄되는 생산요소 외의 대체품인 다른 생산요소로 구매를 전환하는 경우와 마찬가지로, 비교쇼핑 서비스 외의 대체 접속경로를 통한 접속경로 확보나 정보제공을 위하여 추가지출되는 비용 정도나 서비스 내용이 비교쇼핑서비스에 비하여 열등한지 여부 등도 고려되어야 할 것이다. 경쟁 오픈마켓으로 접속하는 전체 트래픽 중 비교쇼핑서비스를 접속경로로 하는 트래픽이 차지하는 비중이나 경쟁 오픈마켓의 전체 매출액 중에서 비교쇼핑서비스의 위 검색결과를 접속경로로 매출액이 차지하는 비중 등이 봉쇄효과의 최대치라고 할 수 있을 것이다. 이때 어느 정도의 봉쇄율이 경쟁제한효과의 지표가 될 수 있는지에 관해서 대법원은 뚜렷한 기준을 제시하지는 않지만, 조건부 리베이트 사건[50]에서 약 20% 정도의 봉쇄율만으로는 경쟁제한의 우려를 인정하기 어렵다고 판단한 바 있다.

견본사례에 관한 심사지침상 판단요소에는 시지사업자를 기준으로 '자사우대로 인한 상품 등의 접근성 제고 효과 및 정도(다항)'와 '관련 시장의 진입장벽이 강화되는지 여부(아항)' 등을 제시할 뿐 하류시장 경쟁사업자로의 진입로가 얼마나 봉쇄되는지에 관한 봉쇄효과는 제시하지 않고 있다. 위 2가지 기준은 경쟁자

---

50) 대법원 2019. 1. 31. 선고 2013두14726 판결.

에 대한 불이익과 관련시장 봉쇄를 염두에 두지 않고, 차별행위로 시지사업자의 하류시장 시장점유율 확대에만 초점을 맞춤으로써 너무 쉽게 부당성이 인정되도록 하는 기준이라는 비판이 가능하다. 경쟁제한성 판단지표는 경쟁자에 대한 영향이 관련시장의 경쟁제한으로 이어지는 것을 살피는 것이 일반적인데, 견본사례는 경쟁 오픈마켓에 대한 효과보다는 시지사업자 자신의 점유율 증대가 이루어져 그로 인한 결과 경쟁 오픈마켓의 점유율 감소로 이어졌다는 점을 제시한다. 그런데 이러한 논리는 시지사업자의 점유율 증대가 차별행위로 인한 것인지, 시지사업자의 경쟁상 우위 때문인지에 관한 상당인과관계 문제를 외면한 접근이라는 비판이 가능하고, 차별행위로 경쟁자의 사업활동이 곤란해져서 그것이 퇴출우려까지 이어지는지를 살피는 일반적 접근법과는 차이가 있다.[51] 또 견본사례에서는 경쟁오픈마켓이 비교쇼핑서비스 외에는 대체적인 접속경로를 확보하기가 곤란한 상태임을 전제하고 있으므로, 앞서 본 대체적 접속경로 확보가능성이라는 문제는 피할 수 있지만, 차별적이나마 상품정보나 접속로를 제공하고 있으므로, 이러한 경우 봉쇄효과 범위를 어떻게 확정할 것인지에 관한 어려움은 여전히 남는다. 차별적이나마 후순위 검색결과에 배치한 경우 경쟁오픈마켓이 시지사업자의 비교쇼핑서비스에서 완전히 봉쇄되는 것으로 단정하기 어렵기 때문이다. 끝으로 견본사례는, 오픈마켓이나 쇼핑몰 시장에서 비교쇼핑서비스를 거치지 않은 전용 앱을 통한 직접 접속이 시장에서 보편화된 일반적 모습이라는 현실을 반영하는 데 부족했다는 지적이 가능할 것이다.

3) EU 구글쇼핑 사건

EU사건은 구글의 일반검색서비스 시장에서의 지배력을 바탕으로 자사 비교쇼핑서비스를 검색결과 첫 페이지에 가장 잘 보이는 곳에 위치시키고 경쟁사는 가격정보와 사진 등을 안 보이도록 한 채 노출시킨 행위를 통하여 비교쇼핑서비스 시장에 경쟁제한효과를 가져왔는지 여부가 문제된 사건이다. 구글은 자신의 행위가 품질개선으로 성과경쟁 범위에 포함되는 것이라고 주장하였지만, 일반법원[52]은 시지사업자에게 특별책임(150항)이 있고 차별취급도 남용이 된다고 하면

---

51) 자사우대 행위가 서비스품질을 향상시키기 위한 것과 경쟁자를 배제하기 위한 것 모두 시지사업자의 시장점유율을 증가시키므로, 그 주된 원인이 무엇인지를 면밀하게 식별해야 한다는 취지로, 이호영, 수직통합 온라인 플랫폼의 자사우대 행위의 경쟁제한성 판단기준에 관한 연구, 경쟁법연구(통권 47권)(2023), 199쪽.

52) Case T-612/17, Google v Commission.

서(155항) 이를 배척하였다. 지배력 전이 사실만으로는 남용이 되지 않지만(162항) 특별한 조건하에서는 금지되는데, 그 조건으로 당해 행위가 잠재적이라도 경쟁제한효과를 가지고, 성과경쟁에서 벗어난 경우(174, 175, 195항)를 들고 있다. 이 사건 행위가 성과경쟁이 아니라는 점에 대해서는, 비교쇼핑서비스에 대한 구글검색의 중요성, 온라인 이용자들이 온라인 검색에서 보이는 첫 화면에 집중하는 행태, 효율적으로 대체불가능한 구글검색의 속성 등을 근거로 제시한다(169~175항). 자사우대가 Bronner사건에 나타난 필수설비 요건을 충족할 때만 금지되는지가 문제되었는데, 이윤압착이나 끼워팔기에서도 불리한 조건하에 재화 등을 공급하는 행위에서 필수불가결성 요건이 요구되지 않는다고 판시해 왔던 점(236항), 이 사건은 명시적 거래거절이 아닌 적극적 차별이 문제되었고(240항), 거래거절은 접근요청에 대한 명시적 거절이 있고 배제효과도 거절행위 자체에서 찾을 수 있는 경우로 한정되는 점(232항)을 근거로 필수설비 이론과는 다르게 보고 있다. 경쟁제한효과는 구글의 행위로 경쟁 비교쇼핑서비스 업체로 연결되는 트래픽에 미친 영향분석과 트래픽 감소에서 생기는 반경쟁적 효과의 심사를 통해서 인정되었는데, 이때 트래픽에 대한 영향과 반경쟁적 효과를 구분하여 트래픽에 대한 영향은 전제조건일 뿐이라고 하면서 경쟁자의 구글과의 경쟁능력과 경쟁인센티브에 대한 영향이 입증되어야 한다(451항)고 보았다. 차별행위와 트래픽 감소의 인과관계, 실질적 배제효과나 경쟁감소만 입증하면 되고 그로 인한 가격인상이나 혁신저해까지 입증할 필요는 없는데, 이 사건에서 경쟁 비교쇼핑서비스 업체가 영업을 중단하고, 혁신할 인센티브를 상실하였다는 점을 제시한다(451항). 동등효율경쟁자 기준을 충족하지 못했다는 구글 주장에 대해서 이 사건은 가격남용이 아니고(528, 539항), 위 기준은 당해 행위가 경쟁을 왜곡하지 않는 경우에만 적용된다는 점에서 그 주장을 배척하였다(541항).

위 EU구글쇼핑 사건은 견본사례를 평가함에 큰 시사점을 준다. ① 먼저 EU사건과 견본사례는 배제적 차별남용이라는 공통점이 있지만, 지배력시장이 일반검색서비스 시장과 비교쇼핑서비스 시장으로 차이가 있고 각 시장 특성의 차이에서 시지사업자의 차별행위가 가지는 의미도 달라질 수 있다는 점이다. 일반검색서비스는 크롤링에 의하여 정보를 수집하고 광고수익에 의존하지만, 비교쇼핑서비스는 제품 정보제공을 원하는 상거래업자들로부터 정보를 제공받고 그들로부터의 수수료 수익에 의존하는 점에서 서비스의 공공기능 면에서 큰 차이를 보인다.[53] 일반검색서비스는 동등대우가 원칙이고 비교쇼핑서비스는 차별대우가 사업상 정당한 이유를 가지기 쉽다는 점이다. 이 점에서 EU에서는 일반적 법원리로서의 평등원칙이 일반검색결과 차별남용 금지의 이론적 배경이 된다는 주장[54]도 있지만, 견본사례 비교쇼핑서비스의 경우 영업적 성격이나 광고적 성격이 더 커서 차별남용 규제의 보충성이 더 크게 작동한다고 할 수 있다. ② 또 EU 사건에서는 차별행위가 성과경쟁이 아니라는 근거로 하류시장 접근을 위해 구글의 역할이 절대적이고 대체가능성도 없다는 점을 들고 있는데, 이는 견본사례에서 봉쇄효과를 판단하는데 있어서 비교쇼핑서비스의 대체가능성 범위가 중요 고려사항이 된다는 점을 보여준다. ③ 다음으로 차별행위로 인한 시지사업자 매출 증대가 아닌 경쟁자의 트래픽 감소가 중요한 경쟁제한성 판단지표이고 경쟁자의 퇴출이나 혁신 인센티브 등을 고려해야 한다는 점이다. 견본사례에서도 경쟁제한성 판단지표로서 경쟁오픈마켓이 매출감소로 열위에 빠졌다는 점 외에 경쟁오픈마켓으로 연결되는 트래픽 감소로 인한 봉쇄효과나 경쟁자의 경쟁능력에 미치는 영향, 경쟁자 퇴출로 인한 다양성 감소나 혁신저해의 우려 등을 포함시키는 것을 고려할 수 있음을 보여준다.

4) 지배력 전이 이론의 의미

지배력 전이는 1개 시장에서 지배적 지위를 이용하여 다른 시장에서 경쟁상 우위를 누리려는 행위 또는 1개 시장에서의 지배적 지위를 이용하여 다른 시장도 독점화하려는 효과 등을 의미한다. 이에 대해서는 부정확하고 잠재적으로 오인을 유발하는 용어라는 견해,[55] 다양한 문제를 야기하는 용어라는 견해[56] 등이 있는데, 견본사례에서 '비교쇼핑서비스 시장의 지배적 지위를 지렛대로 활용하여 오픈마켓 시장으로 지배력을 전이시켜 경쟁을 제한한 A사의 행위는 차별남용에 해당할 수 있다'는 표현을 사용하고 있으므로 지배력 전이가 남용유형의 하나인지, 경쟁제한성에 대한 판단지표인지, 아니면 남용유형과 경쟁제한성 모두를 포

---

53) 공정위는 통합검색방식으로 검색서비스 제공하면서 비교쇼핑서비스 등도 정보검색결과와 구분하지 않고 노출시킨 행위에 대하여 국내 검색엔진 네이버(제2014-103호)와 다음(제2014-104호)에 대하여 동의의결로 종결시킨 바 있다.

54) Lena Hornkohl, Article 102 TFEU, *Equal Treatment and Discrimination after Google Shopping*, Journal of European Competition Law & Practice, 2022, Vol. 13, No. 2 105쪽.

55) "imprecise and potentially misleading term", R. O'Donoghue and A J Padilla, *The Law and Economics of Ariticle 82 EC*, Hart Publishing, 207쪽.

56) Herbert Hovenkamp, *Federal Antitrust Policy,* 6th(2020), p. 415-416.

함하는 개념인지에 관하여 살펴볼 필요가 있다. 우선 공정거래법상 지배력 전이 자체가 남용유형은 아니지만 이윤압착, 끼워팔기, 약탈가격설정 등과 같은 총칭 (generic)으로 볼 여지는 있다. 하지만 이윤압착에서 도소매가격 차이, 거래거절 에서 필수요소성, 약탈가격에서 비용보다 낮은 가격, 배제남용에서의 봉쇄효과와 같은 경쟁제한성 판단지표가 되는지에 대해서는 회의적이다.[57] 지배력전이는 행 위나 현상을 포착하는 성격이지 지배력전이로 인하여 시장이나 경쟁이 어떻게 되었는지를 설명해 주지 않기 때문이다. 만약 지배력전이만으로 부당성을 인정한 다면, 이는 객관적 성립요건만으로 부당성을 인정하는 것과 동일하게 된다. 물론 EU에서는 지배력전이만으로 제102조 위반을 인정한 위원회 결정[58]이 있기는 하 다. 하지만 뒤이은 Post Danmark I[59]이나 TeliaSonera사건[60]에서 반경쟁적 효과 입증이 필요함을 분명히 하고 있고, EU구글쇼핑사건에서도 지배력전이는 남용을 인정하기에 충분하지 않다고 하고 있다(162항). 지배력 전이 측면만으로 남용을 인정한다면 온라인 플래폼 사업자의 사업확장은 언제나 남용이 되고, 온라인 플 랫폼 사업자의 사업다각화가 가져올 범위의 경제, 규모의 경제를 희생시키고 그 결과 소비자후생 증대에 아무런 도움이 되지 않기 때문이다.

　오히려 지배력전이는 시장지배력을 가지는 시장, 남용행위가 이루어진 시장, 경쟁제한효과 발생 시장이 분리되었을 때 이를 금지할 수 있는지에 관한 문제를 제기해 준다는 데서 의미를 찾을 수 있다. ① 먼저 시장지배력, 남용행위, 경쟁제

---

57) 법원 판례도 지배력 전이가 남용 인정의 규범적 근거가 된 적이 없고, 지배력 전이가 남용에 대한 공통요건을 제시하는 법리가 아니고, 남용이라는 규범적 징표를 부여하는 핵심징표도 아 니고, 독자적 남용유형은 전혀 아니라고 설명하는 견해로, 이봉의, "디지털 플랫폼의 자사 서 비스 우선에 대한 경쟁법의 쟁점", 법학연구(제30권 제3호), 연세대학교 법학연구원(2020. 9.), 389~391쪽.

58) Deutsche Post(COMP/C−a/36.915): 독일 국제우편시장에서 영국 국제우편시장으로의 지배 력 전이하여 영국우정국을 차별하였다는 것만으로 남용을 인정하였다(paras 121−134).

59) Post Danmark I Case C−209/10 para 8, 30 주소기재가 없는 상업광고용 우편시장에서 자신 의 기존고객보다 종전 경쟁자 고객이었던 고객에 대한 우편가격을 할인하여 책정한 행위에 대해서, 차별 그 자체만으로 배제남용이라고 할 수 없다. the practice of a dominant undertaking may, like the pricing policy in issue in the main proceedings, be described as 'price discrimination', that is to say, charging different customers or different classes of customers different prices for goods or services whose costs are the same or, conversely, charging a single price to customers for whom supply costs differ, cannot of itself suggest that there exists an exclusionary abuse.

60) Case C−52/09, in order to establish whether (margin squeeze) is abusive, that practice must have an anti−competitive effect on the market. (64항).

한효과가 1개 시장에서 발생하는 경우는 시지남용으로 금지하는 데 별다른 문제가 없다. ② 또 시장지배력, 남용행위가 1개 시장에서 인정되고 경쟁제한효과가 다른 시장에서 발생한 경우는 상당한 경쟁제한효과가 발생하는지 문제일 뿐 시장의 분리만으로 남용행위에서 배제할 수는 없다. 포스코 사건이 이러한 상황이고, 포스코 판결은 상류, 하류시장에서 경쟁제한효과 등을 부당성 판단 대상으로 삼을 수 있다고 하면서도 당해 사건에서 경쟁제한 우려가 없다고 보아 부당성을 부정하였다. ③ 다음으로 시장지배력은 1개 시장에서 있는데 다른 시장에서 남용행위를 하고 경쟁제한효과도 그 다른 시장에서 발생한 경우 2개 시장이 밀접하게 연결되어 있는 경우에 한하여 남용규제 대상이 될 수 있을 것이다.[61] 대표적인 예가 이윤압착[62]이다. 상류시장 시지사업자가 하류시장에서 도매가격보다 높은 소매가격을 책정함으로써 하류시장 경쟁자가 배제될 우려가 생기는 경우 시지남용으로 금지되는 것이다. 이러한 경우 지배력 시장과 남용행위 및 경쟁제한효과 발생 시장 사이의 특별한 관련성[63]이 요구되는데, 이윤압착과 같이 상류시장 시지사업자가 하류시장에서도 유력한 지위를 가지고 있는 점, 끼워팔기에서 주상품 구매자가 부상품도 반드시 구매하는 관계에 있는 소비자의 연관성[64]이나 제품들 상호간에 기술적 연결이 인정되는 재화 연관성 등이 그 예가 될 수 있을 것이다. 티브로드 강서방송 사건[65]에서는 가입자에 대한 프로그램 송출시장(1시장)에서의 시지사업자가 홈쇼핑사업자 등에 대한 프로그램 송출서비스시장(2시장)에서 홈쇼핑사업자에 대한 채널변경행위 등의 불이익 제공한 것이 시지남용

---

61) 현대차의 판매대리점 이전승인 지연행위가 문제된 사건에서 현대차가 시장지배력을 가지는 시장은 소비자에 대한 판매시장이고, 이전승인 지연행위는 대리점에 대한 위탁판매시장으로 지배력 시장과 남용행위 시장이 불일치하는 경우 시지남용으로 규율하기 부적절하고 거래상 지위남용이 문제될 뿐이라는 취지로, 이봉의, 공정거래법상 부당한 사업활동방해의 경쟁제한성 판단 – 현대기아차 판결을 중심으로 –, 법학논문집(제41집 제2호), 중앙대학교 법학연구원 (2017), 166쪽.

62) 수직 통합된 상류시장의 시장지배적 사업자가 상류시장 원재료 등의 판매가격과 하류시장의 완제품 판매가격의 차이를 줄임으로써 하류시장의 경쟁사업자가 효과적으로 경쟁하기 어려워 경쟁에서 배제되도록 하는 행위를 가리킨다(대법원 2021. 6. 30. 선고 2018두37700 판결).

63) 관련성(associative links)에 관한 논의로, R. O'Donoghue and A J Padilla, supra 211~213쪽.

64) EU에서는 살균우유 포장용기 시장의 95% 시지사업자가 50% 점유율을 가진 비살균우유 포장용기 시장에서 자사기계에 자사포장용기만을 사용하도록 한 끼워팔기 사건에서 위 사업자가 2개 시장 모두에서 시지사업자에 준하는 지위를 가지고 35% 소비자가 양자 모두를 구매한다는 점에서 관련성을 인정한 사안도 있다[Tetra Pak II Case C–333/94(1996) ECR I–5951].

65) 대법원 2008. 12. 11. 선고 2007두25183 판결.

으로 금지되는지 문제되었다. 이때 대법원은 1시장에서의 시장지배력이 2시장으로 전이된다고 할 수 없다고 판단하면서 시지남용을 부정하였고, 부가판단으로 2시장에서 경쟁제한 우려도 발생하지 않았다고 판단한 바 있다. 대법원이 지배력 전이 이론을 전제하면서 그 해당 여부를 판단하였다기보다는 원심 판결이 지배력전이 이론에 따라 판단하였기에 그에 따른 상고이유를 판단한 것에 불과하다. 대법원은 위 사건에서 지배력 시장인 1시장과 남용행위와 경쟁제한이 문제된 2시장이 시지사업자 연관성, 소비자 연관성, 재화 연관성 차원에서 보아도 이윤압착에서처럼 밀접하게 연결되어 있다고 보기 어렵다고 판단한 것에 불과하다.

견본사례는 시장지배력과 차별행위가 1시장에서 있고, 경쟁제한 효과가 2시장에서 문제된 것으로 본 사안이므로 시장의 분리 그 자체가 문제된다기보다는 포스코 사건에서처럼 2시장에서 경쟁제한효과가 어느 정도 인정되는지가 중요하다고 하겠다. 그런데 견본사례에서 본 것처럼 경쟁제한효과가 문제되는 시장이 오픈마켓시장에 한정되는지는 의문이다. 비교쇼핑서비스가 제공하는 상품정보나 접속경로는 오픈마켓에 한정되지 않고 쇼핑몰, 오픈마켓에 입점하지 않은 독립 판매자 등이 있고, 차별적 검색결과 제공으로 인한 봉쇄효과는 오픈마켓뿐 아니라 이들에게도 미치기 때문이다. 온라인 상품거래 전체에 영향을 주는 행위를 오픈마켓에 한정할 경우 경쟁제한성이 과다하게 평가될 우려도 있다. GSK가 자신이 특허를 가진 항구토제 조프란의 특허를 침해한 동아제약과 합의하면서 특허 침해 제품 제조판매 금지와 더불어 인센티브로 동아제약에 조프란과 항바이러스제 발트렉스의 독점판매권을 보장해주는 합의를 한 사건이 있었다(일명 역지불합의 사건).[66] 이때 발트렉스 경쟁제품의 개발·생산·판매·취급을 금지한 합의가 사업활동방해담합에 해당하는지 문제되자, 법원은, 발트렉스 경쟁제품 개발금지의 경쟁제한성 판단을 위한 관련시장 획정을 하지 않고 경쟁에 미치는 영향에 대한 아무런 근거도 제시하지 않았다는 이유, 즉 관련시장인 항바이러스제 시장에서 발트렉스의 점유율 등을 따져보지 않고서 경쟁제한성을 인정하였다는 이유로 해당 공정위 결정을 취소하였다. 이에 비추어 보면 견본사례에서 해당 차별행위가 오픈마켓에만 경쟁제한효과가 있다고 본 부분에 대해서는 차별행위로 영향을 받는 관련시장 획정이나 경쟁에 미치는 영향을 보다 살펴보아야 한다는 지적이 가능하다.

---

66) 대법원 2014. 2. 27. 선고 2012두24498 판결.

5) 부당성 판단과 상당인과관계

견본사례는, 차별행위의 '결과' 자사 오픈마켓 매출이 증가하고 경쟁 오픈마켓은 열위에 빠진 것으로 보고 있다. 그런데 종래 판례에 따른 부당성 판단에서는, 차별행위로 인하여 봉쇄효과가 생기고, 그로 인하여 경쟁사업자의 불이익 → 퇴출우려 → 경쟁시장의 다양성 감소 사이에 상당인과관계가 인정되어야 부당성이 인정될 수 있다고 할 것이다. 차별행위가 있지만 봉쇄효과가 20%에 미치지 못하거나, 봉쇄효과가 있지만 경쟁자가 충분히 이를 극복할 수 있는 우월한 경쟁능력이 있는 경우, 예컨대 하류시장에서 경쟁제품이 시지사업자 제품보다 품질면에서 우월하거나 다양한 서비스를 제공하는 방법으로 봉쇄효과를 극복할 수 있다거나 하는 경우는 퇴출 우려가 낮아서 부당성을 선뜻 인정하기 어렵다. 이러한 접근은 우리 조건부 리베이트 판례에서도 찾을 수 있다. 조건부 리베이트 행위라는 원인이 있고 경쟁자가 봉쇄되어 그로 인하여 진입이나 확장에 어려움이 발생하는 결과가 있더라도 경쟁자가 비효율적이라 그 결과를 조건부 리베이트 행위에게 귀속시킬 수 없는 경우는 남용행위로 금지시킬 수 없다고 보면서 비효율 경쟁자라는 입증책임을 간접반증과 같이 사업자에게 전환하고 있다. 부당성 판단에서 상당인과관계가 있어야 한다고 보면서도, 그 증명책임을 전환한 것으로, 전형적인 인과관계 증명 감경·전환논리라 하겠다.

견본사례는 차별행위로 경쟁 오픈마켓이 받은 악영향이 아닌 차별행위 이후 시지사업자 자신이 얻은 이익이 얼마나 되는지를 먼저 보고 그로 인한 경쟁 오픈마켓의 불이익을 기준으로 접근하고 있다. 이때는 시지사업자 자신의 점유율 증대는 우수한 거래조건 제시나 추가적 이익 제공 등의 경쟁능력에 기인한 것이지 차별행위 탓이 아닌 경우가 있을 수 있는데, 그와 같은 상당인과관계 결여로 인한 경우까지 전부 차별행위로 인한 것으로 포함시켜 경쟁제한의 우려를 과대평가하는 문제가 생긴다. 이는 앞서 2.3.2.항에서 살펴본 바와 같다. 시지사업자 A의 매출이 증가한 것이 차별행위로 인한 것인지, 아니면 A가 규모의 경제, 범위의 경제를 달성하여 소비자 선호로 이어지는 포트폴리오를 제공할 수 있는 우월한 경쟁자이기 때문인지는 상당인과관계 면에서 고려할 사항이다.

경쟁 오픈마켓이 차별행위의 봉쇄효과로 인하여 영향을 받는 경우, 만약 종전 오픈마켓 시장이 독과점시장이어서 비교쇼핑서비스 사업자의 신규진출로 오히려 경쟁이 촉발·강화되었는지도 경쟁제한성 판단에 고려할 부분이기도 하다.

더불어 종래 수직결합 시지사업자가 경쟁자와의 거래를 거절하거나 불리한 조건 아래 거래하는 것이 문제된 경우는 EU의 예에 의하면 철도, 통신, 우편과 같은 전통시장이었다. 우리 공정거래법 집행에서도 철강, 자동차 산업이나, 신규 산업이라도 전통적 배제남용 유형인 배타조건부 거래행위이었고, 새로운 유형인 이윤압착이나 조건부 리베이트도 그 거래유형과 관련시장이 급진적 변화를 기대하기 어려운 문자메시지나 리베이트를 대상으로 삼았다는 점을 고려하면, 보충적 성격을 가지는 차별남용을 급변하는 신규시장 영역에 적용하는 데에는 신중을 기할 필요가 있다고 볼 수 있다.

IV. 결

차별남용은 배제적 차별남용과 순수한 차별남용으로 구분할 수 있는데, 배제적 차별남용은 경쟁자의 배제에 초점이 있고, 순수한 차별남용은 시지사업자의 고객들 사이의 경쟁에 영향을 주는데 초점을 맞춘다. 2가지 유형은 거래상대방의 복수성을 요하는지, 부당성을 어떻게 평가할 것인지 등에 관하여 차이를 보인다. 배제적 차별남용은 거래상대방이 경쟁자 1인뿐이라도 시지사업자 자신의 사업부문과 비교하여 차별적으로 취급하면 해당되지만, 순수한 차별남용은 거래상대방들 사이의 경쟁에 영향을 주는 것을 대상으로 하므로 거래상대방의 복수성을 요한다. 거래상대방의 복수성을 요하는 판례 역시 배제적 차별남용에는 적용되지 않는다고 하겠다. 객관적 요건인 차별행위에 사소한 차별도 포함되는지에 관하여 불공정거래행위와의 균형상 현저성을 기준으로 하는 것이 체계적 해석에 부합하므로, 차별의 방법이나 태양, 차별이 거래상대방이나 경쟁자에 미치는 경쟁상 불이익 정도 등을 고려하여 현저성이 있어야 객관적 요건을 구비하였다고 할 것이다. 부당성 판단에 있어서 배제적 차별남용은 배제적 성격을 가지므로 차별행위로 인한 봉쇄효과가 주요한 판단지표가 될 것이다. 우선 경쟁자에 대한 차별의 경우, 거래거절에까지 이르지 않은 경우라면 당해 생산요소의 대체가능성과 경쟁자의 경쟁능력, 대체가능한 경우라도 생산비용 증가분이 총생산비용에서 차지하는 비중 등을 고려하여야 할 것이고, 경쟁자 고객에 대한 차별의 경우는 그에 대한 저가판매가 주로 문제될 것이므로 부당염매 기준을 참고할 수 있을 것인데,

일본에서는 이를 부당염매유사형으로 구분하고 있다. 순수한 차별남용의 경우 차별받은 고객이 퇴출될 우려가 생기거나 EU의 예에서처럼 고객들 사이의 경쟁을 왜곡할 정도에 이르러야 부당성을 인정할 수 있을 것이다.

　자사우대 관련 견본사례를 보면, 비교쇼핑서비스 사업자가 오픈마켓시장에 진출함으로써 비교쇼핑서비스의 고객이자 오픈마켓시장의 경쟁자들을 대상으로 비교쇼핑 검색결과에서 상단노출을 감소시키고 자사의 상단노출을 증가시키는 차별행위를 하였는데 이러한 행위가 차별남용에 해당하는지가 문제된다. 배제적 차별남용 유형이므로, 개정 심사기준을 확인규정으로 보고 자사와 1개 경쟁 오픈마켓 사이의 차별만으로 차별행위 요건에 해당하고, 검색결과가 인터넷 이용자가 편집할 수 있는 변동거래조건이므로 디폴트로 제공되는 검색결과에서 오픈마켓으로 연결되는 비중과 인터넷 유저의 편집 후 오픈마켓으로 연결되는 비중을 살펴서 현저성 판단 등에 고려할 수 있을 것이다. 부당성 판단에 있어서, 비교쇼핑 검색결과는 정보제공뿐 아니라 오픈마켓으로의 접속경로의 성격을 가지므로, 대체적 접속경로가 존재하는지, 즉 오픈마켓에 대한 전체 접속경로 중 비교쇼핑 서비스 접속경로가 차지하는 비중을 살펴 봉쇄효과를 경쟁제한성 판단지표로 활용할 수 있다. 이때 매출액이나 트래픽을 기준으로 고려할 수 있고, 오픈마켓은 비교쇼핑서비스가 아닌 전속 앱이라는 대체적 접속경로가 있다는 점도 고려해야 한다. EU 구글쇼핑 사건의 경우, 일반검색서비스 시장지배력을 가진 구글이 비교쇼핑서비스 시장에 진출하면서 구글 일반검색결과에 자사 비교쇼핑서비스를 우선노출한 행위가 문제되었는데, 일반검색서비스는 견본사례의 비교쇼핑서비스와는 공공기능 면에서 차이가 있고, 일반검색서비스 시장에서 구글의 대체가능성이 거의 없어 구글 의존도가 절대적인 데 비하여 견본사례에서 비교쇼핑서비스의 대체가능성은 그보다 높다는 점 등이 견본사례에 시사점을 준다 하겠다. 견본사례는 비교쇼핑서비스 시장의 지배력을 오픈마켓 시장으로 전이한 것이 시지남용이라고 하는데, 지배력 전이는 남용유형도, 경쟁제한성 판단지표도 될 수 없고 지배력 전이만으로 부당성을 인정할 수는 없다. 견본사례는 비교쇼핑서비스 시장에서 시장지배력과 남용행위가 발생하고, 오픈마켓 시장에서 경쟁제한효과가 발생한 경우로 포스코 판결과 마찬가지로 경쟁제한성을 판단하면 되는 것이다.

　플랫폼의 다각화와 그 과정에서의 자사우대라는 경제현실에 대응하기 위하여 공정거래법상 차별남용의 해석론에 터 잡아 자사우대라는 행위가 어떻게 포섭될 수 있는지 살펴보았다. 공정거래법의 올바른 해석을 통하여 새로운 경제현실에 적절하게 대응할 수 있게 되기를 희망한다.

[참고문헌]

1. 국내문헌

권오승·서정, 「독점규제법(제5판)」, 법문사

이봉의, 「공정거래법」, 박영사

김두진, "충성할인에 대한 경쟁법상 규제 연구", 경제법연구 제15권 3호

손동환, "조건부 리베이트 - 대법원 2019. 1. 31. 선고 2013두14726 판결 -", 비교사
    법(통권 95호) 한국사법학회(2022)

손동환, "부당한 고객유인과 자사우대", 법조 제71권 제6호(통권 제756호), 법조협회
    (2022)

심재한, "자사우대 행위에 대한 공정거래법 적용-네이버 쇼핑 사건을 중심으로", 유
    통법연구(제9권 제1호), (2022)

윤신승, "온라인 플랫폼의 자사우대 규제에 관한 일고", 법학논집(제27권 제3호), 이
    화여자대학교 법학연구소(2023)

이상윤·이황, "검색 중립성과 경쟁법 집행원리", 법학연구 제30권 제3호(2020)

이봉의, "공정거래법상 부당한 사업활동방해의 경쟁제한성 판단-현대기아차 판결을
    중심으로-", 법학논문집(제41집 제2호), 중앙대학교 법학연구원(2017)

이봉의, "디지털 플랫폼의 자사 서비스 우선에 대한 경쟁법의 쟁점", 법학연구(제30권
    제3호), 연세대학교 법학연구원(2020. 9.)

이호영, 수직통합 온라인 플랫폼의 자사우대 행위의 경쟁제한성 판단기준에 관한 연
    구, 경쟁법연구(통권 47권)(2023)

홍명수, "독점규제법상 차별취급", 비교사법(제12권), 한국사법학회(2005)

2. 해외문헌

Herbert Hovenkamp, 「Federal Antitrust Policy」, 6th(2020)

Roger J. Vand den Bergh & Peter D. Camesasca, 「European Competition Law and
    Economics: A Comparative Perspective」(2판)

R. O'Donoghue and A J Padilla, 「The Law and Economics of Ariticle 82 EC」, Hart Publishing,

根岸 哲, 「주석 독점금지법」, 有斐閣

Lena Hornkohl, "Article 102 TFEU, Equal Treatment and Discrimination after Google Shopping", Journal of European Competition Law & Practice, 2022, Vol. 13, No. 2

R. O'Donoghue, "The Quiet Death of Secondary−Line Discrimination as an Abuse of Dominance: Case C−525/16 MEO" (2018) 9 Journal of European Competition Law & Practice

제 2 장

온라인 상품 진열 방식과 자사우대행위:
공정거래법상 불공정거래행위 규정 적용의 타당성

홍대식

제 2 장

온라인 상품 진열 방식과 자사우대행위: 공정거래법상 불공정거래행위 규정 적용의 타당성*

-홍대식**-

I. 들어가는 말

대형유통업체는 유통업체 중에서 점포나 매출액 규모가 큰 사업자를 가리키는 통계적 용어로 사용된다. 「대규모유통업에서의 거래공정화에 관한 법률」('대규모유통업법')에서는 이에 해당하는 용어로 대규모유통업자라는 용어를 사용하면서, 원칙적으로 유통업체 중 소비자가 사용하는 상품을 다수의 사업자로부터 납품받아 판매하는 자 중에서 소매업종 매출액 또는 점포 매장면적 기준[1]을 충족하는 사업자를 그 적용 범위로 하고 있다(대규모유통업법 제2조 제1호). 그에 따르면, 소매 유통업체 중 소비자 상품을 특정 사업자로부터 납품받아 판매하는 대리상, 위탁매매인, 대리점 등이 아닌 다품목(multiproduct) 취급 소매 유통업체 중에서 일정한 규모 기준을 충족하는 유통업체가 대규모유통업자가 될 수 있다. 원칙적 정의는 대규모유통업자가 판매업자일 것을 전제로 하고 있으나, 2018년 10월 법 개정으로 매장임대사업자도 상품 매출액에 연동되는 임차료 등을 수취

---

* 이 논문은 홍대식, "온라인 쇼핑 사업자의 온라인 상품 진열 관련 행위에 대한 공정거래법상 불공정거래행위 규정의 적용", 경희법학 제58권 제2호 (2023)의 내용을 토대로 하면서, 그 후에 실제 사건에서 문제가 된 쟁점에 대한 논의를 추가하여 수정, 보완한 것이다.
** 서강대학교 법학전문대학원 교수, 법학박사.
1) 소매업종 매출액은 직전 사업연도 기준 1천억 원 이상, 점포 매장면적은 합계 3천㎡ 이상이다 (대규모유통업법 제2조 제1호).

하고 일정한 규모 기준을 충족하는 경우 대규모유통업자로 의제되므로(대규모유통업법 제2조의2), 대규모유통업법상의 적용 대상이 되는 대규모유통업자에 해당하기 위해서는 대규모유통업자가 직접 판매에 관여할 것을 꼭 필요로 하지는 않는다. 실제로는 업종별로 볼 때, 오프라인 유통업체 중에서는 백화점, 대형할인점(대형마트), 기업형 슈퍼마켓(Super Supermarket, SSM), 가맹본부,[2] 복합쇼핑몰, 아울렛[3] 등이, 온라인 유통업체 중에서는 TV홈쇼핑, 온라인 쇼핑몰이 대규모유통업법의 적용 대상에 해당할 수 있다. 다만 대규모유통업자가 판매업자로서 납품업자와의 관계에서 대규모유통업법의 규율을 받는 사항과 매장임대사업자로서 매장임차인과의 관계에서 대규모유통업법의 규율을 받는 사항 사이에는 다소간의 차이가 있다.

국내 대규모유통업자의 성장은 1996년 유통시장 개방을 계기로 국내외 대형·기업형 유통업체들이 유통시장에 진출함에 따라 이루어졌다.[4] 국내에서 대규모유통업자의 성장이 유통시장에 미친 영향은 기존의 영세형·독립형 소형점포와의 관계나 납품업자와의 관계 또는 소비자와의 관계에서 다양하게 평가할 수 있다.[5] 그런데, 특히 브랜드 상품기획(brand merchandising)이 가능한 상품 공급업자와의 관계에서 주목해야 할 점은 대규모유통업자의 성장을 통해 그런 공급업자가 하방시장(downstream market)에서 행사할 수 있는 시장력(market power)을 억제하는 브랜드 내 경쟁(intra-brand competition)[6]이 촉진되었다는 점이다.

대규모유통업자의 다양한 상품 구성의 특성에 따라 대규모유통업자의 매장에서의 브랜드 간 경쟁이 매대 경쟁(shelf competition)의 양상을 띠게 되면서 상품 진열 방식이 판매촉진활동의 수단이 되고 있다. 대규모유통업자는 공급업자 또는

---

2) 대규모유통업법 제2조 제1호에서 소비자가 사용하는 상품을 다수의 사업자로부터 납품받아 판매하는 자의 범위에 「가맹사업거래의 공정화에 관한 법률」 제2조 제2호의 "가맹본부"를 포함한다고 규정한다.
3) 복합쇼핑몰과 아웃렛은 대규모유통업법 제2조의2에 따라 대규모유통업자로 의제되는 업종이다.
4) 이진국, 「대형유통업체의 자체상품 확대의 경제적 효과에 관한 연구」, 정책연구시리즈 2017-02, 한국개발연구원 (2017), 15면.
5) 황태희, "소매 유통업에서의 수요지배력 남용행위 규제에 관한 경제법적 연구", 「이화여자대학교 법학논집」 제19권 제3호 (2015), 185면.
6) 브랜드 내 경쟁이 브랜드 상품기획이 가능한 제조업체의 시장력을 억제하는 효과가 있다는 점에서 브랜드 내 경쟁 보존의 필요성을 강조하는 문헌으로는 Grimes, Warren, *Brand Marketing, Intrabrand Competition, and the Multibrand Retailer: The Antitrust Law of Vertical Restraints*, 64 Antitrust L.J. 83 (1995)

납품업자를 위해 판매촉진활동을 제공하고 판매수수료를 받는 방식으로 그 업무 영역을 확대하였다. 대규모유통업법에서도 유통업자의 판매촉진활동의 역할과 이를 통한 비용분담, 유통업자의 판매수수료 수입의 거래관행을 인정하면서, 다만 판매촉진행사와 그에 따른 비용분담, 판매장려금 수수의 투명성, 공정성을 위해 납품업자와의 약정 없는 판매촉진비용의 부담 전가 금지(제11조), 정당한 사유 없는 판매장려금 등 경제적 이익 제공 요구 금지와 납품업자와의 약정에 따른 예외(제15조) 규정을 두고 있다. 더욱이 대규모유통업자가 공급업자의 전국적 브랜드(national brand, NB) 상품에 대항하여 자체 브랜드(private brand, PB) 상품을 출시하게 됨에 따라 기존의 브랜드 간 경쟁(inter-brand competition)이 활성화되는 것에서 한 걸음 더 나아가 신규 브랜드 도입을 통한 브랜드 간 경쟁 촉진도 일어나고 있다.

오프라인 대규모유통업자의 등장과 그로 인한 유통구조의 혁신이 유통 분야 경쟁에 미친 변화의 모습과 주요 특징은 전자상거래업자가 등장하고 성장하여 점차로 유통에서의 비중이 확대되면서 비슷한 패턴으로 나타나고 있다. 전자상거래업자는 「전자상거래 등에서의 소비자보호에 관한 법률」('전자상거래법')에 따를 때 전자거래[7]의 방식으로 상행위를 하는 사업자를 말한다. 일반적으로 전자상거래업자는 유통에 직접 종사하거나 그와 관련된 업무를 수행하지만, 기존의 오프라인 대규모유통업자와 경쟁 또는 보완관계에 있는 대표적인 전자상거래업자는 컴퓨터, 정보통신 설비 등을 이용하여 사업자와 소비자가 재화 및 용역을 거래할 수 있도록 설정된 가상의 영업장인 온라인 쇼핑몰을 운영하는 온라인 쇼핑 사업자이다. 온라인 쇼핑 사업자는 온라인 쇼핑몰에서 상품을 직접 판매하는 종합쇼핑몰 사업자와 온라인 쇼핑몰 내에 가상의 장터를 판매자에게 제공하고 판매자의 판매에 따른 부가적인 서비스를 제공하는 오픈마켓 사업자로 구분된다.[8] 종합쇼핑몰 사업자는 쇼핑몰 운영자가 상품 제조업자 등으로부터 상품을 직접 매입하거나 제조업자 등으로부터 상품판매에 관한 사항을 위탁 받아 자신이 소비자에게 직접 상품을 판매하는 형태이고, 오픈마켓 사업자는 온라인상에서의 거래가 가능하도록 가상의 장터에 해당하는 플랫폼(platform)을 제공하고 판매자와

---

7) 전자거래란 재화나 용역을 거래할 때 그 전부 또는 일부가 전자문서 등 전자적 방식으로 처리되는 거래를 말한다(전자문서 및 전자거래 기본법 제2조 제5호).

8) 대법원 2011. 6. 10. 선고 2008두16322 판결 및 그 원심 판결인 서울고등법원 2008. 8. 20. 선고 2008누2851 판결(이베이지마켓 I)

구매자가 플랫폼을 이용하도록 하여 판매를 중개하는 형태이다.[9]

　두 가지 유형의 온라인 쇼핑 사업자 모두 기존의 오프라인 매장에 상응하는 온라인 쇼핑몰을 운영한다는 점에서 온라인 쇼핑몰을 통한 판매촉진활동과 그 수단으로서 상품 진열 방식은 오프라인 대규모유통업자의 경우에 유추해 볼 수 있다. 온라인 쇼핑몰의 상품 진열 공간은 가상 매장이므로 물리적 제약이 없는 대신 소비자가 취급 상품을 찾기 위해 공간 내 물리적 이동을 할 수 없어 온라인 쇼핑몰 사업자가 취급 상품을 온라인에서 쉽게 찾도록 하기 위한 검색 기능을 제공하고 있는 점이 차이점으로 보일 수도 있다. 그러나 대형 서점과 같은 오프라인 판매점에서도 검색대를 통해 판매하는 상품의 재고 여부나 위치를 찾을 수 있는 기능을 제공하고 있어 이는 근본적인 차이점이 되지는 않는다. 또한 상품을 직접 판매하는 종합쇼핑몰 사업자가 PB 상품을 출시하는 현상도 오프라인 대규모유통업자의 판매촉진활동의 발전 추세에 비추어 자연스러운 현상으로 이해할 수 있다.

　이러한 배경하에, 이 글에서는 먼저 온라인 쇼핑 사업자의 온라인 상품 진열 방식과 관련된 검토 사항으로서 대규모유통업자의 상품 진열 방식의 의의와 오프라인 방식과 온라인 방식의 비교에 대한 설명에 이어 온라인 방식의 기본적 보조도구로써 검색 기능의 지위, 온라인 쇼핑몰 사업자의 직접 판매 상품 및 PB 상품 판매와 관련한 판매촉진활동에 검색 기능이 활용될 경우에 제기되는 자사우대행위 논의를 살펴본다. 다음으로 온라인 쇼핑 사업자의 온라인 상품 진열 방식에 적용이 검토될 수 있는 「독점규제 및 공정거래에 관한 법률」('공정거래법') 상 불공정거래행위 중 위계에 의한 부당한 고개유인행위 규정의 요건에 대한 일반론을 살펴본 후, 공정거래위원회('공정위')의 쿠팡 사건을 중심으로 온라인 쇼핑 사업자의 온라인 상품 진열 관련 행위, 특히 가상 매장을 종합쇼핑몰과 오픈마켓으로 이중 방식(dual mode)으로 운영하는 온라인 쇼핑 사업자가 판매촉진활동에 활용된 검색 기능을 통해 직접 판매 상품 및 PB 상품 등이 우선 노출되도록 하는 행위가 과연 위계에 의한 부당한 고객유인행위에 해당할 수 있는지를 비판적으로 검토한다.

---

9) 공정위 2021. 9. 23.자 제2021-237호 의결(2018유통0704)(쿠팡). 유럽연합의 구글 쇼핑(검색) 사건 의결서에서는 종합 쇼핑몰 사업자를 온라인 소매업체(online retailer)로, 오픈마켓 사업자를 판매자 플랫폼(merchant platform)으로 표현한다. European Commission, Decision of Jun 27, 2017, Google Search (Shopping), Case AT.39740.

II. 온라인 상품 진열 방식과 자사우대행위

1. 대규모유통업자의 상품 진열 방식의 의의

대규모유통업자는 다품목 취급 소매 유통업체의 특징을 갖는다. 대규모유통업자의 매장면적은 아무리 넓다 하더라도 공간의 제약이 있고 취급하는 상품은 많으므로, 상품을 진열하는 매대 공간(shelf space)에 상품을 진열하는 방식은 대규모유통업자의 효과적인 매출 전략을 위해서 중요하다. 공급업자는 대규모유통업자 외에도 다른 유통 채널이 있지만, 대규모유통업자가 제공하는 구매의 편의와 경험에 대한 소비자 만족도가 증가하면서 소비자의 소비 패턴도 한자리에서 여러 품목을 구입하는 일괄구매(one-stop shopping)의 경향이 나타남에 따라[10] 대규모유통업자가 유통 채널에서 차지하는 비중이 늘어나고 있다. 그에 따라 소비자의 매장 내 이동 동선에서 유리한 위치에 있거나 시선을 끄는 위치에 있는 매대 공간에 자신의 상품이 진열되는 것이 공급업자 간의 브랜드 간 경쟁에 중요한 요소가 되고 있다. 그로 인해 대규모유통업자는 공급업자에게 매대 공간을 공급할 뿐만 아니라 매장 곳곳에 특정 납품업자의 상품을 홍보하는 포스터나 전시물을 설치해 주는 방법으로 광고 수단을 공급해 주기도 한다.[11] 이는 대규모유통업자가 공급업자 또는 납품업자에 대하여 매대 공간 및 광고 공간의 공급자 역할[12]을 한다는 것을 의미한다.

2. 오프라인 상품 진열 방식과 온라인 상품 진열 방식의 비교

오프라인 대규모유통업자가 상품의 진열 공간인 매대에 상품을 진열하는 활동은 판매와 유통에서의 비용을 절감하는 한편, 소비자의 관심을 끌기 위한 상품을 눈에 띄게 배치하고 진열하는 판매촉진활동의 역할도 한다. 오프라인 상품 진열 방식이 경쟁에서 중요해짐에 따라 유통 단계에서 이 방식을 효과적으로 설계

---

10) 이재형/박병형, 「우리나라 유통산업의 특성과 정책과제」, 연구보고서 2010-09, 한국개발연구원 (2010), 308-309면; 대법원 2021. 11. 25. 선고 2018두65071 판결(홈플러스 외 1). 판결에서는 특히 오프라인 대규모유통업자가 브랜드 파워를 가진 납품업자에 비해 거래상 지위를 가진다는 점을 판단하는 유력한 근거로서 소비자의 일괄구매 경향을 드는 경우가 많다.

11) 조성국, "유통산업에서의 경쟁법적인 쟁점과 규제방안에 관한 연구", 「경쟁법연구」 제32권 (2015), 399면.

12) Dobson, Paul W., Exploiting Buyer Power: Lessons from the British Grocery Trade, 72 Antitrust L.J. 529, 536-540 (2005).

하기 위하여 공급업자와 유통업자 간의 다양한 수직적 관계가 발생한다. 이런 수직적 관계는 그 자체로는 공급업자와 유통업자 간에 유통에서의 비용을 줄이고 양쪽의 이윤을 증대하기 위해 이전에는 비밀에 속하는 정보를 교환하는 수직적 협력관계라는 점에서, 수직적 통합이나 수직적 제한과는 구별된다.[13]

오프라인에서는 소비자 수요 창출과 판매촉진 활동을 위하여 한정된 진열 공간을 효과적으로 나누어 상품군에 따라 관리하는 상품군 관리(category management)나 유통업자가 매출 증대의 가능성이 큰 매대에 진열해 주는 서비스에 대한 대가로 납품업자로부터 받는 매대 장려금(slotting allowances)[14]과 같은 유통 활동 또는 판매촉진활동이 발전하였다.[15] 미국의 경쟁당국인 연방거래위원회(Federal Trade Commission, 'FTC')는 일찍이 2001년에 대규모유통업자의 이러한 활동이 경쟁과 소비자 후생에 미치는 효과를 검토하는 워크숍을 개최하였는데, 워크숍 참석자들은 이론적으로는 반경쟁적 배제(anticompetitive exclusion)의 경쟁상 우려가 발생할 수 있음을 식별하면서도 FTC가 현재의 관행에 대한 기본 데이터 수집을 먼저 시작하여 장래의 집행 행위나 사업 지침에 중대하게 이바지하게 될 주제에 관한 실증적 연구를 추진하도록 하고 당장은 가이드라인을 제정하지 않을 것을 권고하였다.[16] 1980년대 중반 매대 장려금 판매촉진활동이 출현한 이후 많은 논란이 있었고 FTC도 수많은 조사를 실시하였지만, 실제로 위반행위로 판단한 사례는 없었다고 한다.[17]

온라인 대규모유통업자의 상품 진열 활동도 일정한 공간에 상품을 배치, 진열하여 소비자의 수요를 창출하고 판매를 촉진하는 활동이라는 점에서는 그 성격에 차이가 없다. 다만 온라인 상품 진열 방식은 오프라인 상품 진열 방식과 다르

---

13) Steiner, Robert L., Category Management－A Pervasive, New Vertical/Horizontal Format, Antitrust Vol. 15, No. 2, 77－81, 77 (2001)

14) 공정거래위원회의 '대규모유통업 분야에서 판매장려금의 부당성 심사에 관한 지침'(2022. 10. 8. 제정 공정위 예규 제409호)에서는 매대(진열) 장려금을 판매장려금의 일종으로 보고 있다(예규 III.1.3.3.). 판매장려금은 명칭에 상관없이 직매입거래에서 상품의 판매촉진을 위하여 연간거래 기본계약에 명시된 조건에 따라 납품업자가 대규모유통업자에게 지급하는 경제적 이익을 말한다(대규모유통업법 제2조 제9호).

15) Bush, Darren/Betsy D. Gelb, When Marketing Practices Raise Antitrust Concerns, MIT Sloan Management Review Vol. 46, No. 4, 73－81, 73 (2005)

16) FTC, *Report on the Federal Trade Commission Workshop on Slotting Allowances and Other Marketing Practices in the Grocery Industry* (February, 2001)

17) Edwards, Phil, *The hidden war over grocery shelf space*, Vox (2016)

게 접근할 필요가 있다.[18] 오프라인의 물리적 진열 공간에서는 모든 상품이 매대를 마주하는 소비자에게 보이지만, 온라인의 가상 매장에서는 소비자에게 상품이 노출되는 형태가 다르기 때문이다. 오프라인에서는 일반적으로 상품이 물리적 진열 공간에 배치, 진열된 상태에서 상품군 위치 안내표시에 따른 소비자의 이동 경로에 따라 소비자에게 노출된다. 그러나 온라인에서는 상품 정보 게시에 제한 없는 가상 매장에 데이터베이스 형태로 저장된 상태에서 소비자의 검색어(search query) 입력에 따른 검색 행위에 따라 또는 소비자가 상품 노출 배열을 선택하는 옵션(예를 들어 가격 우선, 평점 우선 등)을 어떻게 정하는지에 따라 소비자가 실제로 화면으로 접하는 가상 매장에 상품이 다르게 노출될 수 있다. 이는 인터넷 쇼핑 환경에 고유한 특성으로 인한 것인데, 그로 인해 온라인 대규모유통업자는 소비자의 구매 과정을 원활하게 도와주기 위한 목적으로 웹사이트 또는 애플리케이션 내부에 상호작용하는 결정 보조도구(interactive decision aids)를 다양한 형태로 제공할 인센티브를 갖는다.[19] 이러한 결정 보조도구는 (1) 영양적 필요(nutritional needs), (2) 브랜드 선호(brand preference), (3) 경제적 필요(economic needs)와 (4) 개인적 구매 목록(personalized shopping lists) 목적의 4가지 형태로 구분할 수 있다.[20] 이들은 소비자가 즉석에서 정보 검색과 평가를 해야 하는 부담 없이 이전의 구매에 기초하거나 미리 구성된 목록에서 구매하는 것을 가능하게 해 준다.[21]

---

18) Parker, J. R./Koshman, A. R., *Shelf layout and consumer preferences*, in K. Gielens, & E. Gijsbrechts (Eds.), Handbook of research on retailing, Cheltenham: Edward Elgar (2018), at 251-269; Katrijn Gielens /Jan−Benedict E.M. Steenkamp, *Branding in the era of digital (dis)intermediation*, Int'l J. of Research in Marketing 36, 367−384, 371 (2019)에서 재인용.

19) Shi, Savannah Wei/Jie Zhang, *Usage Experience with Decision Aids and Evolution of Online Purchase Behavior*, Marketing Science Vol. 33, No. 6, 871−882 (2014)

20) Ibid. 영양적 필요 목적은 소비자가 분류 기능(sorting function) 또는 선별 기능(screening function)을 통해 상품을 비교할 영양 정보(칼로리, 콜레스테롤, 설탕, 지방 등)에 쉽게 접근하고 이용하도록 돕기 위한 목적이고, 브랜드 선호 목적은 소비자가 분류 기능 또는 검색 기능을 통해 선호하는 브랜드를 선택하도록 돕기 위한 목적이며, 경제적 필요 목적은 가격 차이에 민감하거나 특별한 거래를 찾는 소비자가 가격, 판매촉진 등에 의한 선별 기능을 통해 구매 과정을 쉽게 하도록 돕기 위한 목적이고, 개인적 구매 목록 목적은 소비자에게 개인 구매 목록을 작성하거나 이전 구매 목록을 자동적으로 저장하도록 돕기 위한 목적이다.

21) Ibid.

3. 온라인 상품 진열 방식의 기본적 보조도구로써 검색 기능

온라인 쇼핑 사업자의 온라인 상품 진열 방식에서는 상품 정보 게시에 제한 없는 가상 매장에 소비자가 접근하여 자신의 디지털 기기를 통해 볼 수 있는 화면에 구매를 희망하는 상품 정보를 불러올 수 있도록 하는 기본적 보조도구가 필요하고, 이것을 검색 기능(search function)이라고 부를 수 있다. 온라인 쇼핑 사업자 중 종합쇼핑몰 사업자의 검색 기능은 자신의 웹사이트 또는 모바일 앱에 진열하는 상품에 제한되고 다른 종합쇼핑몰 사업자의 웹사이트 또는 모바일 앱에 진열하는 동일 또는 유사한 상품과의 비교 가능성을 제공하지는 않는다.[22] 온라인 쇼핑 사업자 중 오픈마켓 사업자의 경우 상품의 구성이 전문적인 판매자의 상품만이 아니라 비전문적인 판매자의 상품과 중고 상품도 포함하지만, 검색 기능이 단순한 상품 정보 제공이 아니라 상품 거래 중개를 목적으로 한다.[23]

온라인 쇼핑 사업자의 상품 판매자에 대한 주된 서비스는 상품의 출시와 배송에 집중하려는 상품 판매자가 원하는 다양한 서비스를 제공하는 것이다.[24] 온라인 쇼핑 사업자는 상품 판매자가 온라인 유통을 하는 데 필요한 다양한 측면에 해당하는 고객관계, 온라인 상점 설계, 온라인 거래의 관리와 처리, 판매 후 서비스와 불만처리와 같은 고객 관리 서비스의 전부 또는 대부분을 담당한다. 온라인 쇼핑 사업자는 상품 판매자의 재고를 관리하고 자신의 웹사이트 또는 모바일 앱에서 직접 판매가 이루어지도록 하므로, 이를 수행하기 위한 상품 진열 및 거래 연결수단 제공 기능, 주문, 결제 및 배송 지원 기능, 고객 관리 기능을 제공할 필요가 있다. 온라인 쇼핑 사업자가 사용하는 검색 기능은 자신의 웹사이트 또는 모바일 앱의 데이터베이스에 진열된 상품을 이용자가 찾기 쉽도록 보여주어 거래로 연결되도록 하기 위한 기본적 보조도구에 불과하다.

어떤 경우이든 온라인 쇼핑 사업자의 검색 기능은 검색을 본질적인 속성으로 하는 검색엔진(search engine)을 이용한 검색 서비스와는 근본적인 차이가 있다. 서울고등법원의 네이버 쇼핑 부문 사건 판결[25]은 전문검색 서비스인 비교쇼핑

---

22) European Commission, Decision of Jun 27, 2017, Google Search (Shopping), Case AT.39740, para. 213.

23) Ibid, para. 219.

24) Ibid, para. 222.

25) 서울고법 2022. 12. 14. 선고 2021누36129 판결.

서비스 시장과 온라인 쇼핑 사업자인 오픈마켓 시장을 별개의 시장으로 획정하
면서, 두 서비스의 기능 면에서의 차이를 ① 비교쇼핑 서비스 시장에서는 검색
서비스의 이용이 중심인 반면, 오픈마켓 시장에서는 상품의 매매가 중심이라는
점, ② 비교쇼핑 서비스 시장에서는 검색이 그 자체로 목적이 되는 반면, 오픈마
켓에서의 검색 기능은 소비자를 보조하는 역할을 수행할 뿐이라는 점, ③ 비교쇼
핑 서비스에서는 판매처를 구별하지 않고 검색결과를 제시하지만, 오픈마켓 사이
트에서는 해당 오픈마켓에서 취급하는 상품에 대한 검색만이 가능하다는 점 등
으로 설명한다.

4. 오프라인 및 온라인 쇼핑 사업자의 이중 방식 운영과 온라인 상품 진열 방식의 관계

　　오프라인 대규모유통업자는 제3자 판매 상품을 납품받아 판매하거나 매장의
일부를 제3자에게 임대하여 판매를 허락할 수 있고 두 가지 역할을 겸할 수도 있
다. 오프라인 대규모유통업자가 제3자 판매 상품을 납품받아 판매하는 경우 거래
상대방은 납품업자가 되고 거래 형태는 직매입거래, 특약매입거래[26] 또는 위·수
탁거래의 형태가 된다(대규모유통업법 제2조 제2호, 제4호부터 제6호). 오프라인 대
규모유통업자가 매장의 일부를 제3자에게 임대하여 판매를 허락하는 경우 거래
상대방은 매장임차인이 되고 거래 형태는 임대차거래가 된다(대규모유통업법 제2
조 제3호). 대규모유통업법은 대규모유통업자가 판매업자 또는 매장임대사업자로
만 매장을 운영하는 경우만이 아니라 매장을 납품업자로부터 납품받은 상품을
판매하는 공간으로 사용하면서 동시에 그 일부를 매장임차인에게 임대하는 이중
방식(dual mode)으로 운영하는 경우도 상정하고 있다. 예를 들어 대규모유통업
자로서 점포의 집단인 백화점을 구성하는 점포의 형태는 직영점[27]과 임대매장으

---

26) "특약매입거래"란 대규모유통업자가 매입한 상품 중 판매되지 아니한 상품을 반품할 수 있는
　　조건으로 납품업자로부터 상품을 외상 매입하고 상품판매 후 일정률이나 일정액의 판매수익
　　을 공제한 상품판매대금을 납품업자에게 지급하는 형태의 거래를 말한다(대규모유통업법 제2
　　조 제5호). 특약매입거래는 대규모유통업법 제정 전에는 특정매입거래로 불렸다. 이런 거래는
　　외상매입 거래가 특징으로, 대규모 소매업자가 납품업자로부터 물품을 납품받으면 이를 판매
　　한 후 일정한 마진(판매수수료 내지 판매수익)을 공제한 나머지를 물품대금으로 정산하고 재
　　고는 주기적으로 반품하는 것이 일반적인 모습이다. 대법원 2017. 9. 7. 선고 2017다229048
　　판결 참조.
27) 「유통산업발전법」 제2조 제3호 관련 [별표] 제3호에 따르면, 백화점은 다른 대규모점포와 달
　　리 직영의 비율이 30% 이상일 것을 요건으로 한다.

로 구분되고, 직영점에는 거래관행상 직매입거래 매장뿐만 아니라 특약매입거래
매장이 포함된다. 오프라인 매장에서는 소비자가 취급 상품을 찾기 위해 공간 내
물리적 이동을 할 수 있는데 공간에 대한 접근성이 고객 유인 효과를 줄 수 있으
므로, 오프라인 대규모유통업자는 직영점과 임대매장의 공간 배치 방식을 판매촉
진활동의 수단으로 사용할 수 있다. 공간적 제약으로 인하여 직영점과 임대매장
이 취급하는 상품을 한자리에 진열할 수는 없지만, 오프라인 매장에서도 별도의
매장 안내 검색대를 설치하여 고객이 원하는 상품을 판매하는 매장의 위치를 찾
을 수 있는 기능을 제공할 수 있다.

　온라인 대규모유통업자도 가상 매장인 디지털 플랫폼을 이중 방식으로 운영
할 수 있다. 이는 디지털 플랫폼을 자신의 이름으로 상품을 판매하는 종합쇼핑몰
로 운영하면서 동시에 제3자 판매자가 소비자에게 상품을 판매하는 공간인 오픈
마켓으로 운영하는 경우이다.[28] 가상 매장도 실제 매장과 유사하게 초기 화면에
서 종합쇼핑몰 부문과 오픈마켓 부문을 나누어 가상 매장에 점포별로 배치하여
이용자가 원하는 가상 점포를 직접 방문하도록 구성할 수도 있으나, 이용자 대부
분이 검색 기능을 사용하여 원하는 상품을 찾고 있으므로 온라인 대규모유통업
자의 경우에는 이중 방식으로 운영하더라도 검색결과 화면에서 직매입 상품과
제3자 판매자 상품이 동시에 노출되는 상황이 판매촉진활동에서 더 중요성을 갖
게 된다.

5. 오프라인 및 온라인 쇼핑 사업자의 자체 브랜드(PB) 상품의 출시와 온라인 상품 진열 방식의 관계

　오프라인 대규모유통업자는 제3자 판매 상품을 납품받아 판매하거나 매장의
일부를 제3자에게 임대하여 판매를 허락할 뿐만 아니라 자체적으로 상품을 기획,
판매하기도 한다. 유통업체가 기획·주문하거나 전속계약을 통해 조달하고 (제조
업체 브랜드 상표가 아닌) 유통업체 브랜드 상표를 부착하여 판매하는 상품을 자
체 브랜드(PB) 상품[29]이라고 하여 제3자 판매 상품인 NB 상품과 구별한다. 국내
소매시장에 PB 상품이 도입된 것은 2000년대 중반인데, 그 후 국내 PB 시장은

---

28) Andrei Hagiu, Tat-How Teh, & Julian Wright, Should Platforms Be Allowed to Sell on Their Own Marketplaces?, 53 RAND J. Econ. 297 (2022).
29) 해외에서는 PB 상품이라는 용어보다는 사적 레이블(private label, PL) 상품, 자체 브랜드 (own-brand) 상품, 상점 브랜드(store brand) 상품이라는 용어가 더 많이 쓰인다.

출시 품목의 확대, 품질의 다양화와 고급화, 유통업체 및 업태 간 경쟁의 심화 속에서 급속히 성장하고 있는 모습을 보인다.[30] 오프라인 대규모유통업자는 PB 상품을 활발히 판매할 뿐 아니라, 눈에 잘 띄는 진열대나 특설 판매대를 설치하여 진열하는 등 우대하는 판매촉진활동을 할 수도 있다. 오프라인 대규모유통업자의 PB 상품 판매와 관련된 판매촉진활동의 경제적 효과에 대해서는 많은 논의가 있었다. 2010년 영국의 경제 컨설팅 회사인 Oxera가 당시의 논의를 정리하여 발표한 보고서에서는 거래 참여자별로 그 효과를 분석하여 소비자에 대하여는 PB 상품으로 인한 경쟁 확대와 가격 하락, 품질 다양화 등 확실한 긍정적 효과가 나타나고, 경쟁 소매업체에 대하여는 상품 차별화를 통한 경쟁촉진 효과, 공급업체에 대하여는 제3자 공급업체의 경우 직접 경쟁 증가와 협상력 감소 효과, 신규업체나 중소업체의 경우 PB 상품 공급계약 참여하는 사업기회 참여 효과 등 복합적인 효과가 나타난다는 점을 확인하였다.[31]

PB 상품 출시 현상은 온라인 쇼핑 사업자에서도 나타나고 있다. 대표적인 사례는 글로벌 온라인 쇼핑몰 사업자인 Amazon 사례이다. Amazon은 최근에 다양한 소비자 상품군에서 브랜드 상품과 경쟁하는 PB 상품(예를 들어 Amazon Basics)을 출시하고 있다. Amazon은 온라인 소매업체(우리나라의 종합쇼핑몰에 해당)와 판매자 플랫폼(우리나라의 오픈마켓에 해당)을 겸하고 있어 Amazon의 온라인 쇼핑몰에는 직접 판매(first party sales) 상품과 제3자 판매(third party sales) 상품이 모두 판매되는데, 직접 판매 상품의 일부가 PB 상품으로 판매되고 있다. 그러나 2021년 기준 미국 소매 판매의 17.7%를 차지하는 PB 상품 중 Amazon 판매 상품의 비중은 약 1%에 불과하다.[32] Amazon의 PB 상품 전략과 관련된 미국 의회와 경쟁당국의 반독점 우려는 주로 Amazon이 제3자 판매자의 데이터에 대한 접근을 지렛대로 삼아 인기 있고 수익성 있는 상품을 복제한다는 것이다.[33]

---

30) 이진국 (2017), 3-4면.

31) Oxera, The Economic Benefits of Retailer Own-Brands, Prepared for the European Retail Round Table (2010), pp.9-19; 이 보고서를 이중지위를 보유한 사업자의 자사우대행위 사례로 간략히 소개한 국내 문헌으로는 권남훈, "플랫폼의 자사우대 행위", 「산업조직연구」 제31집 제1호 (2023), 40-41면.

32) Jean-Pierre Dubé, Amazon Private Brands: Self-Preferencing vs Traditional Retailing (2022). Available at SSRN: https://ssrn.com/abstract=4205988

33) U.S. HOUSE OF REPRESENTATIVES, 116TH CONG., REPORT ON INVESTIGATION OF COMPETITION IN DIGITAL MARKETS: MAJORITY STAFF REPORT AND RECOMMENDATIONS (2020), pp.276-283. Available at: https://perma.cc/L63X-LWKF; 이

그러나 이는 Amazon의 PB 상품 설계 과정에 관한 문제일 뿐이고 PB 상품 출시 그 자체나 그 진열 방식이 경쟁법상 문제가 되는 것은 아니다.[34]

6. 온라인 쇼핑 사업자의 온라인 상품 진열 방식에 대한 자사우대행위 논의

온라인 쇼핑 사업자의 온라인 상품 진열 방식에서는 검색 기능이 기본적 보조도구로 사용된다. 이때의 검색 기능은 검색서비스의 검색 기능과 달리 고객이 해당 온라인 쇼핑 사업자의 온라인 진열 공간에 진열된 상품에 한정하여 재고가 있는지 여부와 위치를 확인하는 기능을 한다는 점에서 오프라인 유통업체, 예를 들어 대형 서점에서 검색대를 통해 판매 서적을 검색할 수 있는 것과 본질적으로 다르지 않다.[35]

또한 온라인 쇼핑 사업자의 검색 기능은 온라인 상품 진열 방식과 관련된 기능이라는 점에서 오프라인 대규모유통업자가 매대 상품 진열을 통해 판매촉진활동을 하는 것과 유사하게 활용될 수 있다. 오프라인 대규모유통업자는 매장 내 상품 진열 공간인 매대의 눈에 잘 띄는 자리나 고객의 이동 경로에 PB 상품이나 주력 판매 상품을 별도 진열하는 등 고객에 대한 우선 노출을 통해 판매를 증진한다. 오프라인 공간에서는 고객이 매장 내 상품 진열 공간을 이동하면서 원하는 상품을 찾기 때문에 온라인 쇼핑 사업자의 검색 기능과 같은 기능을 체계적으로 제공할 필요는 없지만,[36] 원하는 상품을 찾는 고객에게 매대 우선 노출을 통해 상품 추천을 함으로써 판매촉진활동을 하는 것이다. 이에 비해 온라인 쇼핑 사업

에 대해서는 Amazon의 PB 상품 전략이 여러 서구 유통 체인의 표준인 PB상품 전략을 따른 것에 불과하다는 반론이 있다. Jean-Pierre Dubé (2022).

34) 뒤에서 자세히 볼 쿠팡 사건에 대한 공정위의 보도자료(공정위 2024. 6. 13.자 보도자료 "쿠팡의 검색순위("쿠팡랭킹") 조작 등을 통한 소비자 기만행위 엄중 제재")에서는 온라인 플랫폼 사업자의 상품 노출 관련 불공정행위 사례로 유럽연합의 Amazon Buy Box 동의의결 사건(European Commission, Communication from the Commission published pursuant to Article 27(4) of Council Regulation (EC) No 1/2003 in Case AT.40703 - Amazon Buy Box and AT.40462 - Amazon Marketplace (2022/C 278/06), 20.7.2022)을 들고 있다. 그러나 이 사건은 검색결과 화면에 검색순위와 구별하여 표시되는 Buy Box 항목에서의 상품 선정 과정에 관한 문제이지 검색 기능을 활용한 판매촉진활동에 관한 문제가 아니고, 동의의결의 성격상 해당 행위의 위법성이 확인된 것도 아니다.

35) 서울고법 2022. 12. 14. 선고 2021누36129 판결(네이버 쇼핑 부문).

36) 매장 내에 안내자를 배치하여 상품 진열 위치를 묻는 고객의 문의에 답하게 하거나 검색대를 비치하여 고객이 검색대를 통해 상품을 검색하도록 하는 정도가 온라인 쇼핑 사업자의 검색 기능에 비견될 수 있다.

자는 콘텐츠 기반 필터링(content-based filtering)이나 협업 필터링(collaborative filtering) 방식의 추천 시스템[37]을 활용하여 자신의 온라인 쇼핑몰에서 제공하는 검색 창을 통해 원하는 상품을 찾는 고객에게 상품을 추천함으로써 판매촉진활동을 한다. 온라인 쇼핑 사업자의 가상 진열 공간은 물리적 공간의 제약이 없는 대신 고객이 오프라인 공간을 실제로 이동하듯이 가상 진열 공간을 구성하는 데이터베이스에 접근할 수는 없으므로, 공간을 활용하는 판매촉진활동에 검색 기능이 필요하기 때문이다. 그에 따라 온라인 쇼핑 사업자가 고객이 원하는 상품의 재고 여부와 위치를 확인하고 검색결과를 구매 결정을 위한 중간 과정으로 활용하도록 제공하는 검색 기능은 판매촉진활동을 위한 추천 기능과 결합하게 된다. 이 점에서도 온라인 쇼핑 사업자의 검색 기능은 검색을 본질적인 속성으로 하는 검색엔진을 이용한 검색 서비스와 근본적인 차이가 있다.

그런데 온라인 쇼핑 사업자가 판매촉진활동을 위해 이용하는 추천 시스템에는 컴퓨터 기반 정보 시스템의 잠재적 문제인 새로운 제품군, 품목, 이용자에 대한 초기 정보 부족으로 인한 콜드 스타트(cold start) 문제[38]가 있다. 온라인 쇼핑 사업자는 이 문제의 해결을 위해서 판매촉진활동의 목적으로 추천 시스템에 적용되는 알고리즘에 특정한 조정을 하게 된다. 그에 따라 판매촉진활동의 대상이 된 신상품, 계절 상품, PB 상품 등이 다른 상품보다 검색 결과에서 우선 노출될 수도 있다.

이러한 상황은 외형적으로 자신의 상품을 제3자 판매 상품보다 더 우대하여 취급하는 행위를 일반적으로 일컫는 자사우대행위(self-preferencing)로 보일 수 있다. 그러나 온라인 쇼핑 사업자의 검색 기능을 자사우대행위로서 공정거래법상 문제가 있는 행위로 볼 것인지를 평가할 때는 검색서비스의 검색 기능과는 다른 관점에서 접근할 필요가 있다. 온라인 쇼핑 사업자의 검색 기능은 검색서비스의 검색 기능과 달리 서비스 자체가 아니라 서비스를 원활하게 제공하기 위한 기본

---

37) 콘텐츠 기반 필터링은 내가 선호하는 콘텐츠 또는 품목과 유사한 것을 추천하는 방식이고, 협업 필터링은 나와 비슷한 고객이 이용한 콘텐츠 또는 품목을 추천하는 방식이다. 박상길, 「비전공자도 이해할 수 있는 AI 지식」, 반니 (2022), 392-397면.

38) 콜드 스타트 문제는 추천 시스템이 새로운 제품 또는 이용자에 대한 충분한 정보가 수집된 상태가 아니어서 해당 이용자에게 적절한 제품을 추천해주지 못하는 문제를 말한다. Bobadilla, Jesús/Ortega, Fernando/ Hernando, Antonio/Bernal, Jesús, A collaborative filtering approach to mitigate the new user cold start problem, Knowledge-Based Systems 26, 225-238 (2012). Available at: http://oa.upm.es/15302/

적 보조수단에 불과하고 경쟁과 소비자 후생에 긍정적인 역할을 하는 판매촉진 활동에도 활용될 수 있기 때문이다.

III. 적용이 검토될 수 있는 공정거래법상 불공정거래행위 규 정과 위법성 판단

1. 개관

공정위는 '온라인 플랫폼 사업자의 시장지배적 지위 남용행위 심사지침'에서 자사우대행위를 온라인 플랫폼 사업자가 자사 온라인 플랫폼에서 자사의 상품 또는 서비스를 경쟁사업자의 상품 또는 서비스 대비 유리하게 취급하는 행위로 정의한다. 공정위가 시장지배적 사업자의 자사우대행위를 시장지배적 지위 남용 행위로 규율한 사례로는 네이버 쇼핑 부문 사건[39]과 카카오모빌리티 사건[40]이 있다. 두 사건 모두 서비스에 이용된 알고리즘의 구성요소를 조정, 변경한 행위 가 자사우대행위로 문제된 것인데, 네이버 쇼핑 부문 사건에서는 전문검색 서비 스인 비교쇼핑 서비스에서 이용자의 상품 정보 검색에 대하여 관련성 있는 결과 를 보여주는 데 이용되는 검색 알고리즘이, 카카오모빌리티 사건에서는 일반 앱 호출 서비스에서 이용자의 일반 중형택시 앱호출에 대하여 택시를 배정하는 방 식으로 이용되는 배차 알고리즘이 자사우대행위의 수단으로 사용되었다고 인정 되었다.

자사우대행위를 디지털 시장에서 특유하게 발생하는 시장지배적 지위 남용행 위 유형으로 보는 견해는 해외에서도 심심치 않게 발견할 수 있다.[41] 이 행위가 시장지배적 지위 남용행위로 문제 되는 상황은 대체로 한 시장에서 시장지배적 지위를 가진 사업자가 그 지위를 시장지배적 지위를 갖지 않은 인접 시장에서 자 사의 상품을 우대하기 위하여 이용하는 경우이다.[42] 시장지배적 지위를 가진 사

---

39) 공정위 2021. 1. 27.자 제2021−027호 의결(2018서감2521).

40) 공정위 2023. 6. 13.자 제2023−093호 의결(2021시감0760).

41) OECD, Abuse of Dominance in Digital Markets (2020), at 52−54.

42) Ibáñez Colomo, Pablo, Self−Preferencing: Yet Another Epithet in Need of Limiting Principles (2020), at 5. Available at SSRN: https://ssrn.com/abstract=3654083.

업자의 남용행위는 시장지배력 보유 시장에서 행해질 수도 있고 시장지배력을 보유하지 않은 시장에서도 행해질 수 있으므로, 행위로서의 시장지배력 전이 행위(leveraging as conduct)를 기존에 배제남용(exclusionary abuse) 유형으로 인식되던 거래거절, 차별행위, 결합판매, 이윤압착 등의 행위유형에 포섭하고 일반적인 배제남용의 위법성 판단기준을 그대로 적용한다면[43] 특별한 문제가 없다. 문제는 이 행위를 기존의 행위유형에 포섭하지 않고 새로운 행위유형으로 보거나 기존의 배제남용에 관한 경쟁침해이론(theories of harm)과 다른 새로운 경쟁침해이론을 정립함으로써 이 행위에 완화된 위법성 판단기준을 적용하려고 하는 때에 발생한다. 이 점은 공정위가 이미 이런 이론을 적용한 네이버 쇼핑 부문 사건과 카카오모빌리티 사건에 대한 법원 판단에서 쟁점이 될 수 있다. 이 두 사건에서 공정위는 문제 되는 시장지배력 전이 행위를 기존의 행위유형에 포섭하고 일반적인 배제남용의 위법성 판단기준을 적용한 것처럼 보이지만, 이 행위에 대하여 실질적으로 위법성 판단기준을 더 완화하여 적용함으로써 사실상 새로운 경쟁침해이론을 정립한 것과 마찬가지 결과를 초래하였다고 볼 여지가 있기 때문이다.[44]

공정위는 한 걸음 더 나아가 네이버와 카카오모빌리티가 시장지배적 사업자로 인정되지 않거나 배제남용의 위법성의 내용인 경쟁제한성이 인정되지 않을 경우에 대비하여 병행적, 예비적으로 이들 사업자의 행위에 대하여 불공정거래행위 규정을 적용하였다. 공정위는 사안의 특성에 따라 다양한 불공정거래행위 유형에 관한 규정을 적용하였는데, 네이버 쇼핑 부문 사건에서 적용한 규정은 부당

---

43) 포스코 판결(대법원 2007. 11. 22. 선고 2002두8626 전원합의체 판결)이 전형적인 경우이다. 포스코 판결에서는 포스코가 전방시장인 열연코일 시장에서의 시장지배적 지위를 이용하여 후방시장인 냉연강판 시장에서의 신규 경쟁사업자에게 영향을 미칠 수 있는 거래거절 행위를 한 것이 문제되었으나, 배제남용의 일반적인 위법성 판단기준이 적용되어 경쟁제한성이 부정되었다.

44) 네이버 쇼핑 부문 사건에 대한 제1심 판결인 서울고법 2022. 9. 14. 선고 2021누36129 판결은 공정위 의결의 논지에 영향을 받아 한 시장에서의 시장지배적 지위가 다른 전이되는 양상을 띠는 경우 경쟁제한성이 더 크다고 할 수 있고, 그만큼 규제의 요청도 더 강하다고 판시하고 있다. 그러나 새로운 경쟁침해이론으로서 시장지배력 전이(레버리지) 이론은 경제이론으로도 그 근거가 약하고, 공정거래법의 해석론으로는 불필요하거나 기존 판례와 부합하지 않으며, 경쟁정책상으로도 바람직하지 않다는 비판을 고려하면, 이러한 서울고등법원의 판결 태도는 매우 의문스럽다. 이봉의, "디지털 플랫폼의 자사 서비스 우선에 대한 경쟁법의 쟁점－Monopoly Leverage와 Equal Treatment를 중심으로－",「연세대학교 법학연구」제30권 제3호 (2020), 392－397면.

한 거래조건 차별취급행위와 위계에 의한 부당한 고객유인행위 규정이고, 카카오 모빌리티 사건에서 적용한 규정은 부당한 거래조건 차별취급행위와 불이익제공에 의한 거래상 지위 남용행위 규정이다. 또한 공정위는 네이버 동영상 부문 사건[45])에서는 행위가 일어난 광고 기반 무료 동영상 서비스 시장에서 네이버를 시장지배적 사업자로 인정할 수 없고 네이버가 온라인 검색 서비스 시장에서의 시장지배적 지위를 이 행위에 이용하였다고 인정하기 어렵다고 보아 시장지배적 지위 남용행위 규정을 적용하지 않고 불공정거래행위로서 위계에 의한 부당한 고객유인행위 규정만을 적용하였다.

불공정거래행위 규정은 시장지배적 지위 남용행위 규정과 함께 사업자의 단독행위(unilateral conducts) 유형으로 분류될 수 있으나, 아래에서 보는 바와 같이 행위유형의 개방성 측면에서나 위법성의 본질 측면에서 차이가 있다. 따라서 자사우대행위로 불리는 사업자의 구체적 행위에 대하여 불공정거래행위 규정을 적용할 때는 각별한 주의와 신중한 접근이 필요하다.

2. 불공정거래행위 규정을 적용할 경우 주의할 점

(1) 행위유형의 개방성

시장지배적 지위 남용행위 규정과 불공정거래행위 규정은 먼저 행위유형의 개방성 측면에서 차이가 있다. 자사우대행위로 볼 수 있는 행위에 시장지배적 지위 남용행위 규정을 적용할 경우 부당한 사업활동 방해행위 규정(공정거래법 제5조 제1항 제3호)의 직접 적용이 가능하다. 공정위가 네이버 쇼핑 부문 사건에 적용한 부당한 사업활동 방해행위 규정은 시행령 및 고시에서 다른 사업자의 사업활동을 부당하게 어렵게 하는 구체적인 행위유형을 열거하고 있으나(거래거절 행위, 가격 또는 거래조건 차별행위 등), 열거된 구체적인 행위유형에 포섭되지 않더라도 법률의 직접 적용이 가능한 구조로 되어 있다. 대법원의 2010년 현대차 판결[46])은 현대차의 판매대리점 거점이전 제한행위, 인원채용 제한행위 등 시행령 및 고시에 열거된 행위에 포섭되기 어려운 유형의 행위에 대하여 법률 규정을 직접 적용한 사례이다.

이에 반해 불공정거래행위 규정은 법률과 시행령에 정해진 행위유형에 포섭

---

45) 공정위 2021. 1. 25.자 제2021−021호 의결(2018서경0449).

46) 대법원 2010. 3. 25. 선고 2008두7465 판결.

되지 않는 새로운 유형의 행위를 포괄할 만한 요건의 유연성이 부족하다. 또한 시장지배적 지위 남용행위 유형과 불공정거래행위 유형이 일대일로 대응되지 않으므로, 시장지배적 지위 남용행위 유형에 포섭될 수 있는 자사우대행위라고 하더라도 불공정거래행위의 구체적인 행위유형의 요건을 충족하는지는 행위유형별로 검토해 보아야 한다. 특히 자사우대행위는 자사와 타사 간의 비교가 필요한 행위이므로 복수의 거래상대방을 상정하여 하나의 거래상대방과 다른 거래상대방 간의 비교가 필요한 행위유형인 불공정거래행위로서 차별적 취급의 요건에 해당하기 어렵다. 서울고등법원의 2017년 롯데쇼핑 판결[47]은 자사를 거래상대방에 비해 우대한 행위는 거래조건 차별에 해당하지 않는다고 판단하였다.

(2) 위법성의 본질

다음으로 시장지배적 지위 남용행위 규정과 불공정거래행위 규정은 위법성의 본질 측면에서 차이가 있다. 시장지배적 지위 남용행위로서 자사우대행위의 위법성의 본질은 경쟁제한성으로 일원화되고, 착취남용(exploitative abuse)과 배제남용(exclusionary abuse)으로 구분될 수 있다.[48] 착취남용은 경쟁의 성과에, 배제남용은 경쟁의 과정 및 성과에 모두 관여된다. 자사우대행위에 대하여 기존의 배제남용에 관한 경쟁침해이론과 다른 새로운 경쟁침해이론을 주장하는 견해는 차별남용(discriminatory abuse),[49] 방해남용(impediment abuse),[50] 비차별 전이남용

---

47) 서울고등법원 2017. 2. 15. 선고 2015누39165 판결.

48) 배제남용이 경쟁사업자에 영향을 미치는 행위의 위법성을 의미한다면, 착취남용은 경쟁자가 이미 배제되어 존재하지 않거나 경쟁자에 의한 경쟁상 제약이 미미한 상태에서 거래상대방에 대하여 과도한 가격 등을 부과하는 행위의 위법성을 의미한다. 정재훈, 「경쟁과 경쟁제한성의 이해」, 박영사 (2023), 151면, 홍대식, "표준필수특허 보유자의 사업모델에 대한 공정거래법의 적용", 「경쟁법연구」 제45권 (2022), 127면 참조. 이에 대하여 착취남용은 경쟁 보호와 무관하다는 견해[이봉의, 「공정거래법」, 박영사 (2022), 243면]나 시장지배적 지위 남용행위의 경쟁제한성을 배제남용으로 좁게 보면서 경쟁제한성은 착취남용의 부당성 판단기준이 아니라고 하는 견해[권오승/서정, 「독점규제법: 이론과 실무」, 제3판, 법문사 (2022), 152면. 다만 이 견해는 저자들의 저서 개정판에는 등장하지 않는다]가 존재한다.

49) 차별남용은 법에서 차별행위의 위법성을 거래상대방에 대한 경쟁상 불이익 부여로 규정하는 EU 경쟁법에 특유한 해석 논리이다.

50) 방해남용은 독일의 성과경쟁(performance competition) 개념[이 개념은 영어로 장점에 의한 경쟁(competition on the merits)으로 번역될 수도 있으나, 뉘앙스는 다소 다르다]을 사용하여 거래상대방이나 경쟁사업자의 성과경쟁을 제한하는 행위의 성격을 중시한다는 점[이봉의 (2022), 236-237면]에서 행위가 경쟁 과정 또는 그 성과에 미치는 영향에 대한 분석을 필요로 하는 효과주의 접근(effect-based approach)보다는 형식주의 접근(form-based approach)으로 분류될 수 있다.

(non‑discriminatory leveraging abuse)[51]을 추가로 인정하고, 이를 배제남용보다 완화된 위법성의 내용으로 주장한다.

불공정거래행위의 위법성인 공정거래저해성에는 경쟁제한성이 포함되므로, 시장지배적 지위 남용행위 유형에 상응하는 불공정거래행위 유형 규정을 적용하는 경우 시장지배적 지위 남용행위로서 경쟁제한성이 인정되면 불공정거래행위로서 공정거래저해성도 인정된다. 이에 더해 시장지배적 지위 남용행위 유형에 상응하지 않는 불공정거래행위 유형 규정을 적용하는 경우 해당 행위유형에 특유한 공정거래저해성에 대한 판단이 필요하다. 공정위의 '불공정거래행위 심사지침' 예규는 공정거래저해성의 내용에 경쟁제한성과 불공정성을 포함한다고 보고 두 기준을 대등하게 열거하면서, 불공정성을 경쟁수단의 불공정성과 거래내용의 불공정성으로 구분한다. 주목할 점은 심사지침이 경쟁제한성과 불공정성의 관계에 대하여는 아무런 별도의 설명을 하고 있지 않기 때문에, 심사지침의 내용만으로는 둘 사이의 관계가 명확하지 않다는 점이다.[52] 이에 대하여 대법원은 2013년 에쓰대시오일 판결[53]에서 배타조건부 거래행위의 부당성은 경쟁제한성을 중심으로 평가하되, 거래상대방의 자유로운 의사결정이 저해되었거나 저해될 우려가 있는지 여부 등도 아울러 고려할 수 있다고 봄이 타당하다고 판시하여, 공정거래저해성의 내용이 경쟁제한성을 포함하면서 확장될 수 있음을 보였다. 나아가 2015년 금보개발 판결[54]에서 불공정거래행위에 관한 법령의 규정 내용은 그 문언에서 행위의 상대방을 사업자 또는 경쟁자로 규정하고 있거나 그 문언의 해석상 거래질서 또는 경쟁질서와의 관련성을 요구하고 있다고 판시하여 경쟁제한성보다 확장된 공정거래저해성의 내용이 '거래질서 또는 경쟁질서와의 관련성'임을 분명히 하였다.

3. 구체적인 행위유형 적용 가능성 검토

자사우대행위로 볼 수 있는 행위에 대하여 불공정거래행위 규정을 적용하기

---

51) 비차별 전이남용은 차별행위 요건에 해당하지 않는 자사우대행위를 통한 시장지배력 전이 행위에 대한 적용이 주장되는 새로운 경쟁침해이론이다. 자사우대행위가 차별행위 요건에 해당하는 때는 차별 전이남용 경쟁침해이론이 주장된다. OECD (2020), at 52‑54.

52) 홍대식, "공정거래법상 불공정거래행위의 위법성 판단기준의 재검토‑경쟁질서와의 관련성을 중심으로", 「경쟁법연구」 제37권 (2018), 192‑193면.

53) 대법원 2013. 4. 25. 선고 2010두25909 판결.

54) 대법원 2015. 9. 10. 선고 2012두18325 판결.

위해서는 먼저 불공정거래행위의 구체적인 행위유형별로 그 요건에 해당할 수 있는지를 검토해 보아야 한다. 이하에서는 공정위가 실제 사건에서 자사우대행위로 볼 수 있는 행위에 적용한 행위유형 중 거래조건 차별행위와 위계에 의한 고객유인행위의 요건에 대하여 살펴본다. 주의할 점은 불공정거래행위는 행위유형별로 공정거래저해성의 내용이나 판단기준에 일정한 차이가 발생할 수 있다는 점이다.

공정거래저해성의 내용이나 판단기준의 차이는 행위유형별 요건의 속성의 차이를 반영하는 것이지만, 사업자의 특정한 행위가 해당 속성을 실제로 갖는지를 정확히 포착하는 방식으로 행위유형이 적용되지 않으면 같은 속성을 가진 행위에 대하여 어떤 규정이 적용되는지에 따라 공정거래저해성이 인정되는지가 달라지는 문제가 생길 수 있다. 예를 들어 차별의 속성을 가지나 차별행위가 위법하다는 평가를 받기 위하여 요구되는 경쟁제한성이 인정되지 않는 행위에 대하여 차별에 따라 불리한 지위에 처하는 상대방이 입게 되는 다소간의 불이익을 구체적인 불이익으로 평가하여 거래상 지위 남용행위 규정을 적용하고 거래질서와의 관련성을 갖는다고 위법성을 인정하는 사례이다. 따라서 자사우대행위와 같이 새로운 유형의 행위에 대하여 불공정거래행위의 구체적 행위유형을 적용할 경우 행위유형과 위법성의 상관관계를 고려한 총체적인 접근(holistic approach)이 필요하다.

(1) 거래조건 차별행위

1) 요건의 구성

거래조건 차별은 차별적 취급(공정거래법 제45조 제1항 제2호)의 세부 유형으로 복수의 거래상대방과의 거래에서 차별이 되는 내용이 가격이 아닌 수량, 품질 등의 거래조건이나 거래내용인 경우이다(공정거래법 시행령 제52조 관련 [별표 2] 제2호 나.목). 공정거래법 시행령은 차별적 취급행위를 '현저하게 유리하거나 불리하게 거래하는 행위' 또는 '거래에서 현저하게 유리하거나 불리하게 취급하는 행위'로 구체화하면서 차별 즉 현저한 유불리가 되는 내용을 가격과 가격 외의 거래조건을 구분하고, 차별이 되는 내용이 가격 외의 거래조건인 경우에는 그것이 '특정사업자'에게 부과될 것을 요건으로 한다.

2) 차별행위의 내용과 대상

상품 또는 용역의 거래조건은 그 상품 또는 용역을 거래할 때 이행하기로 약정하였거나 거래의 성질상 이행되어야 할 것으로서, 상품 또는 용역의 선택 또는 결정뿐만 아니라 거래의 계속 여부 판단에 영향을 주는 사항이다.[55] 일반적으로는 가격도 거래조건에 포함하지만, 차별적 취급의 세부 유형에서는 차별이 되는 내용이 가격이 되는 경우와 거래조건이 되는 경우를 구별하므로, 여기에서 거래조건은 가격이나 가격에 직접 영향을 미치는 조건(예컨대, 수량할인 등)을 제외한 거래내용을 말한다.[56]

차별행위의 대상은 특정 사업자로 규정되어 있어 소비자는 포함되지 않는다. 특정 사업자의 범위는 차별이 문제되는 거래조건이나 거래내용을 통해 획정되어서는 안 되고 그 외의 다른 기준으로써 획정돼야 한다.[57] 비교 대상이 되는 사업자는 어느 정도 특정이 되어야 하므로, 모든 거래상대방을 비교 대상으로 하는 경우 불특정 사업자에 불과하여 적절하지 않다. 차별은 거래상대방이 되는 특정 사업자와 다른 사업자를 비교하여 판단하는 것이다. 즉 차별의 비교 대상이 되는 거래상대방은 적어도 2 이상인 복수일 것을 필요로 한다.[58] 행위자 소속의 사업부 또는 그 내부조직은 독자적인 거래상대방이 된다고 보기 어려우므로, 행위자 소속의 사업부와 다른 사업자는 비교 대상이 되지 못한다.[59] 이처럼 자사우대행위가 거래조건 차별행위 요건에 해당하지 않는다는 점은 이 규정과 유사한 요건으로 되어 있는 EU 경쟁법 제102조 제c항에 정한 차별행위의 해석론과 부합하

---

55) 거래조건은 계약으로부터 발생하는 채무의 내용을 구성한다. 따라서 거래가 계약을 수단으로 이루어지는 경우 채무로서 이행을 주장할 수 없는 내용은 거래조건으로 볼 수 없을 것이다. 계약법에서는 그 채무가 주된 채무인지 부수적 채무인지의 구별이 계약해제사유 여부 판단에 중요하게 고려되지만(대법원 2005. 11. 25. 선고 2005다53705, 53712 판결 등), 여기서는 굳이 그러한 구별을 할 필요가 없을 것이다.

56) 서울고법 2017. 2. 15. 선고 2015누39165 판결(롯데쇼핑).

57) 서울고법 2019. 10. 2. 선고 2018누76721 판결(골프존). 이 사건에서 공정위는 가맹계약을 체결하지 않은 사업자를 '특정 사업자'로 보았는데, 서울고법은 가맹인지 여부는 문제되는 거래조건이므로 이를 기준으로 특정 사업자를 획정한 후 '원고가 비가맹사업자에게 비가맹을 이유로 가맹사업 제품인 'H'를 공급하지 않음으로써 비가맹사업자를 차별했다'는 식으로 판단할 경우 동어반복 또는 순환논법이라고 보았다.

58) 대법원 2006. 5. 26. 선고 2004두3014 판결(한국토지공사). 한국토지공사의 공동주택지 판매협약에 규정된 거래조건이 대한주택공사와 다른 건설회사들 사이에 외견상 달라 복수의 거래상대방 간의 차별 여부가 문제 된 사건이다.

59) 서울고법 2017. 2. 15. 선고 2015누39165 판결(롯데쇼핑) 참조.

므로,[60] 자사우대행위에는 한정적 열거 규정인 공정거래법 제45조 제1항 제2호를 적용할 수 없다.[61]

3) 비교 대상의 동등성, 차이의 합리성과 현저성

거래조건이나 거래내용을 유리 또는 불리하게 한다는 것은 동등한 거래에 있는 거래상대방에게 같은 거래 대상 또는 품질, 기능, 성능 면에서 같다고 볼 수 있는 거래 대상을 가격 외의 거래내용에서 현저하게 다르게 취급하는 것을 말한다.[62] 따라서 거래조건차별의 경우 비교 대상이 되는 거래에서 상품 또는 서비스의 단위는 동등할 것을 요건으로 한다. 지멘스 사건[63]은 영상진단용 특수의료장비 제조사가 독립유지보수사업자(ISO)와 거래하는 병원에 서비스키 발급조건을 제시한 행위를 거래조건차별로 문제 삼은 공정위 결정에 대하여, 서울고등법원이 공정위가 비교 사례로 삼은 서비스가 동등한 서비스라고 볼 수 없다는 취지로 판단한 사건이다. 이 사건에서 서울고등법원은 ISO에 대한 서비스키 유상 발급은 라이선스 정책에 따른 것인데 반해, 공정위가 비교 사례로 삼은 서비스키 무상

---

60) EU 경쟁법인 유럽연합 기능조약(Treaty on the Functioning of the European Union) 제102조 제c항은 "applying dissimilar conditions to equivalent transactions with other trading parties, thereby placing them at a competitive disadvantage"라고 규정하여, 복수의 거래상대방과의 동등한 거래를 전제로 하고 있다. EU의 구글 쇼핑(검색) 사건에서 집행위원회는 구글이 자신의 비교쇼핑서비스를 우대하는 형식의 차등대우행위(difference in treatment)에 대하여 구체적인 행위유형을 적시하지 않고 법 제102조를 직접 적용하였는데, EU 일반법원(General Court)는 법 제102조는 제한적 열거 규정이 아니므로 열거된 행위 유형에 해당하지 않더라도 남용행위에서 제외되지 않고 정당화되지 않는 차등대우행위도 남용행위가 될 수 있다고 하여 이런 직접 적용을 수긍하였다. Judgment of the General Court (Ninth Chamber, Extended Composition) of 10 November 2021, T−612/17 Google and Alphabet v Commission (Google Shopping), ECLI:EU:T:2021:763, paras. 154−155. 장품, "온라인 플랫폼의 '자기우대'와 경쟁법상 쟁점",「경쟁저널」제209호 (2021), 19면.

61) "거래상대방"에 대한 차별을 요건으로 하는 법 규정의 위임에 따라 시행령에서 그 유형을 정할 때 1개의 거래상대방과의 거래와 비교할 자사거래가 있으면 차별 요건을 충족하는 것으로 규정할 수 있을지가 문제될 수 있다. 공정위의 '온라인 플랫폼 사업자의 시장지배적 지위 남용행위 심사지침'은 사업활동 방해행위의 구체적 유형 중 하나인 차별행위의 요건을 2021. 12. 30. 고시 개정으로 종전의 '거래상대방에게'에서 '자사 또는 다른 거래상대방 대비'로 개정하여 자사우대행위를 명시적으로 포함하였는데, 이러한 개정이 법령의 위임 범위 내이므로 허용될 수 있다는 견해가 있다(손동환, "공정거래법상 차별남용과 자사우대에 관한 연구",「상사법연구」제42권 제2호 (2023), 143−145면). 이와 달리 법령의 요건이 사업활동방해행위로 포괄적으로 규정되어 그 행위의 방법에 대한 위임 범위가 넓은 시장지배적 지위 남용행위와 달리 불공정거래행위의 차별취급은 법에서 복수의 거래상대방을 요건으로 한다고 해석하여야 하는 이상 시행령 개정만으로 자사우대행위를 추가할 수는 없다.

62) 서울고법 2019. 10. 2. 선고 2018누76721 판결(골프존).

63) 서울고법 2020. 2. 6. 선고 2018누43110 판결.

발급 사례는 고객관리 차원에서 지멘스의 재량 또는 양해하에 병원 자체 의공인력의 장비점검 또는 정도관리 목적으로 예외적으로 한 것이므로 동등한 서비스라고 볼 수 없다는 취지에서, 발급가격, 기능 및 접근권한 등의 거래조건으로 불리하게 차별취급하였다고 볼 수 없다고 판단하였다.

상품 또는 서비스의 단위가 동등해도 거래조건의 차이를 정당화하는 합리적인 이유가 있다면 그러한 차이는 외형상으로도 차별이라고 볼 수 없다. 롯데쇼핑 사건[64]은 영화 상영업자의 영화 상영회차 배정 차별행위, 상영관 규모 차별행위와 선전 재료물 배치행위 관련 차별행위를 거래조건차별로 문제 삼은 공정위 결정에 대하여, 서울고등법원이 경험재인 영화의 수요의 불확실성에 따라 수요 예측이 고도의 경영 판단 사항이라는 점을 전제로 합리적인 이유를 판단한 사건이다. 이 사건에서 서울고등법원은 먼저 영화 상영회차 배정 차별행위에 대하여는 롯데쇼핑 롯데시네마 사업부의 영화 상영회차 배정 원칙과 기준은 나름의 합리적인 이유가 있고 편성 기준에 차이가 있을 수 있는 다른 영화 상영업자의 기준과의 비교나 주말 관객 수와 같은 특정한 요소에 근거한 상영회차의 적정성 판단은 적절하지 않다는 이유로 차별행위의 존재가 충분히 증명되었다고 보기 어렵다고 보았다. 다음으로 상영관 규모 차별행위에 대하여는 상영회차와 배정된 좌석 수를 함께 고려하지 않고 상영관 크기만을 비교 대상으로 하여 다른 배급사들이 배급한 영화를 불리하게 취급하였는지를 판단하는 것은 적절하지 않다는 등의 이유로 차별행위의 존재가 충분히 증명되었다고 보기 어렵다고 보았다. 또한 선전 재료물 배치행위 관련 차별행위에 대하여는 전단꽂이의 위 칸에 해당 영화의 전단을 비치하도록 한 조치가 곧바로 전단이 노출되는 정도, 전단 입수의 용이성 등 영화의 홍보 효과에 있어 큰 차이를 가져온다고 단정하기 어려우므로 차별행위의 존재가 충분히 증명되었다고 보기 어렵다고 보았다.

외형상 특정 거래조건에 관하여 특정 거래상대방을 다른 거래상대방에 비하여 유리하게 취급한다고 보이는 경우 외형상의 거래조건의 차이는 있다고 볼 수 있다.[65] 그러나 이런 외형상의 거래조건의 차이가 현저하다고 인정되어야 차별이

---

64) 서울고법 2017. 2. 15. 선고 2015누39165 판결.

65) 대법원 2006. 5. 26. 선고 2004두3014 판결(한국토지공사). 이 사건에서 한국토지공사는 대한주택공사 및 다른 건설회사들과 공동주택지 선수협약을 체결하면서 공급가격 상승으로 협약이 해제될 경우 대한주택공사와의 협약에는 선수금의 반환 규정을 두었으나, 다른 건설회사들과의 협약에는 그와 같은 규정을 명시적으로 두지 않았다. 이는 외형상 거래조건의 차이가 있

성립할 수 있고 현저한지의 판단은 거래 과정 전체의 관점에서 실제로 그런 차이가 특정 사업자를 현저하게 불리하거나 유리하게 하는 행위에 해당하는지를 고려해야 한다.[66] 또한 현저성은 전체 상품 중 차별이 있었다고 인정되는 상품의 비중에 따라 그 정도에 비추어 판단될 수도 있다.[67]

(2) 위계에 의한 고객유인행위

1) 요건의 구성

위계에 의한 고객유인행위는 부당한 고객유인행위(법 제45조 제1항 제4호)의 세부 유형이므로, 고객유인행위라는 점이 기반이 되는 요건이다. 고객유인행위는 특정한 방법으로 경쟁사업자의 고객을 자기와 거래하도록 유인하는 행위이다. 유인행위가 성립하기 위해서는 특정한 방법이 경쟁사업자의 고객을 자기와 거래하도록 유인할 가능성이 있으면 충분하고, 그런 가능성이 있는지는 객관적으로 고객의 의사결정에 상당한 영향을 미칠 가능성이 있는지에 따라 결정된다.[68] 특정한 방법이 고객 의사결정의 기초가 되는 정보의 제공에 관한 것이라면, 유인행위는 그 정보에 근거한 의사결정에 관한 것이다.[69] 특정한 방법이 고객의 의사결정에 영향을 미칠 가능성이 있는지는 객관적으로 판단되고, 그 영향의 정도는 상당한 정도에 이를 것이 필요하다.

2) 위계의 방법

위계에 의한 고객유인행위는 고객을 유인하는 특정한 방법이 위계의 방법인 경우인데, 시행령은 이를 "「표시·광고의 공정화에 관한 법률」('표시광고법') 제3조에 따른 부당한 표시·광고 외의 방법으로 자기가 공급하는 상품 또는 용역의 내용이나 거래조건 및 그 밖의 거래에 관한 사항을 실제보다 또는 경쟁사업자의

다고 볼 만한 사정이었다.

66) 대법원 2006. 5. 26. 선고 2004두3014 판결(한국토지공사). 이 사건에서는 위와 같이 외형상 거래조건의 차이가 있다고 볼 만한 사정이 존재하였으나, 법원은 한국토지공사의 내부규정 등을 고려하면 한국토지공사가 다른 건설회사들에 대하여도 선수금 반환의무를 부담한다는 점을 인정하여 그러한 차이가 특정 사업자를 현저하게 불리하거나 유리하게 하는 행위에 해당한다고 보지 않았다.

67) 서울고법 2017. 2. 15. 선고 2015누39165 판결(롯데쇼핑). 이 사건에서는 공정위가 차별행위가 있었다고 주장하는 영화들의 편수가 롯데쇼핑이 상영한 전체 영화 편수에 대비하여 0.2~3.0%에 불과하여 그 비중이 미미하다는 점이 고려되었다.

68) 대법원 2010. 12. 23. 선고 2008두22815 판결(동아제약).

69) 홍대식, "공정거래법상 위계에 의한 고객유인행위 판단의 법리 ─SK텔레콤 사건에 대한 서울고등법원 판결에 대한 검토─", 「경쟁법연구」 제36권 (2017), 49면.

것보다 현저히 우량 또는 유리한 것으로 고객이 잘못 알게 하거나 경쟁사업자의 것이 실제보다 또는 자기의 것보다 현저히 불량 또는 불리한 것으로 고객을 잘못 알게 하여"(영 제52조 관련 [별표 2] 제4호 나.목)로 표현한다. 고객유인행위는 고객에게 일정한 정보를 제공하여 고객이 그 정보에 기초한 구매 결정(informed decision)을 할 수 있도록 영향을 주는 행위이므로, 일반적으로는 정상적인 경쟁방법으로 허용되는 행위이다. 따라서 고객을 유인하기 위한 상품 또는 용역에 관한 정보 제공의 방법이 위계의 방법인지 아니면 정상적인 경쟁방법인지는 그 방법의 형식 그 자체로 판단할 수 없고 구체적인 내용이나 상황에 비추어 신중하게 판단할 필요가 있다.[70]

위계란 통상 상대방의 착오나 부지를 이용하여 행위 목적을 달성하고자 하는 일체의 행위를 말한다. 상대방의 착오나 부지를 일으켜 이를 이용하는 것뿐만 아니라 착오나 부지에 빠진 상대방을 이용하는 행위[71]도 위계에 해당할 수 있다. 삼성전자 사건의 원심에서는 소비자의 인식 수준에 따라 소비자가 고가의 단말기를 할인받아 싸게 구매할 수 있다고 착각을 해서 쉽게 구매의사를 갖게 되는 구매패턴 및 착시효과를 마케팅 수단으로 활용한 점을 위계의 방법에 관한 판단에서 고려하였다.[72]

위계의 방법은 비교를 통해 현저히 우량 또는 유리한 것으로 또는 현저히 불량 또는 불리한 것으로 고객을 잘못 알게 하는 것이다. 우량/유리 또는 불량/불리한 정도는 '현저한 정도'에 이르러야 한다. 위계에 의한 고객유인행위를 규제하는 목적이나 취지에 비추어 볼 때, '현저성' 요건의 충족 여부를 판단할 때는 계량화·수치화된 위계의 정도[73]와 함께 사업자가 사용한 위계의 방법이나 태양,

---

70) 예를 들어 상품 또는 용역의 판매를 촉진하기 위해서 유통망에 지급하기 위한 장려금의 조성과 집행은 실질적으로 가격 인하와 일부 유사하므로 일반적인 가격 할인과 같은 정상적인 경쟁방법과의 구별이 쉽지 않고, 그 자체로 위계에 의한 고객유인 행위의 수단으로 평가되는 것은 아니다. 대법원 2019. 10. 18. 선고 2014두4801 판결(삼성전자).

71) SK텔레콤 사건에서는 해당 시장에서의 소비자의 구체적인 상황을 전제로 하고 경험재(experience goods)로서의 상품 또는 서비스의 특성을 고려하여 약정외 보조금의 재원으로 쓰일 사전장려금의 존재와 이를 가격에 반영한 사실을 숨긴 것이 위계로 인정되었다. 대법원 2019. 9. 26. 선고 2014두15047 판결.

72) 서울고법 2014. 2. 6. 선고 2012누24346 판결.

73) 삼성전자 사건의 원심에서는 현저성 판단을 위하여 적정가격(적정장려금)의 입증이 반드시 필요한 것은 아니지만, 고객이 실질적으로 할인혜택을 받은 것이 어느 정도인지를 계량화하여 살펴보는 것도 현저성 판단의 하나의 기준으로 일응 합리적인 방법으로 수긍할 수 있다고 하였다. 서울고법 2014. 2. 6. 선고 2012누24346 판결.

사업자의 위계가 고객의 거래 여부 결정에 미치는 영향의 정도 등을 종합적으로 고려하여야 한다.[74] 결국 현저성 판단은 경쟁수단으로 사용된 고객유인의 방법이 허용되는 정도와 연결되는 것이므로, 부당성 판단에서 고려되는 요소 중 경쟁수단과 관련된 요소인 사업자가 사용한 경쟁수단의 구체적 태양, 사업자가 해당 경쟁수단을 사용한 의도, 그와 같은 경쟁수단이 일반 상거래의 관행과 신의칙에 비추어 허용되는 정도를 넘는지 등[75]은 현저성 판단에서도 고려될 수 있다. 주의할 점은 공정거래법이나 동법 시행령에서 "현저히"라는 요건을 포함하는 경우 대법원은 이 요건을 독립적인 요건으로 이해하여 이를 판단하기 위한 법리를 정립해 왔다는 점이다. 현저성 요건이 독자성을 갖기 위해서는 '비교대상이 되는 실제의 것 또는 경쟁사업자의 것(사실로서 특정되거나 가상적으로 상정된 것)' 또는 '적어도 비교에 참작할 수 있는 조건 또는 내용'을 특정한 후 그것과의 차이의 정도가 현저성 판단을 위한 종합적인 고려사항에 포함되어야 한다.[76] 현저성 판단에서 비교에 의한 정도의 차이라는 상대적인, 양적인 기준을 전혀 고려하지 않고 당해 거래방법의 사회적 허용 여부라는 절대적인, 질적인 기준에만 따르게 된다면 현저성을 핵심적인 요소로 하는 위계의 방법이라는 요건의 독자성이 상실될 우려가 있다.[77]

비교를 통한 현저한 우량/유리 또는 현저한 불량/불리는 위계의 내용을 구성하는데, 이것이 위계의 방법이 되려면 고객이 그와 같은 내용으로 잘못 알게 되어야 한다. 위계에 의한 고객유인 행위가 성립하기 위해서는 위계 또는 기만적인 행위로 인하여 고객이 오인될 우려가 있음으로 충분하고, 반드시 고객에게 오인의 결과가 발생하여야 하는 것은 아니다. 오인이라 함은 고객의 상품 또는 용역에 대한 선택 및 결정에 영향을 미치는 것을 말하고, 오인의 우려라 함은 객관적으로 고객에게 상품 또는 용역의 선택에 영향을 미칠 가능성 또는 위험성을 말한다.[78]

---

74) 서울고법 2014. 10. 29. 선고 2012누22999 판결(SK텔레콤).

75) 대법원 2019. 9. 26. 선고 2014두15047 판결(SK텔레콤) 등.

76) 홍대식, "온라인 검색 서비스에 대한 위계에 의한 부당한 고객유인행위 규정의 적용", 이화여대 법학논집 제24권 제4호 (2020), 87−88면.

77) 홍대식 (2017), 45−46면.

78) 대법원 2002. 12. 26. 선고 2001두4306 판결(한국오라클).

3) 오인유발행위에 대한 구체적 판단

위계의 내용이 오인 또는 오인의 우려가 있는 위계의 방법이 되기 위해서는 오인을 유발하는 일정한 행위로 나아갈 필요가 있다. 한국오라클 사건에서는 위계의 내용을 담고 있는 자료를 (잠재적) 고객에게 제출한 행위가 있었다.[79] SK텔레콤 사건 등에서 이동통신 3사와 삼성전자는 사실은 이동통신 서비스 약정과 단말기 가격과는 아무런 재무적 관련성이 없는 사전장려금을 단말기 가격 자체에 반영하는 방법으로 조성한 후 이를 약정외 보조금의 재원으로 하면서 이러한 사실을 숨긴 채 소비자가 이동통신 서비스에 가입하는 경우에만 유통망을 통하여 약정외 보조금을 지급하였고, 유통망을 통해 판촉 활동을 하는 행위로 나아갔다. 또한 지멘스 사건에서는 병원 등에 ISO 제공 서비스에 대한 주의 촉구 공문을 발송한 행위가 있었다.[80]

반면에 네이버 동영상 부문 사건에서 공정위는 검색제휴사업자에 대한 동영상 검색 알고리즘 개편 관련 중요 정보의 차별적 제공행위를 위계에 의한 고객유인 행위로 인정하였으나, 서울고등법원은 그 행위만으로는 부족하고 나아가 원고가 내부적으로 차별적으로 제공된 정보를 이용하여 고객을 오인하게 할 만한 구체적인 후속 행위로 나아가야 하는데, 이를 인정하기에 부족하다고 보았다.[81] 이 사건은 검색서비스의 검색 알고리즘에 의한 노출순위 결정에 영향을 주는 구성요소의 관련도 또는 적합도에는 합리성이 인정되는 경우였다. 서울고등법원은 이와 달리 검색 알고리즘의 구성요소의 관련도 또는 적합도에 합리성이 인정되지 않는 경우 이러한 구성요소를 적용한 검색 알고리즘 조정으로 인해 자신의 콘텐츠를 상대적으로 검색결과 상위에 노출시킨 행위는 합리적 사유가 없으면 고객을 오인시키는 행위에 해당한다고 판단하였다.[82]

이는 어떤 행위가 오인을 유발하는 행위가 되는지에 관한 판단 과정에 소비

---

79) 대법원 2002. 12. 26. 선고 2001두4306 판결.

80) 서울고법 2020. 2. 6. 선고 2018누43110 판결.

81) 서울고법 2023. 2. 9. 선고 2021누35218 판결. 그에 따르면, 위 개편 과정에서 '제목과 일치하는 키워드'가 가장 중요한 의미가 있다는 정보를 내부에 차별적으로 제공했다고 하더라도 차별적 의사를 실현할 수 있는 구체적 행위, 즉 '제목과 일치하는 키워드'의 인입을 추가로 실현하는 구체적인 행위가 없었다면, 고객을 오인할 우려가 발생한다고 보기 어렵다.

82) 서울고법 2023. 2. 9. 선고 2021누35218 판결. 네이버TV 테마관 동영상에 검색 알고리즘의 구성요소인 가점을 부여한 행위가 합리적 사유 없이 네이버 동영상 검색결과 노출순위를 조정한 행위로 문제가 되었는데, 네이버가 검색결과의 인위적 조정이 없다고 대외적으로 공지한 것과 다르게 검색결과 노출순위에 변동이 초래된 점도 판단 과정에서 고려된 것으로 보인다.

자의 의사결정 구조에 영향을 주는 상품 또는 서비스의 특성이 고려될 수 있다는 점을 보여준다. 네이버 동영상 부문 판결과 네이버 쇼핑 부문 판결은 특히 검색 결과 노출순위에 의하여 소비자의 선택에 영향을 주는 검색 서비스의 특성을 고려하여 위계의 방법을 판단한 사건이다. 네이버 동영상 부문 판결에서는 동영상 검색 서비스의 특성에 비추어 검색결과 노출순위는 고객의 선택에 있어 중요한 의미가 있다는 점을 전제로 이용자의 필요가 아니라 네이버TV 테마관 동영상인지 여부를 기준으로 네이버 동영상 검색결과 노출순위를 조정할 경우 네이버TV 테마관 동영상의 검색결과가 원래 있어야 할 순위보다 상위에 노출되어 소비자에게 미치는 영향력을 중시한다. 판결은 이런 점에 기초할 때 동영상 검색 서비스에서 검색결과 노출순위 조정과 직접 관련된 검색 알고리즘 구성요소 조정 행위는 소비자 관점에서 오인 유발행위가 될 수 있지만, 검색결과 노출순위 조정과 직접 관련되지 않은 검색제휴사업자에 대한 정보의 차별적 제공행위의 경우에는 소비자 관점에서의 오인 유발행위가 필요하다는 점을 지적하였다.

네이버 쇼핑 부문 판결[83]은 이용자의 필요에 부합하면서도 값싸고 질 좋은 상품을 제시하는 것을 비교쇼핑 서비스의 성질이라고 인정하고, 이에 비추어 노출순위는 당연히 해당 이용자 관점에서의 우열을 반영하여 결정되어야 한다는 것을 전제로 이용자의 필요가 아니라 스마트스토어 입점상품인지 여부를 기준으로 비교쇼핑 서비스인 네이버 쇼핑 검색결과 노출순위를 조정할 경우 노출순위가 검색 질의에 대한 해당 상품의 적합도와 밀접하게 관련되어 우량의 또는 유리한 상품으로 인식하는 소비자의 기대에 반한다는 점을 강조한다. 이 사건에서 네이버는 비교쇼핑 서비스의 검색 기능과 오픈마켓과 같은 온라인 쇼핑 서비스의 검색 기능에 별다른 차이가 없다고 주장하였지만, 법원은 두 기능이 서비스의 특성의 측면에서 구별된다고 판단하였다. 판결에 따르면, 비교쇼핑 서비스의 검색 기능은 소비자가 구매처를 결정하기 전에 여러 구매처에서 판매되는 동일 또는 유사 상품을 탐색·비교하기 위하여 사용하는 것이므로 검색 자체가 서비스의 목적이지만, 온라인 쇼핑 서비스의 검색 기능은 특정 구매처를 정하여 들어온 소비자가 구매를 원하는 상품의 재고 유무를 확인하고 찾을 수 있도록 보조하는 역할을 하는 것이므로 검색 그 자체가 서비스의 목적이 아니다. 비교쇼핑 서비스와 온라인 쇼핑 서비스 간의 이런 특성에 관한 인식 차이는 검색 알고리즘 조정과

---

83) 서울고법 2022. 12. 14. 선고 2021누36129 판결.

같은 특정한 행위가 오인을 유발하는지에 관한 판단 과정에서 결정적인 영향을
미칠 수 있다.

4. 행위유형에 공통적인 공정거래저해성 판단의 원리

불공정거래행위는 매우 다양한 행위유형으로 구성되어 있음에도 시장지배적
지위 남용행위와 달리 대법원이 불공정거래행위 유형을 통틀어 그 위법성인 공
정거래저해성의 내용을 어떻게 정의하고 있는지를 파악하기는 어렵다. 앞에서 설
명한 것처럼 공정위의 불공정거래행위 심사지침은 공정거래저해성의 내용에 경
쟁제한성과 불공정성(경쟁수단의 불공정성과 거래내용의 불공정성)을 포함하지만,
대법원은 경쟁제한성 외에 거래질서 또는 경쟁질서와의 관련성이라는 표현을 사
용한다. 외형상 판례가 말하는 경쟁질서와의 관련성은 경쟁수단의 불공정성에,
거래질서와의 관련성은 거래내용의 불공정성에 대응하는 것처럼 보인다. 그러나
대법원이 이런 표현을 사용한 이유는 불공정거래행위의 위법성의 내용이 경쟁제
한성을 넘어 확장될 수 있다고 하더라도 그것이 사법적인 기준인 불공정성까지
확장되는 것은 아니고 그 한계 설정이 필요하다는 의도가 깔린 것이고, 그 한계
로서 거래질서 또는 경쟁질서와의 관련성이라는 개념을 제시한 것이라고 해석되
어야 한다.[84] 공정위 심사지침의 접근방식은 경쟁제한성에 추가된 불공정성의 위
법성 판단에 대하여 행위유형 중심 접근법(form-based approach)을 지향하는
반면에, 대법원의 접근방식은 경쟁제한성에 추가된 경쟁질서 또는 거래질서와의
관련성의 위법성 판단에 대하여도 효과 중심 접근법(effect-based approach)을
지향하고 있다는 점에서 그 차이를 찾을 수 있다.

대법원이 경쟁질서 또는 거래질서와의 관련성을 기준으로 위법성을 판단할
때 효과 중심 접근법을 지향하고 있다는 단서는 이 기준을 처음 제시한 2015년
금보개발 판결[85]과 이를 구체화한 2019년 더리본 판결[86]에서 찾을 수 있다. 대법
원은 경쟁을 제한하지는 않더라도 경쟁질서 또는 거래질서와의 관련성이 인정되
는 행위라고 판단되기 위해서는 그 행위가 경쟁질서 또는 거래질서 전반에 미치
는 파급효과를 종합적으로 고려해야 한다고 판시한다. 대법원은 불공정거래행위

---

84) 홍대식 (2018), 203면.

85) 대법원 2015. 9. 10. 선고 2012두18325 판결.

86) 대법원 2018. 7. 12. 선고 2017두51365 판결.

의 유형 중 제반 사정의 형량과 분석을 거쳐 경쟁에 미치는 효과에 관한 판단까지도 요구되는 경우와 함께 경쟁질서 내지 거래질서 전반에 미치는 파급효과까지 종합적으로 고려해야 하는 경우를 예시하는데, 이는 사용된 수단의 성격과 실질이 가격할인과 같이 정당한 경쟁 수단과 유사한 측면이 있는 경우이다. 이런 경우에는 그 행위유형 자체로 위법성이 추론되지는 않기 때문에 경쟁질서 내지 거래질서 전반에 미치는 파급효과까지 종합적으로 고려해야 하고 이때는 그 파급효과에 대한 복잡한 규범적·경제적 분석과 판단이 필요하다.[87] 이는 정도의 차이가 있을 뿐이지 경쟁에 미치는 효과를 판단하는 경우와 마찬가지이고, 공통적으로 효과 중심의 접근법을 지향하는 것이다.

    부당한 고객유인행위 규정이 적용된 더리본 판결은 사용된 수단의 성격과 실질이 가격할인과 같이 정당한 경쟁 수단과 유사한 측면이 있는 경우에 복잡한 규범적·경제적 분석과 판단을 통하여 경쟁질서 내지 거래질서에 미치는 파급효과를 종합적으로 고려한 사례이다. 이 판결에서 문제 된 행위는 상조회사의 이른바 '이관할인방식'에 의한 영업방식인데 경쟁사의 고객이 그 계약을 해지하고 자신과 신규로 상조거래 계약을 체결하면 그 고객에 대해 최대 36회차분까지 자신에 대한 납입금 지급 의무를 면제하는 이익을 제공하므로 가격할인과 유사한 성격과 실질을 갖고 있다고 볼 수 있다. 그러나 대법원은 상조거래의 특성과 고객이 상조거래의 상대방을 선택할 때의 기준의 특수성[88]을 고려할 때 상조거래에서 이관할인방식에 의한 영업방식이 상조용역시장 전체에 부담을 주고 시장 전체 비효율성을 미치는 점, 상조거래의 선택 기준에 비추어 고객이 합리적인 선택을 하는 데 상당한 지장을 초래하는 점 등 상조 시장 전체의 경쟁질서나 거래질서에 미치는 부정적 영향을 시장과 거래의 현황과 실태에 대한 사실인정에 기초하여 규범적으로 분석하고 위법성을 판단하였다. 비록 이 사건에서는 경제적 분석에는 이르지 않은 것으로 보이나, 이는 분명히 경쟁질서 또는 거래질서와의 관련성에 대한 효과 중심의 접근법으로 평가될 만하다.

    불공정거래행위의 위법성 판단을 위하여 경쟁질서 또는 거래질서와의 관련성

---

87) 대법원 2018. 7. 12. 선고 2017두51365 판결.
88) 상조거래는 대금의 전부 또는 일부를 고객으로부터 사전에 받고 사업자의 상조용역 제공의무는 특별한 사정이 없는 한 장래의 어느 시점에 현실화할 가능성이 높은 특성이 있기 때문에, 상조회사의 장래 의무이행 능력, 재정건전성 등을 포함한 신뢰성, 소비자 보호를 위한 각종 조치의 이행 가능 여부 등은 고객이 상조거래의 상대방을 선택할 때 중요한 선택의 기준이 된다.

을 필요로 하는지, 경쟁질서와의 관련성까지 요구하지는 않지만 적어도 거래질서
와의 관련성은 필요로 하는지에 관하여, 판례는 일단 행위유형의 문언상 행위의
상대방을 어떻게 정하는지를 기준으로 행위유형별 위법성 내용의 범위를 구분한
다. 판례에 의하면, 거래상 지위 남용행위를 제외한 다른 불공정거래행위의 구체
적 유형은 그 문언에서 행위의 상대방을 사업자 또는 경쟁자로 규정하고 있으므
로 그 문언의 해석상 경쟁질서 또는 거래질서와의 관련성을 요구한다. 그에 비하
여 거래상 지위 남용행위 유형은 행위의 상대방을 사업자 또는 경쟁자로 한정하
고 있지는 않으므로, 거래질서와의 관련성만으로 위법성 판단이 충분한 경우를
상정할 수 있다.[89] 이는 거래상 지위 남용행위의 상대방이 사업자 또는 경쟁자가
아닌 소비자인 경우 경쟁질서와의 관련성을 상정하기 어렵기 때문으로 보인다.
따라서 거래상 지위 남용행위라고 하더라도 그 상대방이 사업자 또는 경쟁자인
경우 위법성을 인정하기 위해 거래질서와의 관련성만으로는 부족하고 경쟁질서
와의 관련성이 요구될 수 있다.

　공정위의 심사지침은 물론 대법원 판례에 따르더라도 불공정거래행위 유형에
따라 위법성 내용의 구성과 비중이 다르게 평가될 수 있으므로, 온라인 쇼핑 사
업자의 온라인 상품 진열 방식 관련 행위에 대하여 불공정거래행위 유형 중 어떤
유형을 적용하는지에 따라 위법성 판단 역시 영향을 받게 되는 상황을 상정할 수
있다. 어떤 행위유형을 적용하더라도 위법성 판단의 결론이 같다면 특별한 문제
가 없지만, 어떤 행위유형을 적용하는지에 따라 그 결론이 달라진다면 문제가 생
길 수 있다. 예를 들어 위법성 판단기준이 상대적으로 높은 부당한 차별적 취급
규정을 적용하면 위법성을 인정하기 어렵지만, 위법성 판단기준이 상대적으로 낮
은 거래상 지위 남용행위 규정을 적용하여 위법성을 인정하는 경우이다. 만일 이
러한 규정 적용에 따른 차이가 온라인 쇼핑 사업자의 온라인 상품 진열 방식 관
련 행위가 갖는 특정한 속성과 그에 따른 효과를 포착하는 과정에서 발생한 부득
이한 것이라면 용인될 수 있으나, 편의적인 규정 적용에 따라 위법성 판단기준이
상대적으로 낮은 행위유형으로 도피하여 위법성을 쉽게 인정하려는 방편이 된다
면 문제가 될 수 있다. 따라서 온라인 쇼핑 사업자의 온라인 상품 진열 방식 관

---

89) 대법원 2015. 9. 10. 선고 2012두18325 판결. 판례는 이 점을 적어도 거래질서와의 관련성은
　　필요하다고 보아야 한다고 표현하면서, 거래질서와의 관련성만으로 위법성 판단이 충분한 경
　　우로 거래상 지위 남용행위의 상대방이 경쟁자 또는 사업자가 아니라 일반 소비자인 경우를
　　들고 있다.

련 행위에 대하여 어떤 불공정거래행위 유형을 적용하는지에 따라 행위의 위법
성 판단의 본질이 훼손되지 않도록 일관되고 총체적인 위법성 판단기준을 설정
하고 그에 따라 판단할 필요가 있다.

IV. 온라인 상품 진열 방식에 대한 불공정거래행위 규정의 적용: 공정위의 쿠팡 사건을 중심으로

1. 논의의 전제

우리나라 온라인 쇼핑 시장은 종합쇼핑몰 사업자와 오픈마켓 사업자로 구성
되어 있는데, 2022년을 기준으로 한 시장점유율 분포가 쿠팡 24.5%, 네이버 쇼
핑 23.3%, 지마켓 10.1%, 11번가 7% 등[90]으로 절대 강자가 없는 경쟁적인 시장
이다. 온라인 쇼핑 소비자들은 가격 비교 및 멀티호밍(multi-homing)이 보편화
되어 있어 구매 전환이 쉽고, 쇼핑몰 간 입점 업체 확보 경쟁이 활발하다.[91]

공정위는 최근 온라인 쇼핑 사업자인 쿠팡이 3개의 알고리즘[92]을 이용하여
자기 상품(직매입 상품과 PB 상품)을 입점업체 상품보다 검색순위 상위에 노출하
고 PB 상품에 대한 임직원의 구매후기 작성과 높은 별점 부여를 통해 PB 상품
이 검색순위 상위에 노출되기 유리하게 한 행위를 하였다고 인정하고, 이러한 행
위가 공정거래법상 위계에 의한 부당한 고객유인행위에 해당한다는 이유로 쿠팡
에 대하여 시정명령과 과징금납부명령을 내리기로 결정하였다고 발표하였다.[93]
이 사건에 대한 의결서는 이 글을 쓰는 동안 아직 공개되지 않았으므로, 이하에
서는 보도자료에 나온 공정위의 설명을 토대로 하여 가상의 매장인 디지털 플랫
폼을 이중 방식으로 운영하는 온라인 쇼핑 사업자가 온라인 상품 진열 과정에서
알고리즘 설계·조정을 통해 자기 상품이 제3자 상품보다 검색순위 상위에 노출
하는 행위가 불공정거래행위로서 위계에 의한 부당한 고객유인행위에 해당하는

---

90) 공정위 2023. 7. 9.자 보도자료 "큐텐의 인터파크커머스·위메프 주식취득 건 승인".
91) 공정위 2021. 10. 29.자 보도참고자료 "(주)이마트의 이베이코리아(유) 지분취득 건 승인".
92) 프로덕트 프로모션, Strategic Good Product, 콜드스타트 프레임워크를 가리킨다.
93) 공정위 2024. 6. 13.자 보도자료 "쿠팡의 검색순위("쿠팡랭킹") 조작 등을 통한 소비자 기만행
위 엄중 제재".

지 판단할 때 검토하여야 할 사항에 대한 논의를 전개한다.

　온라인 쇼핑 사업자 중 종합쇼핑몰 사업자의 온라인 판매는 중개 서비스인 오픈마켓 서비스와 달리 판매 서비스로서 대규모유통업법의 적용 대상이 된다는 점에서는 기존 오프라인 대규모유통업자 중 백화점, 대형마트 등 판매업자의 거래와 공통점이 있다. 기존 오프라인 대규모유통업자 중 판매업자의 거래는 입점 업체가 상품 판매와 판매 부진에 따른 재고위험을 부담하는 특약매입형 거래 형태의 비중이 높았는데, 대규모유통업자가 상품 판매와 판매 부진에 따른 재고위험을 부담하는 직매입거래[94]가 점차 늘어나고 있다. 직매입거래의 한 형태로 PB 브랜드 개발과 PB 상품 출시도 늘어나고 있는데, 최근에는 온라인 쇼핑 사업자도 PB 상품을 출시하고 있다. 다만 현재 온라인 쇼핑 사업자 전체 판매 및 거래 중개 상품 중 PB 상품의 비중은 아직 미미하다. 쿠팡의 경우 2017년부터 PB 상품을 출시하였는데. 2022년 전체 판매 및 거래 중개 상품 중 PB 상품의 비중은 5% 정도이다.

　쿠팡과 같이 이중 방식으로 운영되는 온라인 쇼핑 사업자는 온라인 쇼핑몰 가상 매장에 상품을 진열하기 위한 방식으로 직매입거래 상품인 직접 판매 상품, PB 상품, 중개거래 상품인 제3자 판매 상품에 공통된 상품 노출 알고리즘을 적용하고 있다. 알고리즘의 작동 원리는 소비자가 온라인 쇼핑 사업자의 온라인 쇼핑몰에서 제공하는 검색 창에 검색어를 입력하면 검색어와의 관련성, 고객 선호도, 기존 실적 등 다양한 요소를 고려한 일반적인 기준을 바탕으로 하는 상품 선별 과정과 중복제거, 개인화, 아이템 다각화 등을 위해 설정한 구체적 기준을 바탕으로 하는 특정한 조정 과정을 단계별로 거쳐 검색 결과를 진열(display)하고 배치(positioning)해 주는 방식이다. 온라인 쇼핑 사업자는 초기 화면에서 추천순, 랭킹순, 가격순, 판매량순, 리뷰 많은 순, 최신순에 따라 상품을 정렬(sorting)할 수 있는 기능을 제공하는데, 소비자는 정렬 방식을 선택하여 원하는 방식으로 검색결과 화면의 설정을 바꿀 수 있다. 쿠팡의 경우 상품 노출 알고리즘의 단계별

---

94) 직매입거래는 대규모소매업자가 납품업자로부터 직접 상품을 매입하여 판매하는 거래 형태이며, 원칙적으로 납품이 완료되어 상품매입이 확정되면 소유권이 납품업자로부터 대규모소매업자로 이전되는 것이므로 상품관리 및 가격 결정, 판매, 재고 부담 등은 대규모소매업자의 몫이라 할 수 있다. 서울고법 2013. 9. 13. 선고 2013누3568 판결(롯데쇼핑); 대규모유통업법은 직매입거래를 대규모유통업자가 매입한 상품 중 판매되지 아니한 상품에 대한 판매책임을 부담하고 납품업자로부터 상품을 매입하는 형태의 거래를 말한다고 정의한다(법 제2조 제4호).

적용에 따라 소비자의 검색 결과에서 PB 상품이나 직접 판매 상품 중 신상품, 계절상품, 사전예약상품 등이 중개거래 상품인 제3자 판매 상품보다 우선 노출되는 경우가 있는데, 이는 쿠팡이 2019년부터 콜드 스타트 문제를 해결하고 판매를 증진하기 위한 판매촉진활동의 하나로 일반적 기준을 바탕으로 하는 상품 선별 과정 후에 특정한 조정 과정을 거치기 위한 3가지 알고리즘을 추가로 적용한 결과이다.

2. 행위유형 포섭의 문제

쿠팡 사건에서 공정위가 상품 노출 알고리즘의 작동 원리에 관하여 문제로 삼은 행위는 쿠팡이 3가지 알고리즘을 추가로 적용하여 알고리즘 적용 단계에 특정한 조정을 하는 행위이다. 그 행위의 결과로 온라인 쇼핑 사업자의 직접 판매 상품과 PB 상품이 소비자의 검색 결과에서 제3자 상품보다 우선 노출되는데, 공정위는 이와 같은 행위가 위계에 의한 고객유인행위의 외형에 해당하는 것으로 보았다. 공정위의 이런 판단은 쿠팡의 상품 노출 알고리즘이 기본적으로 검색 기능을 하고 있다는 점에 초점을 맞춰 공정위가 이미 자사우대행위로 분류하여 불공정거래행위 규정을 적용한 사례들인 네이버 쇼핑 부문 사건, 네이버 동영상 부문 사건, 카카오모빌리티 사건과 외관상 유사성이 있다고 보았기 때문이다.

그러나 이 행위에 불공정거래행위로서 위계에 의한 고객유인행위 규정을 적용하는 것은 아래와 같은 두 가지 해석상 난점이 있다. 첫째는 온라인 쇼핑 사업자가 판매촉진활동의 하나로 상품 노출 알고리즘에 특정한 조정을 한 행위가 위계의 방법으로 평가될 수 있는지 문제이고, 둘째는 온라인 쇼핑 서비스를 이용하는 고객이 그로 인하여 오인 또는 오인할 우려가 있는지 문제이다. 그에 더하여 직접 판매 상품이나 PB 상품 우선 노출의 목적, 방식, 기간, 정도 등에 비추어 비교를 통한 유불리의 정도가 현저하다고 볼 수 있는지가 검토되어야 한다.

먼저 온라인 쇼핑 사업자가 판매촉진활동의 하나로 상품 노출 알고리즘에 특정한 조정을 한 행위가 위계의 방법으로 평가될 수 있는지 문제와 관련하여, 온라인 쇼핑 사업자의 검색 기능은 온라인 상품 진열 방식의 기본적 보조도구에 불과하고 알고리즘 조정 행위 자체도 판매촉진활동의 하나로 특정한 조정을 한 행위라는 점이 지적되어야 한다. 온라인 쇼핑 사업자의 검색 기능은 납품업자의 판매(직매입거래를 통한 직접 판매 상품의 경우) 또는 이용사업자의 중개를 통한 판

매(오픈마켓을 통한 제3자 판매 상품의 경우) 어느 경우에나 주된 목적인 상품을
보조하면서 상품을 고객에게 노출되는 가상 매장에 진열하는 기능을 하는 것이
다. 온라인 쇼핑 사업자의 온라인 쇼핑몰을 방문하는 고객 처지에서도 온라인 쇼
핑몰이 제공하는 검색 기능 이용은 단순히 상품 정보를 얻기 위한 것이 아니라
자신이 구매를 희망하는 상품을 찾아 이를 토대로 구매 결정을 하기 위한 것이므
로,[95] 고객은 단순히 검색어와의 관련성에 근거하여 상품이 노출될 것으로 기대
하지 않는다. 예를 들어 온라인 쇼핑에서의 구매 결정에는 다른 이용자가 남긴
리뷰와 피드백 평점이 중요한 요소로 꼽히는데, 온라인 쇼핑 사업자의 검색 기능
에 적용되는 알고리즘에 소비자 리뷰가 중요한 요소가 된다는 점은 검색 서비스
와 구별되는 특징이다.[96] 또한 온라인 쇼핑에서도 소비자는 잘 알려진 회사나 긍
정적인 평판을 가진 회사에 대한 선호도를 갖고 있어 브랜드 충성도가 있는 상품
을 찾는 경향이 있다.[97] 이런 점에서 이 사건은 검색 기능이 서비스의 주요 내용
인 검색 서비스 사업자가 검색 대상에 따라 알고리즘을 다르게 적용한 행위가 문
제 된 구글 쇼핑(검색) 사건이나 알고리즘을 일반적으로 조정한 행위가 문제 된
네이버 쇼핑 사건 또는 네이버 동영상 사건과 그 성격이 전혀 다르다. 온라인 쇼
핑 사업자인 쿠팡의 행위는 상품 노출 알고리즘에 특정한 조정을 한 행위는 판매
촉진활동의 하나로 행해진 점에서 분명한 차이가 있기 때문이다.

공정위 보도자료에 따르면, 공정위는 쿠팡 사건에서 온라인 쇼핑 사업자의 상
품 노출 결과와 검색서비스 사업자의 검색 결과의 차이는 별로 고려하지 않고 온
라인 쇼핑 사업자의 상품 노출 결과와 오프라인 매장 진열의 차이만을 강조한
다.[98] 보도자료에서는 그 근거 중 하나로 대형 유통업체 등 오프라인 매장은 통
상 자기의 상품만을 판매하고 있어 상품 진열을 통해 경쟁사업자의 고객을 유인

---

95) 공정위의 네이버 쇼핑 사건 의결서는 "이용자가 오픈마켓을 이용하는 목적은 상품을 최종적
   으로 구매하기 위해서이다. 이용자는 오픈마켓을 통해 상품을 최종적으로 구매하고, 상품구매
   에 부수하여 환불·고객 관리 등 일부 서비스를 오픈마켓으로부터 제공받는다. 이러한 이용자
   의 이용목적을 충족시키기 위해 오픈마켓은 <그림 25>와 같이 '고객이 원하는 것은 무엇이
   든 만족하고 쇼핑할 수 있도록' 상품 및 구매/판매 관련서비스를 제공하는 것을 목표로 하고
   있다."고 하여 온라인 쇼핑 서비스인 오픈마켓 서비스의 목적을 검색서비스인 비교쇼핑서비스
   의 목적과 구별한다. 공정위 2021. 1. 27.자 제2021−027호 의결(2018서감2521), para. 144.
96) CMA (2017), at 61−64.
97) Ibid, at 57−61.
98) 공정위 2024. 6. 13.자 보도자료 "쿠팡의 검색순위("쿠팡랭킹") 조작 등을 통한 소비자 기만행
   위 엄중 제재", 37면.

하는 경우는 발생하기 어렵다는 점을 들고 있다. 그러나 오프라인 대규모유통업자의 매장도 직영 점포와 매장임차인 점포가 구분되는 이중 방식 운영이 가능하고, 이 경우 오프라인 대규모유통업자는 직영점과 임대매장의 공간 배치 방식을 판매촉진활동의 수단으로 사용할 수 있다. 오프라인 매장에서도 소비자가 취급 상품을 찾기 위해 공간 내 물리적 이동을 할 때 특정 점포에 대한 접근성의 정도에 따라 고객 유인 효과를 줄 수 있기 때문이다. 그럼에도 피상적인 사유만으로 온라인 쇼핑 사업자의 상품 노출 결과로 보이는 가상 매장과 오프라인 대규모유통업자의 매장이 그 성격과 의미가 다르다고 하여 온라인 쇼핑 사업자의 가상 매장에서 상품 노출 알고리즘을 통해 이루어지는 판매촉진활동의 역할을 도외시하는 것은 균형 잡힌 판단이라고 보기 어렵다.[99]

결국 온라인 쇼핑 사업자의 상품 노출 알고리즘 조정 행위는 정상적인 경쟁 방법인 판매촉진활동인 신상품을 매장에 진열하는 행위나 특정 상품을 고객 접근성이 더 좋은 위치에 진열하는 행위[100]와 구별이 쉽지 않은 행위로 평가될 수 있다. 따라서 온라인 쇼핑 사업자의 이러한 행위가 위계의 방법에 해당하는지는 그 방법의 형식이 아니라 구체적인 내용이나 상황에 비추어 신중하게 판단하여야 하고, 비교 대상이 되는 제3자 상품과의 유불리가 현저한지에 관한 판단은 이 행위가 다른 온라인 쇼핑 사업자와 경쟁하기 위한 수단인 판매촉진활동의 성격을 갖는다는 점을 고려할 때 과연 일반 상거래의 관행과 신의칙에 비추어 허용되는 정도를 넘는지를 사실조사와 판단을 기초로 하여 이루어져야 한다.[101]

다음으로 온라인 쇼핑 서비스를 이용하는 고객이 그로 인하여 오인 또는 오인할 우려가 있는지 문제와 관련하여, 앞에서 본 검색 기능의 차이에 기초할 때

---

99) 공정위 2024. 6. 13.자 보도자료 12면에서는 쿠팡이 상품을 노출하는 방식에 있어서 '검색순위'와 '상품 광고' 또는 '추천'을 구분하여 소비자에게 상품을 노출하고 있다는 점을 지적하고 있다. 이는 온라인 쇼핑 사업자가 상품을 노출하는 화면에서 검색 기능만을 적용한 검색 결과와 추천 기능을 추가로 적용한 검색 결과를 구분하여 표시하여야 한다는 것을 전제로 하는 것인데, 과연 검색 서비스에서 정보와 광고를 구분하도록 하는 것과 마찬가지 논리를 온라인 쇼핑 서비스에서 정보와 추천 간의 관계에도 그대로 적용할 수 있는지 의문이다. 이는 오프라인 매장에서 판매촉진 대상 상품 매대를 상품 종류별로 구획된 매대가 아닌 별도의 공간에 따로 마련하도록 하는 것과 유사한데, 거래의 특성과 관행, 목적과 효과 등에 대한 면밀한 분석 없이 이 쟁점에 대하여 규범적으로만 접근하는 것은 타당하지 않다.

100) 공정위의 '대규모유통업 분야에서 판매장려금의 부당성 심사에 관한 지침' III. 1. 1.3.에 의하면, 이런 행위는 판매촉진 목적과의 관련성이 인정되므로 대규모유통업자가 납품업자로부터 그 대가로 판매장려금을 받는 것이 허용된다.

101) 대법원 2019. 9. 26. 선고 2014두15047 판결(SK텔레콤) 등 참조.

검색 서비스 이용 고객과 온라인 쇼핑 서비스 이용 고객의 인식에도 차이가 있다
는 점이 고려되어야 한다. 검색 서비스에서의 검색결과는 이용자가 서비스를 이
용하는 목적이지만, 온라인 쇼핑 서비스에서의 검색결과는 고객이 서비스를 이용
하는 목적인 구매를 위한 중간 과정에 불과하다. 온라인 쇼핑 서비스 이용 고객
은 구매 결정의 기초로서 오프라인 매장에서 매대에 진열된 상품 중에 구매를 원
하는 상품을 고르듯이 온라인 가상 매장에 진열된 상품에 접근하는 방편으로 검
색결과 화면에 노출된 상품 중에 구매를 원하는 상품을 고르게 된다. 최근 온라
인/모바일 쇼핑몰 이용 행태에 대한 실태조사에 의하면, 소비자는 2021년 기준 1
인당 6.3개의 쇼핑 앱을 설치하여 멀티호밍을 하고 있고, 상품 구매 결정을 할
때 상품 가격을 가장 중요하게 고려하면서 원하는 상품/옵션 유무, 이벤트/프로
모션, 빠른 배송 등도 중요하게 고려하고 있다.[102] 이는 특정 온라인 쇼핑 서비스
에서의 검색결과에 우선 노출된다는 점이 고객의 구매 결정에 별다른 영향을 미
치지 못한다는 근거가 될 수 있다.

3. 공정거래저해성 판단의 문제

불공정거래행위의 공정거래저해성에는 경쟁제한성이 포함되므로, 온라인 쇼
핑 사업자의 상품 노출 알고리즘 조정 행위의 경쟁제한성을 우선 검토해 볼 수
있다. 공정위의 불공정거래행위 심사지침에 의할 때, 경쟁제한성은 당해 행위로
인해 시장경쟁의 정도 또는 경쟁사업자(잠재적 경쟁사업자 포함)의 수가 유의미한
수준으로 줄어들거나 줄어들 우려가 있음을 의미하므로, 경쟁제한성 판단은 관련
시장 획정을 전제로 한다. 온라인 쇼핑 사업자의 이러한 행위와 관련된 상품시장
으로는 온라인 쇼핑 시장과 직접 판매 상품 및 PB 상품이 속한 개별 상품시장을
상정할 수 있다. 그러나 경쟁적인 시장인 우리나라 온라인 쇼핑 시장의 현황과
온라인 쇼핑 사업자인 쿠팡의 직접 판매 상품 및 PB 상품 대비 중개 상품의 비
율[103]을 고려할 때, 온라인 쇼핑 시장뿐만 아니라 해당 직접 판매 상품 및 PB 상

---

102) 오픈서베이, 모바일 쇼핑 트렌드 리포트 2021 (2021) 및 오픈서베이, 온라인 쇼핑 멤버십 트
렌드 리포트 2022 (2022). Available at: www.opensurvey.co.kr

103) 공정위 2024. 6. 13.자 보도자료 1면에 따르면, 거래액 기준 쿠팡에서 판매되는 직매입상품
및 PB 상품(공정위는 이 둘을 합쳐 '자기 상품'이라고 한다)과 중개 상품의 비율은 2019년
약 60%:40%에서 2022년 약 70% : 30%로 변화하였다. 공정위는 이 사건 행위로 인하여 21만
개의 입점업체와 자기 상품 판매자로서의 쿠팡 사이에 공정한 경쟁이 저해되었다고 주장한
다(위 보도자료 21면). 그러나 행위의 결과가 귀속되는 341개의 PB 상품 제조업체와 약

품이 속한 개별 상품시장 어느 쪽에서도 경쟁제한성이 인정될 가능성은 크지 않다.

다음으로 판례가 경쟁제한성을 넘어 불공정거래행위의 공정거래저해성을 인정하기 위한 개념으로 사용하는 경쟁질서 또는 거래질서와의 관련성을 기준으로 판단해 볼 수 있다. 이를 위해 주의할 점은 온라인 쇼핑 사업자인 쿠팡의 행위는 공정거래법에 열거된 불공정거래행위로서 위계에 의한 고객유인행위 유형에 포섭된다고 단정하기 어려운 행위이지만 비록 이 행위유형에 포섭된다고 보더라도 사용된 수단의 성격이 판매촉진 목적과의 관련성이 인정되는 정당한 경쟁 수단과 유사한 측면이 있으므로, 그 성격 자체로 위법성이 판단되어서는 안 되고 그 파급효과에 대한 복잡한 규범적·경제적 분석과 판단이 필요한 행위라는 점이다. 따라서 온라인 쇼핑 사업자의 검색 기능과 이와 결합한 추천 기능을 통한 판매촉진활동의 특성과 고객이 구매처와 상품을 선택하고 구매 결정을 할 때의 기준의 특수성을 고려할 때, 쿠팡의 경쟁사업자인 다른 온라인 쇼핑 사업자와의 관계나 쿠팡의 오픈마켓 서비스를 이용하는 입점업체와의 관계에서 쿠팡의 이 사건 행위에 관련시장 전체의 경쟁질서나 거래질서에 미치는 부정적 영향이 있는지를 시장과 거래의 현황과 실태에 대한 사실인정에 기초하여 규범적으로 분석하고 위법성을 판단하는 과정을 거쳐야 한다.

대법원은 위계에 의한 고객유인행위의 위법성 판단에 관하여, 그 행위로 인하여 보통의 거래 경험과 주의력을 가진 일반 소비자의 거래 여부에 관한 합리적인 선택이 저해되거나 다수 소비자들이 궁극적으로 피해를 볼 우려가 있게 되는 등 널리 업계 전체의 공정한 경쟁질서나 거래질서에 미치게 될 영향, 파급효과의 유무 및 정도, 문제 된 행위를 영업전략으로 채택한 사업자의 수나 규모, 경쟁사업자들이 모방할 우려가 있는지 여부, 관련되는 거래의 규모, 통상적 거래의 형태, 사업자가 사용한 경쟁수단의 구체적 태양, 사업자가 해당 경쟁수단을 사용한 의도, 그와 같은 경쟁수단이 일반 상거래의 관행과 신의칙에 비추어 허용되는 정도를 넘는지, 계속적·반복적인지 여부 등을 종합적으로 살펴보아야 한다고 판시한다.[104] 이는 대법원이 위계에 의한 고객유인행위의 위법성 판단기준으로 부당한

33,000개의 직매입상품 납품업체가 입점업체와 완전히 다른 업체로서 경쟁관계가 성립하는지가 분명하지 않고, 개별 상품시장이 아니라 쿠팡이 제공하는 가상 매장에서 거래되는 상품을 일종의 묶음시장(cluster market)으로 상정하는 것도 적절하지 않아, 이런 주장은 합리적인 경쟁제한성 판단에 기초한 주장이라고 보기 어렵다.

104) 대법원 2019. 9. 26. 선고 2014두15047 판결(SK텔레콤).

고객유인행위의 일반적인 위법성 판단기준인 사업자 간의 공정한 경쟁질서 저해
와 소비자의 합리적 선택 저해를 두 축으로 하면서, 소비자의 합리적 선택 저해
여부 판단의 기준을 보통의 거래 경험과 주의력을 가진 일반 소비자를 기준으로
한 거래 여부에 관한 사항으로 구체화하고, 공정한 경쟁질서에 미치는 영향만이
아니라 '거래질서에 미치는 영향'(다수 소비자들이 궁극적으로 피해를 볼 우려, 파급
효과, 계속적·반복적 발생)도 판단기준에 포함한다는 것을 보여준다.[105] 대법원은
아울러 고객유인행위의 방법이 위계의 방법인 경우 그 구체적인 내용과 과정에
관한 추가적인 고려사항[106]을 종합적으로 고려할 사항으로 열거하고 있으므로,
위법성 판단 과정에서 이와 관련된 거래의 현황과 실태에 대한 사실인정에 기초
하여 규범적으로 분석하고 위법성을 판단하는 과정을 거쳐야 한다.

V. 맺는말

온라인 쇼핑 사업자의 온라인 상품 진열 방식은 기본적으로는 오프라인 대규
모유통업자의 상품 진열 방식과 공통적인 성격을 가지면서 인터넷 쇼핑 환경에
고유한 특성으로 인해 소비자의 구매 과정을 원활하게 도와주기 위한 목적으로
제공되는 결정 보조도구로서 검색 기능을 필요로 한다. 다만 이런 검색 기능은
상품 구매 결정을 목적으로 고객이 원하는 상품의 재고 여부와 위치 확인을 위하
여 검색결과를 중간 과정으로 한다는 점에서, 정보 제공을 목적으로 하여 이용자
가 원하는 것이 검색결과 그 자체인 검색서비스의 검색 기능과 차이가 있다. 또
한 온라인 쇼핑 사업자의 검색 기능은 온라인 상품 진열 방식과 관련된 기능이라
는 점에서, 오프라인 대규모유통업자가 매대 상품 진열을 통해 판매촉진활동을
하는 것과 유사하게 활용될 수 있다. 온라인 쇼핑 사업자는 추천 시스템에 적용

---

[105] 이러한 사항은 대법원이 거래질서와의 관련성이 인정되는 경우를 예시할 때 사용한 표현에
서 유래한 것으로 보인다. 대법원 2015. 9. 10. 선고 2012두18325 판결(금보개발. 남부CC).
손동환, "부당한 고객유인과 자사우대", 「법조」 제71권 제6호(통권 제756호)(2022), 345면.
[106] 추가적인 고려사항은 영업전략의 측면(문제 된 행위를 영업전략으로 채택한 사업자의 수나
규모, 경쟁사업자들이 모방할 우려가 있는지 여부), 거래의 측면(관련되는 거래의 규모, 통상
적 거래의 형태), 경쟁수단의 측면(사업자가 사용한 경쟁수단의 구체적 태양, 사업자가 해당
경쟁수단을 사용한 의도, 그와 같은 경쟁수단이 일반 상거래의 관행과 신의칙에 비추어 허용
되는 정도를 넘는지 등)으로 분류할 수 있다.

되는 상품 노출 알고리즘에 특정한 조정을 하여 일정한 상품을 검색결과 화면에 우선 노출하는 방식으로 판매촉진활동을 한다.

이 연구에서는 온라인 쇼핑 사업자가 검색 기능에 판매촉진활동을 위한 추천 기능을 결합하여 상품 노출 알고리즘에 특정한 조정을 한 결과 직접 판매 상품 및 PB 상품이 제3자 판매 상품보다 우선 노출되는 행위가 자사우대행위로 취급 되어 이에 대하여 공정거래법상 불공정거래행위 규정이 적용될 수 있는지를 비 판적으로 검토하였다. 불공정거래행위 유형 중에서는 공정위가 다른 사건에서 자 사우대행위로 취급한 행위에 적용한 행위유형인 거래조건 차별행위와 위계에 의 한 고객유인행위의 행위 요건과 행위유형에 공통적인 공정거래저해성 판단의 원 리를 해석론의 관점에서 검토하였다. 이런 검토를 토대로 하여 실제 사례로서 온 라인 쇼핑 사업자인 쿠팡이 판매촉진활동의 하나로 상품 노출 알고리즘에 특정 한 조정을 하는 행위를 하고 그 결과로 쿠팡의 직접 판매 상품 및 PB 상품이 소 비자의 검색결과에서 제3자 판매 상품보다 우선 노출되는 경우, 불공정거래행위 로서 위계에 의한 부당한 고객유인행위 규정을 적용하면 다음과 같은 해석상 난 점이 도출된다는 점과 공정거래저해성 판단에 신중한 접근이 필요하다는 점을 보였다.

첫째, 쿠팡이 상품 노출 알고리즘에 특정한 조정을 한 행위는 판매촉진활동의 성격을 갖는다는 점을 고려할 때 위계의 방법으로 평가되기 어렵고 쿠팡의 서비 스를 이용하는 고객이 그로 인하여 오인 또는 오인할 우려가 있다고 판단할 근거 가 부족하다는 해석상 난점이 있다.

둘째, 우리나라 온라인 쇼핑 시장의 현황과 쿠팡의 직접 판매 상품 및 PB 상 품 대비 중개 상품의 비율을 고려할 때, 쿠팡의 이 사건 행위는 경쟁제한성이 인 정될 가능성은 크지 않고 판매촉진 목적과의 관련성이 인정되는 정당한 경쟁 수 단과 유사한 측면이 있다는 점에서 그 파급효과에 대한 복잡한 규범적·경제적 분석의 뒷받침이 없다면 경쟁질서 또는 거래질서와의 관련성을 기준으로 한 공 정거래저해성 판단에도 신중한 접근이 필요하다.

[참고문헌]

1. 국내문헌

권오승/서정, 「독점규제법: 이론과 실무」, 제3판, 법문사 (2022)

박상길, 「비전공자도 이해할 수 있는 AI 지식」, 반니 (2022)

오픈서베이, 「모바일 쇼핑 트렌드 리포트 2021」 (2021)

오픈서베이, 「온라인 쇼핑 멤버십 트렌드 리포트 2022」 (2022)

이봉의, 「공정거래법」, 박영사 (2022)

이재형/박병형, 「우리나라 유통산업의 특성과 정책과제」, 연구보고서 2010－09, 한국
　　개발연구원 (2010)

이진국, 「대형유통업체의 자체상품 확대의 경제적 효과에 관한 연구」, 정책연구시리
　　즈 2017－02, 한국개발연구원 (2017)

정재훈, 「경쟁과 경쟁제한성의 이해」, 박영사 (2023)

홍대식 외, 「인터넷 검색 시장 현황 및 실태파악을 위한 연구」, 과학기술정보통신부
　　방송통신정책연구, 서강대 ICT법경제연구소 (2018)

강지원/임지영, "온라인 플랫폼 사업자의 자사우대에 대한 경쟁법상 허용 범위의 한
　　계－네이버 쇼핑 사건과 EU Google Shopping 사건, 영국 Streetmap 사건을 중심
　　으로－", 「경쟁법연구」 제44권 (2021)

권남훈, "플랫폼의 자사우대 행위", 「산업조직연구」 제31집 제1호 (2023)

손동환, "부당한 고객유인과 자사우대", 「법조」 제71권 제6호(통권 제756호)(2022)

손동환, "공정거래법상 차별남용과 자사우대에 관한 연구", 「상사법연구」 제42권 제2
　　호 (2023)

이봉의, "디지털 플랫폼의 자사 서비스 우선에 대한 경쟁법의 쟁점－Monopoly
　　Leverage와 Equal Treatment를 중심으로－", 「연세대학교 법학연구」 제30권 제3호
　　(2020)

장품, "온라인 플랫폼의 '자기우대'와 경쟁법상 쟁점", 「경쟁저널」 제209호 (2021)

조성국, "유통산업에서의 경쟁법적인 쟁점과 규제방안에 관한 연구", 「경쟁법연구」
　　제32권 (2015)

홍대식, "공정거래법상 위계에 의한 고객유인행위 판단의 법리－SK텔레콤 사건에 대한 서울고등법원 판결에 대한 검토－", 「경쟁법연구」 제36권 (2017)

홍대식, "공정거래법상 불공정거래행위의 위법성 판단기준의 재검토－경쟁질서와의 관련성을 중심으로", 「경쟁법연구」 제37권 (2018)

홍대식, "온라인 검색 서비스에 대한 위계에 의한 부당한 고객유인행위 규정의 적용", 이화여대 법학논집 제24권 제4호 (2020)

홍대식, "표준필수특허 보유자의 사업모델에 대한 공정거래법의 적용", 「경쟁법연구」 제45권 (2022)

황태희, "소매 유통업에서의 수요지배력 남용행위 규제에 관한 경제법적 연구", 「이화여자대학교 법학논집」 제19권 제3호 (2015)

2. 해외문헌

Bobadilla, Jesús/Ortega, Fernando/ Hernando, Antonio/Bernal, Jesús, A collaborative filtering approach to mitigate the new user cold start problem, Knowledge－Based Systems 26, 225－238 (2012). Available at: http://oa.upm.es/15302/

Bush, Darren/Betsy D. Gelb, When Marketing Practices Raise Antitrust Concerns, MIT Sloan Management Review Vol. 46, No. 4, 73－81, 73 (2005)

Competition & Markets Authority (CMA), Online search: Consumer and firm behaviour: A review of the existing literature (2017)

Dobson, Paul W., Exploiting Buyer Power: Lessons from the British Grocery Trade, 72 Antitrust L.J. 529, 536－540 (2005).

Dubé, Jean－Pierre, Amazon Private Brands: Self－Preferencing vs Traditional Retailing (2022). Available at SSRN: https://ssrn.com/abstract=4205988

FTC, Report on the Federal Trade Commission Workshop on Slotting Allowances and Other Marketing Practices in the Grocery Industry (February, 2001)

Grimes, Warren, Brand Marketing, Intrabrand Competition, and the Multibrand Retailer: The Antitrust Law of Vertical Restraints, 64 Antitrust L.J. 83 (1995)

Hagiu, Andrei, Tat－How Teh, & Julian Wright, Should Platforms Be Allowed to Sell on Their Own Marketplaces?, 53 RAND J. Econ. 297 (2022).

Ibáñez Colomo, Pablo, Self－Preferencing: Yet Another Epithet in Need of

Limiting Principles (2020), at 5. Available at SSRN: https://ssrn.com/ab−stract＝3654083

Katrijn Gielens /Jan−Benedict E.M. Steenkamp, Branding in the era of digital (dis)intermediation, Int'l J. of Research in Marketing 36, 367−384, 371 (2019)

OECD, Abuse of Dominance in Digital Markets (2020)

Oxera, The Economic Benefits of Retailer Own−Brands, Prepared for the European Retail Round Table (2010)

Parker, J. R./Koshman, A. R., Shelf layout and consumer preferences, in K. Gielens, & E. Gijsbrechts (Eds.), Handbook of research on retailing, Cheltenham: Edward Elgar (2018)

Shi, Savannah Wei/Jie Zhang, Usage Experience with Decision Aids and Evolution of Online Purchase Behavior, Marketing Science Vol. 33, No. 6, 871−882 (2014)

Steiner, Robert L., Category Management−A Pervasive, New Vertical/Horizontal Format, Antitrust Vol. 15, No. 2, 77−81, 77 (2001)

U.S. HOUSE OF REPRESENTATIVES, 116TH CONG., REPORT ON INVESTIGATION OF COMPETITION IN DIGITAL MARKETS: MAJORITY STAFF REPORT AND RECOMMENDATIONS (2020), pp.276−283. Available at: https://perma.cc/L63X−LWKF

제 3 장

네이버 쇼핑 사건의 핵심 쟁점

최난설헌

제3장

네이버 쇼핑 사건의 핵심 쟁점*

－최난설헌**－

I. 네이버 사건의 전개

공정거래위원회(이하 '공정위' 또는 '피고')는 2021. 1. 27. 네이버 주식회사(이하 '네이버' 또는 '원고')가 자신의 비교쇼핑서비스 검색결과에서 자신의 오픈마켓서비스를 이용하는 사업자의 상품이 상위에 노출되기 유리하도록 검색알고리즘을 설계·조정·적용한 행위(이하 '이 사건 행위')가 공정거래법에서 금지하는 시장지배적지위 남용행위에 해당한다고 보고 시정조치 및 과징금(266억 3,500만 원) 부과처분(이하 '이 사건 처분')을 하였다(공정위 전원회의 의결 제2021－027호). 네이버는 2021. 3. 1. 서울고등법원 2021누36129호로 이 사건 처분의 취소를 구하는 소를 제기하였는데, 서울고법은 2022. 12. 14. 네이버의 청구를 기각하는 원고패소판결(이하 '대상판결')을 내렸고, 네이버는 2023. 1. 30. 대법원 2023두32709호로 위 판결에 불복하여 상고하여 그 결과를 기다리고 있다.

한편 공정위는 2023. 1. 12. 온라인 플랫폼 사업자에 대한 공정거래법 적용의 구체적인 기준을 제시함으로써 법 집행의 합리성과 예측 가능성을 높이고 사업자들의 법 위반행위를 예방할 목적으로 「온라인 플랫폼 사업자의 시장지배적지위 남용행위에 대한 심사지침」(공정위예규 제418호)을 제정하여 시행하고 있으며, 동 심사지침은 네이버 쇼핑 사건과 상당한 관련성이 있다.

---

* 이 글은 2023. 5. 12. 개최된 서울대 경쟁법센터 2023년 제2차 법정책세미나 "경쟁법상 플랫폼 자사우대, 무엇이 핵심인가?"에서 필자가 토론한 내용을 보완하여 작성되었다.
** 연세대학교 법학전문대학원 교수, 법학박사.

II. 네이버 사건의 쟁점

이 사건 처분은 인터넷검색서비스 사업자가 서비스를 우대하는 검색편향 (Search Bias)에 대해 공정위가 최초로 공정거래법을 적용하여 명시적인 위법성 판단을 하였다는 점에서 유의할 점이 있으며, 대상판결은 그러한 공정위의 판단에 대하여 서울고법이 대부분의 쟁점에 대하여 공정위의 판단을 그대로 유지하였다는 점에서 학계와 실무계의 관심의 대상이 되었다. 향후 대법원의 최종판단을 기다려봐야 하겠으나, 여전히 주요 쟁점에 있어 경쟁법적 관점에서 논의해야 하는 사항이 존재하며, 향후 본 사건이 플랫폼 시장에서의 남용 규제에 가져올 파장을 고려할 때 보다 면밀한 법리적 분석이 필요하다고 할 것이다.

이 글은 네이버 쇼핑 서울고법 판결에서 나타난 '경쟁제한 의도와 목적' 및 '경쟁제한 우려의 입증' 부분을 중심으로 추가적으로 고찰할 점을 살펴보려 한다.

대상판결은 '비교쇼핑서비스 시장'과 '오픈마켓 시장'을 구별하여 네이버가 비교쇼핑서비스 시장에서 지배적지위를 갖고 (스마트스토어가 오픈마켓이라는 전제 하에) 네이버가 이 사건 행위를 통하여 거래조건을 차별한 '거래상대방'은 스마트스토어 입점사업자와 이 사건 경쟁 오픈마켓 입점사업자이며, 원고의 의도나 목적 등을 고려할 때 이 사건 행위는 '오픈마켓 시장'에 경쟁제한 효과가 생길만한 우려가 있는 행위인데, 관련 규정의 해석상 사업자가 시장지배적 지위에 있는 시장과 경쟁제한 효과가 나타나는 시장이 같아야 한다고 볼 수 없으므로 원고의 이 사건 행위는 부당하게 거래상대방에 대하여 거래조건을 차별한 행위로서 시장지배적지위 남용행위에 해당한다고 판단하였다. 대상판결은 '시장획정'부터 '경쟁제한성 발생의 우려'까지 전반적으로 공정위의 논리를 그대로 유지한 측면에 두드러진다. 특히 서울고법이 "이 사건에서 시장지배적사업자의 거래조건 차별행위가 존재한다"고 하면서 직접적인 계약관계가 있는 경우에만 거래상대방으로 인정할 수 있는 것은 아니라는 취지의 판단을 내리고, 원고의 거래조건 차별행위로 거래조건이 차별된 거래상대방을 '스마트스토어 입점사업자'와 '이 사건 경쟁 오픈마켓 입점사업자'로 판단한 것은 종래 거래상대방의 범위를 확장시킨 해석으로서 향후 대법원의 판단을 기다려 볼 쟁점으로 사료된다.

또한, 서울고법은 판결에서 "이 사건 행위 당시 원고 내부 보고 문서 등을 종합하면, 원고에게는 경쟁제한의 의도와 목적이 있었다고 봄이 타당하다"라고 하면서 시장지배적지위 남용에 대한 주관적인 요건 충족 여부에 대한 검토를 상당히 축약하고 있다. 이는 일견 스마트스토어 출시 이후 원고 전략 및 검색알고리즘 일련의 변경 정황을 통하여 원고의 경쟁제한적 의도 및 목적이 드러났다고 법원이 판단한 것으로 보인다. 그러나 검색 알고리즘 활용 등, AI를 이용한 사업전략 수립에 있어서 (아직 strong AI가 본격적으로 활용되기 전 단계에서는) 알고리즘 설계 및 운용에 있어서 현실적으로 사업자/설계자가 가중치 및 상수값 설정에 있어서 개입하는 상황임을 고려해야 하며, 스마트스토어가 2012년 사업을 시작했다는 점과, 스마트스토어 사업 진출 초기에도 오픈마켓 시장의 경쟁상황이 상당히 치열한 양상이었음을 감안하면, 원고의 전략 및 검색알고리즘의 변경이 경쟁제한적 의도라기보다는 시장에 안착하기 위한 사업자의 사업전략 구상 및 변경의 단계로도 해석할 여지가 있다.

한편, 검색알고리즘의 변경 이력 중 스마트스토어 노출비중 보장(2012.7.) 및 노출비중 완화(2015.4.) 검색알고리즘 변화와 관련하여, 15%, 20%, 25%의 수치의 상승이 곧바로 불공정 내지는 경쟁제한적인 상황임을 나타낸다고 단정할 수 있는지에 대해서도 숙고해 볼 필요가 있다. 예컨대, 시장에의 성공적인 신규진입을 위한 사업전략 및 이후 사업 안정화 단계에서 스마트스토어의 오픈마켓에서의 시장점유율에 상응하는 노출비중 보장이라고 해석될 여지도 있을 것이며, 설령 어느 수치를 설정하더라도 그 수치가 공정한 경쟁을 담보할 수는 없다. 나아가 다양성 산식을 통한 노출순위 조정 방식 중 스마트스토어 cut-off 로직 및 스마트스토어 분산 로직은 원고가 스마트스토어 상품의 과도한 노출을 방지하기 제어하기 위하여 고안한 것으로서, 동일몰 로직에 비하여 효과가 미미하다고 하더라도 경쟁제한성을 완화하기 위한 원고의 노력이 반영된 것으로도 볼 수 있을 것이다.

III. 방해남용적 성격

본 사안은 전반적으로 배제남용보다는 '방해남용'에 가까운 경우로 보인다(또는 손동환 교수님께서 발표문에서 설명하신 '차별남용'도 추가로 고려할 수 있다). 배제남용은 시장지배적사업자가 현실적·잠재적 경쟁사업자를 시장에서 배제할 수 있는 정도의 남용행위를 의미하는 반면, 방해남용은 다른 사업자의 사업활동을 방해하여 성과경쟁에 의한 사업활동을 곤란하게 하는 정도의 행위를 말한다. 방해남용에 있어서는 시장의 성과에 영향을 미치는 침해뿐만 아니라 유효경쟁 내지 성과경쟁을 불필요하게 방해하는 '경쟁과정에 대한 침해'까지 포함한다. 대법원 포스코 판결의 다수의견에 따르면, 구 공정거래법 제3조의2 제1항 제3호(나아가 4호 및 5호 전단까지 확장 가능)의 성격을 방해남용이 아닌 배제남용으로 파악한 것으로 볼 수 있다. 다만, 포스코 사건에서도 경쟁제한 우려가 있는 경우에도 부당성을 인정할 여지를 열어두고 있어서 경쟁을 저해할 '우려'의 입증의 정도를 어떻게 설정하느냐에 따라 규제범위의 대소가 정해질 수 있다. 따라서 '경쟁제한 우려'의 입증은 본 사안에서 간소하게 지나갈 수 없는 매우 중요한 문제가 아닐 수 없을 것이라서 향후 이와 관련한 검토가 대법원의 심리과정에서 이루어졌으면 하는 바람이 있다.

[원문 출처]

제1편 자사우대 규제의 비교법적 고찰

제1장 이봉의, "유럽 디지털시장법(Digital Markets Act): 목적, 기본원리와 접근방법을 중심으로", 상사법연구 제43권 제2호, 2024.

제2장 박준영, "미국 플랫폼 패키지 법안에 관한 비판적 검토 — 이익충돌 법리 확대의 경계 —", 유통법연구 제10권 제1호, 2023.

제3장 임용, "플랫폼 중립성에 대한 오해와 진실", 서울대학교 인공지능정책 이니셔티브, 이슈페이퍼 2019 – 2, 2019.

제4장 정재훈, 서울대 경쟁법센터 2023년도 제2차 법정책세미나 토론문, 2023.

제2편 공정거래법상 자사우대 규제의 실제

제1장 손동환, "공정거래법상 차별남용과 자사우대에 관한 연구", 상사법연구 제42권 제2호, 2023.

제2장 홍대식, "온라인 쇼핑 사업자의 온라인 상품 진열 관련 행위에 대한 공정거래법상 불공정거래행위 규정의 적용", 경희법학 제58권 제2호, 2023.

제3장 최난설헌, 서울대 경쟁법센터 2023년도 제2차 법정책세미나 토론문, 2023.

사항색인

[E]

[F]

[집필진 약력]

이봉의   서울대학교 법학전문대학원 교수
홍대식   서강대학교 법학전문대학원 교수
정재훈   이화여자대학교 법학전문대학원 교수
손동환   성균관대학교 법학전문대학원 교수
최난설헌   연세대학교 법학전문대학원 교수
임용   서울대학교 법학전문대학원 부교수
박준영   경상국립대학교 법과대학 조교수

서울대 경쟁법센터 경제법총서 05
경쟁법상 자사우대 규제의 핵심원리

초판발행   2025년 3월 28일

지은이   이봉의·홍대식·정재훈·손동환·최난설헌·임용·박준영
펴낸이   안종만·안상준

편 집   이수연
기획/마케팅   최동인
표지디자인   이영경
제 작   고철민·김원표

펴낸곳   (주) 박영사
서울특별시 금천구 가산디지털2로 53, 210호(가산동, 한라시그마밸리)
등록 1959. 3. 11. 제300-1959-1호(倫)

전 화   02)733-6771
f a x   02)736-4818
e-mail   pys@pybook.co.kr
homepage   www.pybook.co.kr
ISBN   979-11-303-4922-0   94360
979-11-303-4453-9   (세트)

copyright©이봉의·홍대식·정재훈·손동환·최난설헌·임용·박준영, 2025, Printed in Korea

정 가   24,000원